JN123341

木村正則 著

外国語教員のための
大学リテラシー
入門

KIZASU SHOBO

はじめに

　もう何十年も昔の話なのだが，外国語（英語）を教える大学教員として忘れられないエピソードがある。それはある私立大学の理事と雑談をした際のことで，話の行きがかり上，私の専門分野のことが話題となった。そこで，これまでどのようなことを研究してきたのか説明しようとしたのだが，その矢先に外国語教育学などというものは学問ではないという衝撃的な先制パンチをその理事から浴びせられたのである。

　同じ人文科学領域でも文学や理論言語学は人間の精神性や認知能力を映し出す崇高な学問であるが，外国語教育学は教室でどのように語学を教えるのかといったことしか扱わない所詮はハウツーものの集合体というのがその理事の見立てであった。近年では「〜ハラスメント」という言葉が流行しているが，当時そのような言葉があったなら，私が受けた行為は「メジャーハラスメント」（「メジャハラ」）という人がいるかもしれない。

　ただ，この理事の名誉のために補足しておくと，外国語教育学という言葉は当時の日本の大学ではまだ馴染みの薄いものであった。また実際にハウツーもののレベルで終わっている書物も一部ではあるが存在していた。したがって，外国語教育学に対するその理事の理解が全くの見当違いであったとはいえない。

　もう1つ，非常勤講師A先生のお話をしておきたい。ある時，A先生から就職の相談を受けた。A先生は学歴も研究業績も申し分なかったのだが，それまで正規雇用職に恵まれなかった。しかし，その先生にピッタリの某国立大学の公募が現れた。私が相談を受けたのはA先生が書類選考を通過し，いよいよ2次面接に臨まれるタイミングの頃であった。A先生はご結婚をされていて，もしその大学に就職するとなれば，小さなお子様と配偶者との生活はどうされるのだろうかと心配になった。そこで，お節介ながらそのことを尋ねると，特急を使って片道4時間の通勤を計画したいとのことであった。この時点ですでに正規雇用職に就く者の現実をお分かりになっていないことに気付いたので，非常勤講師のように授業が終われば，それで仕事が終わるというものではないことをご説明した。現実には授業が終わってからが「本当の仕事」の時間である

ことは日常茶飯事である。講義終了後すぐに帰宅できるほど今日の教員は優雅
ではない。

　そのことを申し上げると，それでは平日は向こうでマンションを借り，週末
だけ自宅に戻るとおっしゃった。さらに，向こうでは日々忙しいだろうから，
ハウスキーパーを雇って身の回りのことはすべてしてもらうと説明された。確
かに明治時代のエリート教授であれば，使用人を雇うことも可能であったかも
しれないが，今となっては明らかに妄想レベルの話である。所帯を持つ大学教
員がハウスキーパーを雇うほどの収入があるはずもなく，また，週末ごとに自
宅まで帰る交通費だけでもかなりの負担になるであろうことを申し上げた。

　この話は少し極端な例だと思われるかもしれないが，類似の話を他の非常勤
講師の先生方からうかがうことがある。非常勤講師とはいえ，現役の教員です
らそうなのであるから，大学という業界に直接関わりのない一般人や，これか
ら大学教員を目指す大学院生であれば，なおさらのことであろう。櫻田 (2011:
13) は著書『大学教員採用・人事のカラクリ』の中で大学教員について見事な
までの妄想を現実の教員生活と対比しながら紹介している。例えば，都心近く
に住む大学教員が出勤後に秘書にコーヒーを入れてもらい，手配された海外へ
の渡航チケット等の確認をするくだりが描かれている。これを現役の大学教員
が読めば，失笑することは間違いないであろう。ドラマにでも出てきそうな生
活をしている大学教員が日本に一体どれくらいいるのだろうか。

　かつて国立大学に勤めていた頃，筆者は築40年以上の古い公務員宿舎の3階
に住んでいたことがあった。畳が抜けそうな部屋で，お風呂も今では滅多にお
目にかかれないビンテージものであった。もちろん，秘書などいない。研究室
で喉が渇けば，当然ながらお茶も自分で入れる。今時の大学院生に本人の学業
とは関係のない仕事を命じようものなら，パワハラだと訴えられるのがおちで
ある。

　国立大学で教授として勤めているある知人は，午前中はメールの返信作業で
終わってしまうことが多いと愚痴をこぼしている。秘書持ちの教員がいないわ
けではないが，人文社会科学系の教員ではかなりレアケースであろう。

　また，海外出張の際もインターネットに売り出されている格安チケットを自

分で予約し，出掛ける教員も多い。あるいは，学会主催の大会に大学院生を連れて行く際，大学院生のために自腹を切る教員さえいる。しかし，校費で出張に出掛けられるのであれば，幸運というべきであろう。それさえもままならない教員もいるのである。

これらのエピソードから分かることを自戒の念を込めていえば，人は自分が体験していないことはよく分からないということである。そして分からないからこそ，自身の限られた経験値で他者が持つ未知の世界を単純化してしまう傾向がある。

もちろん，今の大学院生は指導教員から大学での就職の難しさを聞いているかもしれない。しかし，正規雇用職に就けば研究三昧の，しかも経済的に豊かなバラ色の生活が待っていると想像しているケースもある。それは明らかに錯覚であり，入職前に現実を理解しておかなければ，就職先の大学で不満ばかりをぶちまけることにもなりかねない。

最近のマスコミは「ネタ」として大学での騒動を取り上げることがよくある。それがすべて悪いわけではないが，必ずしも正確に報道されない点で問題がある。例えば，非常勤講師と正規雇用教員との収入格差の問題もその1つである。マスコミが指摘するように，収入面において両者の間に大きな差があることは否めない。また，研究費や福利厚生の有無を考えても両者の間には歴然とした違いがある。

しかし，そうした処遇の差を担当する講義の数だけで単純に比較するのは適切ではない。もちろん，非常勤講師の先生方が楽をしているなどというつもりは全くない。それどころか，こうした先生方の待遇を改善しなければ大学教育の質の向上にはつながらないという声には共感する。

その反面，それと同時に多くの正規雇用教員が直面する膨大な業務について理解を深めてもらうことも必要である。しかし，大学内の守秘義務に関わる業務もあるため，外部に公表されない事柄も多くあり，そうしたことにも起因し，正規雇用教員の仕事がどのようなものかについてマスコミで詳しく報道されることはない。

大学教員が研究や教育以外にどのようなことに時間を割かなければならない

のかについては，個人差が非常に大きい。学会関係の仕事もあれば，社会貢献に関係した学外での仕事，あるいは学内の委員会活動や役職に伴う業務等もある。

職位によっても事情は異なる。一般的には，職位が上がるほど大学全体あるいは所属する部局内の運営管理に関する責任が増す傾向にある。学部長等いわゆる部局長と称せられるポジションに就けば，所轄部署の教員が起こした不祥事のためにテレビカメラの前で謝罪会見を開かなければならないこともある。研究一筋に地道に生きてきたにもかかわらず，他人の失態であたかも自分が罪を犯したような好奇の目で大衆にさらされることは耐えがたい屈辱であろう。もちろん，自身の輝かしい経歴にも傷が付く。監督責任だといわれればそれまでであるが，個人商店の店主のような意識を持つ教員も多くいる中，他店の不始末のために頭を下げなければならないことは迷惑千万極まりないと感じるかもしれない。

大学教員の中には教育研究業績を基準として採用されたのであるから，それら以外の業務業績で人事評価をされても困るという者も少なからずいる。それにもかかわらず，多くの大学は教員が大学の運営管理に積極的に関わることを期待している。そうしたことも影響してのことかもしれないが，教育研究ではなく，学内の政治事に熱心な先生方もおられる。こうしたことに対する評価はさておき，教育研究以外にも多くの時間を割かなければならないというのが正規雇用教員の現状である。

さらに，正規雇用教員が教育研究以外にどのようなことをしなければならないのかについては，どのような学内組織に所属するかによってもその業務内容にばらつきがある。理系学部[1)]，医療系学部，人文社会科学系学部，教育学系学部，芸術・音楽系学部あるいは全学レベルのセンターなど，所属する組織によって抱える問題が異なるからである。

---

1) 本書は，外国語教員に関連する事柄を主に扱っているため，理系分野に含まれる学問領域の詳細については説明していない。本文中で使用される「理系」という言葉は便宜上，医療系を除いた自然科学系，工学系，建築学系，数学・物理学系等の広範囲な学問領域を指している。

法学，工学，医学等における専門科目の担当を主たる業務とする多くの教員は，おそらく自身の研究領域あるいはそれに近い専攻を持つ組織で教育者・研究者として一生を過ごすことになる。そのため，長年にわたり同じ価値観を共有できる組織に所属するそうした教員たちは，自身が所属する組織のあり方こそが「大学の常識だ」と感じるかもしれない。

　一方，外国語を教える教員は事情が異なる。外国文学（英文学，米文学，中国文学等），言語学（統語論，音声学，英語学等），外国語教育学（英語教育学，フランス語教育学，日本語教育学等）等の専門家たちは外国語ができるという共通項で括られ，「外国語教員」という1つのカテゴリーに収められることが多い。グローバル人材育成がすべての学問領域で求められていることを背景に，こうした外国語教員たちは自身の専門領域とは異なる研究領域を扱う組織で仕事を手に入れている。皮肉なことであるが，物理学を専門とする教員よりも外国語教員のほうが理学部で正規雇用職を取りやすいことさえありうるのである。実際のところ，外国語関連の学会が発行する名簿録を見ても，外国語教員たちがいかにさまざまな部局に所属しているかが分かるであろう。

　大学教員が勤める時代や社会情勢によっても仕事内容に大きな差が生じる。古参の教員が昔は良かったと愚痴をこぼす通り，大学を取り巻く環境は今と昔では全く異なる。特に2020年に発生した新型コロナによるパンデミックは，長い大学史の中でも今後語り続けられるほどに大きな変化を大学業界にもたらした。そして，その変化は大学の多様性をいっそう顕著にしたように感じられる。

　こうした理由から，これからの大学教員はどのような大学や学内組織が自分に向いているのかしっかり理解しておく必要がある。また，大学関係者ではない読者も，かつての牧歌的な大学と今日のそれとではで全く異なることを理解していただきたいと願う。それは，大学は社会の知的財産だからである。筆者が教員の視点から本書を書こうと決意した理由もまさにこれらによるのである。

　本書は6章立てで構成されている。第1章「データでみる日本の大学のかたちPart 1」では，今日の日本の大学実情に関わるデータを用い，大学教員が働く日本の大学はどのような組織なのかについて俯瞰している。具体的には，

日本における近代的な大学の成り立ちを簡単に紹介したうえで，形を変え今日も続く護送船団方式の教育行政，18歳人口の減少に関わるさまざまな課題のほか，株式会社設立の大学や専門職大学などについても紹介する。

　第2章「データでみる日本の大学のかたちPart 2」では，第1章に引き続きさまざまなデータを用い，日本の大学の実情を4つの視点でさらに詳細に分析している。まず，大学名や学部名を調べ，どのような教育研究分野に今日の大学は力を入れようとしているのかについて設置機関別（国公私立大学別）に分析を試みた。次に，大学教員に関わる統計を調べ検討した。そして，学生についてのデータを俯瞰し，最後に今後の入試問題について議論している。

　第3章「揺れる大学」では，それまでの章で挙げた資料を念頭に，組織としての大学が直面している諸問題を指摘している。具体的には，地域格差，大学の規模・設置機関別による定員割れ問題，大学経営問題，そして大学のグローバル化問題等を挙げている。

　第4章「現代大学生論」では，今日の大学生が直面している諸問題を取り上げ，外国語教員が理解しておかなければならない事柄を説明している。本章では，学問研究に興味を持たない学生がなぜ大学に進学して来るのか，デジタル・ネイティブならではの学生の特徴，そして学生が抱える経済的・精神的・肉体的な問題等を紹介している。

　第5章「学内業務」では，多種多様な部局で働く外国語教員が心得なければならない二重のメンタリティ，学生への対応問題，今日の大学教員に求められる教育研究能力，そして教員とAIとの関係性等について触れている。

　第6章「教員の雇用環境」では，主に大学教員の雇用環境について説明している。具体的には，変化する大学教員の雇用形態，改正された労働契約法の概略，そして大学教員の給与等について述べている。

　また，これら6つの章内には随時コラム欄を設けている。コラム欄の内容は当該章と関連する事柄を取り上げている。

　最後に，本書をお読みになる前に次の4点についてご留意いただきたい。第1は本書で扱うトピックについてである。本書は日本の大学の姿を炙り出そうとしたものであるが，その視点は外国語教育学を専門とする者の関心事項とし

て捉えたものである。そのため，同じ大学教員という括りで働いている他領域の専門家が論じれば，本書とは異なるトピックあるいは視点で今日の大学について語るかもしれない。その点をあらかじめご容赦願いたい。

しかしながら，本書で後述するように，外国語教員は理系学部を含む幅広い学内組織に在籍しており，たとえ読者自身が外国語教育とは直接関わりがない教員だとしても，語学教員の「まなざし」を理解しておくことは，部局運営において外国語教員と共働作業を行ううえで有益であると考える。

第2は本書での西暦使用についてである。本書が利用した資料には西暦と和暦が混在していた。それを西暦に統一した。特に公刊文書は和暦で表記されることが多いため，読者の中には不便をお感じになる方がおられるかもしれない。そのため，巻末に西暦和暦を併記した関連年表を付している。本書をお読みいただく際にご利用いただければと幸いである。ただし，資料タイトル中に和暦が記載されている場合は，そのまま掲載している。

第3は「専任教員」という言葉についてである。本書でいわゆる伝統的な専任教員について述べる際は，主として「正規雇用教員」という言葉を使用している。「正規雇用職」とは，任期期間を設けず雇用が保証されている職である。

一方，「専任教員」という言葉も本書内で一部使用されている。専任教員とは1つの大学に専属し，業務に当たる教員のことである。「専任教員」と「正規雇用教員」は同義語であるような印象を与えるが，近年では「専任教員」のすべてが「正規雇用教員」ではなくなりつつある。例えば，特定の業務（研究のみ，あるいは教育のみ等）に従事し，雇用期間が限定されており，給与体系も異なる常勤教員がその例である。「専任職」という言葉を誤解を恐れず英語に訳せば "full-time position" というところであろうか。

こうした理由のため，本書では「正規雇用教員」と「専任教員」という2つの言葉を区別して使用している。本書で「専任教員」という言葉が使用されるのは，主に大学設置基準等の法令・省令に関連した文脈で説明が必要な場合である。これらの法令・省令では正規雇用職か非正規雇用職かといった雇用形態で教員の立場を区別しておらず，専属に働く教員か否かによる視点で定義されているからである。詳細については本書**第6章「6-2　雇用形態からみた大学**

教員の職名」をお読みいただきたい。

　第4は本文中の情報の重複についてである。今日の大学で発現している事象を大学という組織の視点からだけでなく，教員からの視点，そして学生からの視点といった複眼的アプローチで説明を試みた。また，本書のどの箇所からでもお読みいただけるように工夫した。その結果，同じ情報あるいは類似した情報が異なる章（節）で記述されることになった。ご理解いただければ有り難い。

　大学教員としてのキャリアは長いものの，筆者自身もすべての大学に精通しているわけではない。また日々変化する大学事情を逐一理解しているわけでもない。そのため，読者それぞれの経験とは一致しないことがあるかもしれない。それにもかかわらず，さまざまなデータを用い，出来る限り客観的な記述に努めた。現役の教員としてご活躍されている先生方，教員を目指しておられる大学院生，あるいは一般の読者が，大学が直面する諸問題を考え，議論をするためのたたき台として本書をご利用いただければ，これ以上の幸いはない。

目　　次

外国語教員のための

大学リテラシー入門

第1章

データでみる日本の大学のかたち

—— Part 1

1-1 大学ビッグバン

　日本における近代的な大学は，1877年に設立された東京大学から始まった。[1]東京大学の設立目的は，西洋諸国の技術や知識を取り入れること，そして社会で求められる新たな指導者集団を育成することにあった (草原2010: 33)。

　しかし，東京大学を含む当時の日本社会にはそうした人材を育成できる教育者・研究者は多くおらず，そのため海外の知識集団に依存せざるをえなかった。いわゆる「お雇い外国人」と呼ばれた人たちの存在である。例えば，東京大学の3学部 (法学部，理学部，文学部) での日本人教授は4名であったのに対し，外国人教授は17名 (アメリカ人8名，イギリス人4名，フランス人4名，ドイツ人1名) であり，また医学部では日本人教授5名に対し，ドイツ人教授は11名であったと天野 (2009: 30) は指摘している。

　つまり，設立当時の東京大学では，これら4学部で教授職に就いた75%以上の教員が外国人であったことになり，国際色豊かな布陣を布いていたことになる。もっとも，その後は日本人教員の養成も進み，日本語での講義も可能となった。そのため，東京大学での「お雇い外国人」は漸次減少していくのであるが，最初のエリート集団は，最先端の専門知識・技術の修得とともに高い外国語能力も期待されていたのであろう。[2]

---

1)　近代的な大学の源流およびその系譜については金子元久が詳しい。例えば，金子元久「大学の設置形態——歴史的背景・類型・課題」『国立大学財務・経営センター報告書』第13号，独立行政法人大学改革支援・学位授与機構，2010年9月，221-235頁が参考になる。

2)　当時雇用されていた外国人は「ヤトイ」と呼ばれた。ヘーゼル・ジョーンズによると「明治政府によって約3,000人の外国人が教育，政府および科学技術のために雇用された。

その後，東京大学は帝国大学令 (1886年) の第1条にある「帝国大学ハ国家ノ須要ニ応スル学術技芸ヲ教授シ及其蘊奥ヲ攷究スルヲ以テ目的トス」によって帝国大学となるわけであるが，大学の名称やその役割に変化がみられたものの，明治維新後20年が経過した時点においても日本に設置されていた大学はこの1校に過ぎなかった。

　しかし1897年に，京都に別の帝国大学が設置されたため，これまでの帝国大学は同年東京帝国大学と名称が変更された。そして，京都帝国大学の設立後は，東北，九州，北海道，京城 (現在のソウル市)，台北 (現在の台北市)，大阪，名古屋の順で各地に帝国大学が設立された。また，これら以外にも1918年の大学令を契機に公立や私立の学校が大学への昇格を遂げた。ただし，その設置基準は厳しく，京都府立医科大学等の公立大学や，慶應義塾大学，早稲田大学，中央大学，同志社大学，関西学院大学等の一部の私立学校のみが大学という名称を使うことを許されたに過ぎなかった。

　状況が一変したのは第2次世界大戦後の学制改革によってである。それまで師範学校や女子師範学校あるいは専門学校扱いであった教育機関も次々と「大学」と名称変更され，1949年時点での大学数は一挙に178校にまで増えた。その20年後の1969年には2倍以上の379校，2008年にはさらにその倍以上の765校と増え続け，2016年度現在では779校の大学が設置されている。戦後70年近くの間に大学数は実に4.4倍近くまで増加したのである。

　このような経緯で明治時代にわずか1校から始まった日本の大学業界は，今日では全国津々浦々に大学が設立されるまでに成長した。大学へのユニバーサルアクセスが実現する時代を迎えた。

　明治以降の変化は大学数だけでなく，その運営方法にも大きな変化をみせた。かつて文部科学省 (以下「文科省」という) の出先機関だった国立大学は2004年4月に独立行政法人化 (以下「独法化」という) され，公立大学も次々とそれに追

　(中略) 雇用の最高期は1870年代半ばであった」と記されており，外国人の雇用は，日本人の専門家が不足していた明治初期に特に集中していたことが分かる。

　「お雇い外国人」については『ザ・ヤトイ　お雇い外国人の総合的研究』(嶋田正編集委員会代表，思文閣出版，1996年) が詳しい。

図表1-1　戦後の大学数

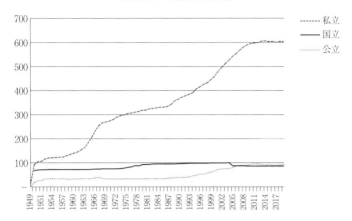

（出典）　文部科学省「学校基本調査年次統計」中の「大学の学校数，在籍者
　　　　数，教職員数（昭和23年〜）」をもとに筆者作成。

随した。一方，私立大学においても，学校法人が持つ大学だけでなく，企業が
所有する営利大学が出現し，さらには専修学校を前身すると専門職大学まで登
場するに至っている。

　図表1-1が示すように，このビックバンは主に私立大学の急増によるもので
あるが，私立大学数が顕著に増えたのは1960〜1970年頃，および1990〜2010
年頃の2つの時期においてである。1960年代は日本の経済成長が著しく，いわ
ゆる高度成長期時代に当たるもので，この時期に大学進学率は上昇しており，
高校生の需要に応えるため私立大学数はこの期間に140校から274校にまで増
加している。

　1991年は大学設置基準の大綱化（規制緩和）が始まった時期であり，これ以
降は大学の設置がそれまでと比べ容易になった。また，政府の規制緩和政策に
より，専門学校や受験者獲得に苦しむ短期大学が4年制の大学に転換した時期
でもある。こうした結果，1990年時点での私立大学数は約370校であったもの
が，2016年現在では604校となり，1.6倍以上も増加している。そして，私立
大学で修学する学生数も約284万人を超えるに至っている。

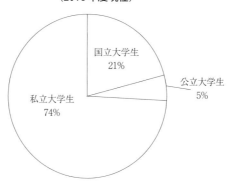

図表1-2　設置機関別にみた学生数の割合
（2016年度現在）

国立大学生
21%

公立大学生
5%

私立大学生
74%

（注）　昼夜間の学生，大学院生，専攻科の学生，科目等履修生，聴講生，および
　　　　研究科生を含む。
（出典）　文部科学省「平成28年度学校基本調査」中の「昼夜別学生数」をもとに
　　　　筆者作成．

　大学のビッグバン現象に伴い，教員数も増加している。2018年度現在の学校基本調査をもとに作成した**図表1-3**は大学で本務校を持つ教員数を示している。同図表で分かるように教員数の増加率は私立大学で高い。1990年から2018年までの増加率を設置機関別にみると，国公私立大学のそれぞれの増加率は，1.4倍，2.4倍，2.2倍程度となっている。

　公立大学の増加率は私立大学並みに高いが，これは母数の少なさによるものである。元来，公立大学の教員数は少なく，1990年時点での専任教員数は約5,800人だったものが2018年で約1.4万人に伸びたという状況であり，増加数自体は8,000人程度に過ぎなかった。一方，同じような高い増加率を示した私立大学の場合は，専任教員数がこの間に約6万人も増加している。

　これに加え，教員の供給源となる大学院生数も増加した。上記の学校基本調査によると，1990年度の大学院生数は約9万人であったが，2018年度ではその2.5倍に当たる約25万人にまで増加している。

　私立大学を中心に大学数は増え続ける一方，それ以上の増加率で教員数も，また大学院生数も増えており，その結果，大学院生が大学に就職することがいっそう困難になっている。近年では博士後期課程まで進学する学生数は減少傾

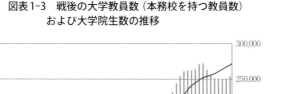

図表1-3 戦後の大学教員数 (本務校を持つ教員数)
および大学院生数の推移

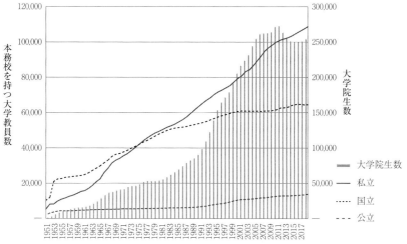

(出典) 文部科学省「学校基本調査年次統計」中の「大学の学校数, 在籍者数, 教職員数 (昭和23年〜)」をもとに筆者作成。

向にある。大学院を出てもなお大学で教育者・研究者になれないことが進学を鈍らせる要因の1つなのであろう。

　なお, **図表1-3**が示す政府統計の「本務教員数」という言葉の解釈には注意が必要である。政府統計における本務教員とは,「当該学校に籍のある常勤教員」と定義されているに留まり, 必ずしも終身雇用形態よる教員を指すものではない。後述することになるが, 大学教員数の増加分には終身雇用の教員だけでなく, 雇用期間が限定された任期付の専任教員が含まれている。

　任期付教員は1年単位で契約が更新され, トータルの雇用期間も3年から5年程度に限定されることが多い。契約期間中は当該大学の専任教員としての身分を有するが, 限度期間を超えての再雇用は望めないため, 非正規雇用教員と区分される。また, 専任教員ではあるものの, 給与や担当コマ数等の多くの点において正規雇用教員とは待遇が異なる。

　大学ビッグバンに関してもう1つ重要な事柄がある。それは学部名について

である。既に述べたように，東京に設立された帝国大学は，「国家ノ須要ニ応スル学術技芸ヲ教授シ及其蘊奥ヲ攷究スルヲ以テ目的トス」とされたため，政府は社会整備に必要な学問に注力した。西洋諸国に並ぶ法治国家になるためには法学部が必要であり，医療の進歩には医学部，インフラ整備のためには工学部，食料安定のためには農学部，そして文化思想研究を深めるためには文学部が求められた。これらはみな「法」「医」「工」「農」「文」の漢字一文字で表現されることから一文字学部と呼ばれ，長い歴史を持つ学部である。

しかし，大学数の増加と学問の発達により，学問領域は年々細分化されている。その結果，今日ではあたかも受験生の受けを良くすることのみが目的のような学部名も存在する。そのため，学部名からその教育研究内容が全く想像できないものがある。「大学」という名称で一括りにするのが適切なのか疑問に思えるほど多種多様な学部が存在するのが今日の日本の大学である。

教員として採用されたものの，どのようなことを教える学部で教授しているのか教員本人も理解できないまま学生指導に当たることは教育上好ましいことではない。それは，学生たちがどのような目的で学修しようとしているのか，あるいはその目的のために教員はどのようなことに注意を払い，指導できるのかについて見当が付かないまま学生を卒業させることになるからである。[3]かつてのような研究内容が明確な学部で学生の指導に当たれる教員だけでなく，「センター」や「機構」といった大学の中での位置付けが必ずしも明確でない立場に置かれている教員も多くいる。

このように，大学のビッグバン現象により大学の数は増え，また教員の需要も増えているが，期間限定の消耗品のごとく扱われる教員も近年ではめずらしくない。大学院を修了後，運良く大学教員になれた者も，どのようにすればその後の人生において引き続き自身の価値を高め，より良い環境下で教育研究ができるのか自問し続けなければならない時代に生きていることを忘れてはなら

---

3) 本書では，大学設置基準第21条第2項「前項の単位数を定めるに当たっては，一単位の授業科目を45時間の学修を必要とする内容をもって構成することを標準とし，授業の方法に応じ，当該授業による教育効果，授業時間外に必要な学修等を考慮して，次の基準により単位数を計算するものとする」（下線筆者）を根拠に，「学修」という言葉を使用する。またこれに準じ，大学生について既述する際は「「学修者」と表記する場合がある。

> **●コラム1　旧七帝大 vs. 指定国立大学**
>
> 　今となっては9つの帝国大学は幻の大学であるが，第2次大戦後の大学改革後も京城帝国大学と台北帝国大学を除いた7つの「帝国大学」の残像は，北大，東北大，東大，名大，京大，阪大，九大と呼ばれている大学の在学生たちに引き継がれている。
>
> 　例えば，「七帝戦」である。これは7つの旧帝国大学間で行われる年中行事で，学生の自主運営による総合体育大会であるのだが，大会前になると「七帝戦」という横断幕が構内に掲げられたりすることも近年まであった。ものものしい大会名ではあるが，若者たちはこうした活動を通して自身の大学への自負を強めていく。
>
> 　また，大学教員の間でも「旧帝大」出身という言葉が今でも用いられることがあり，他の国立大学出身者や公立・私立大学出身者と区別するための手段として用いられるなど旧帝国大学を特別な存在とする風潮は今なお残っている。
>
> 　ただし，2016年度には指定国立大学という新たな銘柄大学指標が出現している。これはハーバード大学のような国際的な大学と競合できる高等教育機関として文科省から指定され，補助金を受ける7つの大学である。この中には東北大学，東京大学，名古屋大学，京都大学，大阪大学の5つの旧帝大が入っているが，北海道大学と九州大学は含まれていない。そして，それに代わり東京工業大学と一橋大学が含まれている。いつの日か旧七帝大の代わりに指定国立大学という名称が学生の間に定着するかもしれない。

ない。大学教員として生き残るのが厳しい時代に今日の教員は置かれているのである。

1-2　護送船団方式

　戦後の日本の大学は，それまで「大学」と名乗れなかった教育機関を画一的に「大学」と称することになった。そして政府の管理体制のもと，いわゆる護送船団方式で指導されるようになった。そうしたシステムには一定の質保証を担保するという長所もあったが，自由な発想で大学や学部等を設置できないという欠点もあった。特に建学の理念に立ち，独自路線を切り拓きたい私立大学には大きな障壁であった。

　しかし1990年代初頭になると，護送船団方式は崩壊したかのようにみえた。例えば，新学部の設置についてである。1991年度以降は，それまでのような

文科省による事前審査は不要となり，事後報告で設置が可能となった。新たに学部を設置するためには，規制緩和以前と同様に膨大な書類，時間そして費用を要することに変わりはなかったが，事前審査を要した時代のように構想当初からすでにさまざまな規制が掛けられた時代に比べスピーディーに，そして柔軟な発想で大学の独自色をより濃く出せる時代が到来したと予感させる向きもあった。

　ところが，規制緩和以降の政府による文教政策はそれまでと異なる形で，しかも以前にも増して大学への影響力が顕著になった。そうした事例は多くあるが，本節では以下の2つを紹介しておきたい。

　1つは独法化後の国立大学への規制についてである。今日でも国立大学と呼ばれているが，正確には独法化後の国立大学は文科省の出先機関ではなくなっている。しかし，今なお多額の財政支援を国から受けているため，国立大学と称せられている[4]。ただし，独法化後の国立大学は財政援助を受けるにあたり，さまざまなハードルが設けられるようになった。有川（2015: 4）は「効率化係数」，「大学改革促進係数」，病院に関する「経営改善係数」等々によりこれまで毎年1〜2％の運営費交付金等の削減が続いてきたと指摘している[5]。

　こうした財政支援を根拠として誘導されているのは国立大学だけではない。私立大学も同様である。後述するように私立大学も経常費補助金という名目で多額の財政支援を国から受けている。公立大学の場合は，国立大学や私立大学ほど明確な形での財政支援は受けていないが，主な財源を地方税と地方交付税に依存していることから，公立大学も間接的に国の財政支援を受けていることになる。

---

4)　国立大学に属する教員は公共性の高い団体の職員であることから，みなし公務員あるいは準公務員と呼ばれ，「国立大学法人の役員および職員は，刑法（明治40年法律第45号）その他の罰則の適用については，法令により公務に従事する職員とみなす。」（国立大学法人法第19条）とされている。

5)　効率化係数については一律1％の削減が第2期中期目標期間から廃止されており，それに代わるものとして大学改革促進係数が用いられている。同係数により財源を確保しつつ国立大学の改革を推進させようとしているのである。詳細については，文部科学省高等教育局国立大学法人支援課が作成した「国立大学法人の現状等について」（2014年11月）を参照のこと。

その一方，選択と集中という名のもと，競争的資金事業が増大した。2002年から実施された「世界的研究教育拠点の形成のための重点的支援──21世紀COEプログラム」，「グローバルCOEプログラム」，「特色ある大学教育支援プログラム」（後年，「特色GP」と省略される），「現代的教育ニーズ」（「現代GP」），また最近の事例としては「スーパーグローバル大学創生支援事業」や「経済社会の発展を牽引する人材育成事業」等がその典型例である。運営費交付金等の削減に苦慮する国立大学や補助金の増額を希望する公立・私立大学は競争的資金事業が文科省等から発表されるたびに，政府主導の事業に飛びつく習慣が根付いてしまったともいわれている。

　日本の行政指導の強さを物語るもう1つの事例は，地方創生に関わる話である。「まち・ひと・しごと創生総合戦略」が2014年12月27日に閣議決定され，地方公共団体（以下「自治体」という）においても，国が策定した「総合戦略」を勘案し，「地方版総合戦略」等を策定し，実行するよう求められた。この策定から約7カ月後の2015年7月10日に私立大学にとって深刻な事態が発生した。それが同日付で文科省から出された「平成28年度以降の定員管理に係る私立大学等経常費補助金の取り扱いについて」（27文科高第361号私振捕第30号）という通達である。これは大学の定員超過に関わるその後の行政指導を示すものであった。

　これまでも大学教員の間からは，定員を大幅に超える受験生を入学させることによる教育への弊害が指摘されてきたが，容易に改善されることはなかった。しかし，この通達によって大学を取り巻く状況は一変し，大学は学生の定員超

---

6) 2016年度から始まった私立大学を対象とした「私立大学研究ブランディング事業」では，慶應義塾大学や早稲田大学等の延べ120校が同事業に採択されてきた。これにより2016年度は40校（72.5億円），2017年度は60校（79.5億円），2018年度は20校（56億円）が計上され，最長5年間で数千億円が配分される予定であった。
　　しかし，2018年に生じた東京医科大学による入試不正問題を受け，文科省は最長5年間の研究支援事業を打ち切ると発表した。私立大学は大学の知名度を上げることができる目玉研究として同事業に応募したが，突然の事業中止によって若手研究者を育成する計画が進められなくなり，不満が広がった。
7) 本書で使用する自治体という言葉は，文脈によって都道府県単位での自治体の場合あるいは市区町村単位を含めた自治体として使用する場合がある。

過に対処せざるをえなくなった。学生とはできる限り個人レベルで指導することが望ましいことから，政府のこうした動きを教員が歓迎する向きもあった。

　しかし，この通達にはもう1つの意図が含まれていた。それは，地方創生に関連する事柄である。定員超過が発生している大学のうち約90％の大学が首都圏，関西圏，中部圏に位置するいわゆる都市部の大学である。そのため，こうした経済圏における大学の定員超過を是正すれば，地方の若者は地元の大学や専門学校を選び，地元で就職し，最終的には地方経済における牽引役を果たすであろうと政府は期待した。

　地方の小規模大学ではこうした文科省の政策を支持する向きもあるが，大規模大学の門戸を狭めたとしても，地方の受験生が地元の大学に進学するかは不透明であり，大学受験がさらに激化するのではないかと反発が強まった。果たしてそうした大規模銘柄私立大学の不安は現実のものとなり，これまでＡ判定で合格圏に入っていたとされる受験生が次々と志望する大学を不合格になった。それだけでなく，絶対合格圏内と位置づけていた下位の大学さえも不合格になるなど高校の教育現場や予備校で混乱が生じた。

　同上の文科省による通知によると，私立大学の場合，収容定員数の厳格化は大学の規模別に3つに分けられている。収容定員数が4,000人未満の小規模大学については2018年度まで1.3倍以上というこれまでの基準が踏襲された。

　一方，**図表1-4**が示すように4,000〜8,000人未満の大学では2016年度以降1年度ごとにそれぞれ1.27倍以上，1.24倍以上，1.20倍以上の収容定員を超過する場合，同省によるペナルティの対象となった。

　また，8,000人以上の大学については，小・中規模大学よりも1年度早くに収容定員数の厳格化が始められた。具体的には，2015年度では1.2倍以上，2016年度においては1.17倍，2017年度は1.14倍以上，そして2018年度においては1.10倍以上がペナルティの対象となった。

　同省から出された「平成31年度以降の定員管理に係る私立大学等経常費補助金の取扱について（通知）」によって，さらにルールは厳しくなった。同通知は，収容定員数の厳格化だけでなく，入学定員数の厳格化にも適用されると明記している。

図表1-4　経費補助金不交付となる入学定員充足率の基準

	大規模大学 (8,000人以上)	中規模大学 (4,000～8,000人未満)	小規模大学 (4,000人未満)
2016年度	1.17倍未満	1.27倍未満	1.30倍未満
2017年度	1.14倍未満	1.24倍未満	1.30倍未満
2018年度	1.10倍未満	1.20倍未満	1.30倍未満
2019年度以降	1.0倍を超える入学者数に応じて学生経費相当額を減額		

（出典）　文部科学省「平成28年度以降の定員管理に係る私立大学等経常費補助金
の取扱について（通知）」中の別紙3をもとに筆者作成。

平成31年度から，入学定員充足率が1.0倍を超える入学者がいる場合，超過入学者数に応じた学生経費相当額を減額する措置を導入する。現在の一般補助における教育研究経常費等の算定の中でも，学部において収容定員充足率が1.0倍を超えている学生分は措置していないが，平成31年度からは，入学定員充足率が1.0倍を超える入学者に見合う額をさらに減額する予定である。一方で，定員管理の適正化に向けた努力をする中で，結果として定員を下回ることも考えられることから，入学定員充足率が0.95倍以上，1.0倍以下の場合には，一定の増額措置を行う予定である。（下線文科省）

　入学定員数が1.0倍に厳格化されるということは，数年後には収容定員数が実質的に1.0倍を超えられないことを意味しており，ますます大学運営が難しくなることを示唆している。多くの国公立大学においては，合格者のほぼ全員が入学を希望するため，予定する合格者数と実際の入学者数を一致させることに大きな苦労はないが，大半の私立大学にとっては歩留率を読むのは非常に困な作業である。[8]なぜなら，合格通知を受験生に出したとしても，実際に入学するかどうかは本人のみが知るところであり，大学は過去の実績等を勘案しながら予想しなければならないからである。

8)　国立大学の運営費交付金等は私立大学等への補助金とは比較にならない規模である。旺文社情報教育センターの発表によると，2014年度の国立大学の運営費交付金等は，第1位の東京大学が811.3億円，第2の京都大学が541.6億円等86大学4研究機構を合わせ，1兆1,123億円が交付されている。一方，私立大学等への補助金は全体で，計3,213億円余りが交付されているのみである（日本私立学校振興・共済事業団 2015年7月3日発表）。

●コラム2　歩留率

歩留率とは，合格通知を受けた受験生のうちどれだけの受験生が実際に入学するかをその割合で示したものである。大学側は例年の歩留率を参考に合格者数を決定するのであるが，その予想が外れることがある。予想以下の合格者しか入学手続きを取らなかった場合は，追加合格を出さなければならない。しかし，追加合格を出した時点ではすでに他大学に入学を決定している場合もある。一方，予想以上の合格者が入学した場合は，定員オーバーの学生を受け入れざるをえないことになる。

　通常，私立大学は必要な入学者数を確保するため，入学辞退者数を想定しながら，合格者数を決定しなければならない。そのため，入学定員数よりも多くの合格者を出さなければならない状況が発生しがちである。しかし，合格通知を出し過ぎ，予想以上の受験生が入学を希望すれば超過定員となり，ペナルティを受けることになる。一方，合格者数を絞り過ぎた状況下で歩留率が予想を下回った場合，定員割れを起こす可能性が出てくる。このように，地方創生政策が直接的に大学経営に影響するに至り，これまで以上に歩留率に心血を注ぐことが求められるようになった。

　これら2つの事例から分かるように，戦後長く続いた護送船団方式の文教政策は，形を変えて今日も存続している。

1-3　地区別にみた大学数

　2016年度現在，日本には779の大学が全国に設置されている。それではその地理的分布はどうなっているのだろうか。本書では**図表1-5**のように地理的区分を行い，話を進めていくことにする。[9] なお，本書では東京都とその他の関東地区を区分して説明する必要がある場合は，その都度断りを入れることにする。

　さて，次の**図表1-6**で地区別にみた大学数を確認しておこう。同図表が示す

---

9)　本書で扱う都道府県の地理的区分は，国立研究開発法人科学技術振興機構が運営するJREC-IN Portalサイトで定義されている勤務地区分に従っている。

図表1-5　本書で扱う都道府県の地理的区分

北海道							
東　北	青森県	岩手県	宮城県	秋田県	山形県	福島県	
関　東	茨城県	栃木県	群馬県	埼玉県	千葉県	東京都	神奈川県
北陸・甲信越	新潟県	富山県	石川県	福井県	山梨県	長野県	
東　海	岐阜県	静岡県	愛知県	三重県			
近　畿	滋賀県	京都府	大阪府	兵庫県	奈良県	和歌山県	
中　国	鳥取県	島根県	岡山県	広島県	山口県		
四　国	徳島県	香川県	愛媛県	高知県			
九州・沖縄	福岡県	佐賀県	長崎県	熊本県	大分県	宮崎県	鹿児島県	沖縄県

図表1-6　地区別にみた大学数と在籍者数（2016年度現在）

地区	国立大学数	公立大学数	私立大学数	大学数の合計	在籍者数
北海道	7	5	25	37	88,186
東　北	7	11	32	50	122,900
関東（東京都除く）	9	9	100	118	516,977
東京都	12	2	123	137	740,488
北陸・甲信越	9	12	35	56	116,108
東　海	8	10	65	83	263,230
近　畿	13	12	124	149	584,079
中　国	5	10	37	52	136,976
四　国	5	4	7	16	50,674
九州・沖縄	11	14	56	81	240,592
計	86	89	604	779	2,723,371

（注）　在籍する学部・研究科等の所在地による。なお，学生数には学部生のほか大学院生，専攻
　　　科，別科の学生ならびに科目等履修生等を含む。
（出典）　文部科学省「平成28年度学校基本調査」中の「都道府県別　学校数及び学生数」をも
　　　とに筆者作成。

ように，2016年度現在，関東地区には全大学の約33％に当たる255校（国立大
学21校，公立大学11校，私立大学223校）が設置されている。これに近畿地区の
149校（国立大学13校，公立大学12校，私立大学124校）を加えると，全体の半数以
上の大学がこれら2大都市圏に集中していることが分かる。学生数をみても関
東地区と近畿地区のみで全体の68％以上を占めており，残りの3割強の学生を
他の地区が奪い合っていることになる。大都市圏の大学が多くの学生を囲い込

んでいることは明白であり，これを教員の需要という視点で解釈すれば，都市部には仕事が多くあり，地方では就職の機会が少ないということになる。

　同図表を都道府県別で説明すると，東京都が137校と最多の大学を抱えており，次いで大阪府の55校，愛知県の50校，北海道および兵庫県の37校，京都府と福岡県の34校の順となる。このことから，同じ地域内でもさらにそれぞれの中核都市部に大学が集中していることが分かる。特に関東地区では東京都だけで北海道，四国地区，中国地区の総大学数をはるかに超える大学が設置されている点で際立っている。

　さらに東京都内でも特に23区内に93校が集中しているという状況である。一方，全国にはこれと対照的に10校にも満たない大学しか設置されていない自治体が25県にも上っている。特に私立大学がない，あるいはほとんどない自治体（例えば，島根県，鳥取県，高知県，佐賀県）では，国公立大学に入学できない場合，地元から離れて大学生活を送る選択肢しかなく，保護者への経済的負担はいっそう重くなる。多くの大学が設置されている都市部に住む高校生やその保護者には想像できない厳しい現実が地方には存在する。

　大学数が少ない自治体が公立大学を設置しようとするのもこうした教育サービスの地域格差を解消しようとするためである。東京都内には全国立大学の約14％に当たる12校[10]が所在しており，私立大学に至っては私立大学全体の約20％が都内にあるのだが，公立大学に限れば2校，つまり全公立大学のわずか約2％を占めるのみである。一方，近畿地区を除くと，東北地区には11校（全公立大学数の約12％），北陸・甲信越地区には12校（同約13％），九州・沖縄地区にも14校（同約16％）が設置されている。こうしたことから，都市部以外の場所で公立大学が多く設置されていることが分かる。

　このように公立大学が地方の高校生の進学先の一種の受け皿的役割を果たしているのだが，1つの自治体で運営できる公立大学の規模には限界がある。東京都立大学（旧首都大学東京）や大阪市立大学等[11]は大規模な予算を持つ自治体が

10）　お茶の水女子大学，政策研究大学院大学，電気通信大学，東京医科歯科大学，東京外国語大学，東京海洋大学，東京学芸大学，東京藝術大学，東京工業大学，東京大学，東京農工大学，一橋大学。

設置機関	大学数	100人以下	101～500人	501～1,000人	1,001～5,000人	5,001～10,000人	10,001人以上
国立大学	86	0	3	1	31	30	21
公立大学	89	2	18	14	50	6	0
私立大学	604	15	87	107	280	72	43
計	779	17	107	122	361	108	64

（出典）　文部科学省「平成28年度学校基本調査」中の「学生数別　学校数」をもとに筆者作成。

運営していることもあり，公立大学としては比較的大きな大学であるが，そうした大規模予算を組める自治体は限られている。

　経済的に予断を許さない状況下では，1つの自治体が単独で大規模な大学を運営することは容易ではない。そのため，公立大学協会がオンライン上で公開する『公立大学ファクトブック2018』（2019: 9）によると，全92校のうち45大学（約49％）が単科大学である。また，**図表1-7**が示すように，国立大学では5,000人を超える大学が全体の半数以上であるのに対し，公立大学ではわずか6校にすぎない。このことからも公立大学の規模が理解できる。

1-4　若者の移動

　次に**図表1-8**を使い，他府県からの流入者数の多い自治体をみてみよう。同表は2016年度現在での入学者のうち，どのくらいの割合の学生が他府県からの学生であるかを示したものである。ただし，これらのデータには通学者も含

---

11)　大阪市立大学と大阪府立大学は，2022年4月に再編され，大阪公立大学として再スタートすることを目指している。大阪公立大学の英語名称は一旦University of Osakaと提案されたが，大阪大学の英語名称であるOsaka Universityと混同され，両大学が間違われる可能性があると大学関係者から批判された。そのため，大阪公立大学の英語名称はOsaka Metropolitan Universityに決定された。なお，東京大学の英語表記はThe University of Tokyoであるが，京都大学の英語表記はKyoto Universityであり，国立大学間でも英語での標記方法に統一感はみられない。

12)　15頁に記載の**図表1-6**は2016年度現在のデータのため，公立大学の総数が89校となっている。

図表1-8　他府県からの流入が多い自治体		
都道府県	他府県からの学生数	地元率
東京都	99,934	33%
神奈川県	30,898	36%
大阪府	26,895	50%
京都府	25,536	24%
埼玉県	20,308	34%

（出典）　文部科学省「平成28年度学校基本調査」中の「出身校の所在地県別　入学者数」をもとに筆者作成。

図表1-9　地元率が高い自治体		
都道府県	地元出身の学生数	地元率
沖縄県	3,311	77%
北海道	13,794	74%
愛知県	14,795	65%
静岡県	3,284	59%
広島県	5,491	58%

（出典）　**図表1-8**と同じ。

まれているため，必ずしも転居を示しているものではない点には注意が必要である。

　これをみると，東京都への流入者数が最も多く，毎年約10万人の新入生が東京都内の大学に流入していることが分かる。2位以下は東京都から大きく離され，神奈川県の約3万人，大阪府の約2.7万人，京都府の約2.6万人，埼玉県の約2万人となっている。

　同図には表示されていないが，地元率の低い自治体としては鳥取県（約19％），滋賀県（約20％），奈良県（約25％），島根県（約28％），佐賀県（約28％），高知県（約29％）がある。これらの自治体に共通するのは自治体内に所在する大学数が少ないということである。

　2016年度現在，島根県には国立大学と公立大学がそれぞれ1校しかない。隣接する鳥取県においても，大学数は少なく国立大学と公立大学が1校ずつおよび鳥取看護大学という私立大学が1校あるのみである。高知県も同様の状況で，国立大学1校と公立大学2校のみである[13]。国立大学や公立大学の場合は全国から学生が集まるため，国公立大学しかない自治体の場合，地元率が低くならざるをえないのが実状である。

　一方，例えば滋賀県，奈良県，佐賀県の場合，当該自治体に設置されている

13）　2019年度より同県においては高知リハビリテーション専門職大学という私立の専門職大学が設置されている。

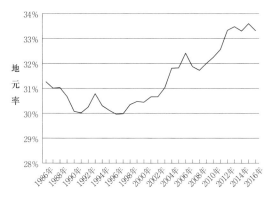

図表1-10　在学生の地元率（東京都）

（出典）　学校基本調査「昭和61年度」〜「平成28年度」中の
　　　　「出身高校の所在地県別　入学者数」をもとに筆者作成。

大学数は少ないものの，近隣自治体（滋賀県・奈良県の場合は京都府や大阪府，佐賀県の場合は福岡県や長崎県）に多くの大学があり，またそうした地域への通学も可能なため，受験生が地元の大学を選択することは少ない。

　これとは対照的に地元率が高い自治体もある，それを示したものが**図表1-9**である。沖縄県と北海道の場合，在学生の3分の2は地元自治体出身者ということになる。沖縄県や北海道は本州から地理的に離れていることに加え，地元経済が良好でないこと，またそのことによって遠方に子どもを送り出すことが経済的に困難な家庭の割合が少なくない点で共通している。愛知県および広島県の場合は北海道や沖縄県とは事情が異なる。これらの自治体には銘柄国公立大学や多数の私立大学が存在するだけでなく，県民性としても地元愛が強い県として知られている。

　図表1-10は東京都内の高校を卒業した者のうち，都内の大学に進学した者の割合を示したものである。同図表が示す通り，2001年以降，東京都内の高校に通う高校生が都内の大学に進学する割合が増加した。なお，同図表には示されていないが，2017年度以降もこの地元率は上がり続けている（2017年度：33％，2018年度：33％，2019年度：34％，2020年度：34％）。いまだ多くの地方出身の学生を抱える東京都ではあるが，2000年以降は地方から東京に進学でき

ない，あるいは東京の大学に以前ほど魅力を感じない若者の傾向が読み取られる。いずれにしても東京の大学が地方化しつつあることを示すデータである。

1-5　女子大学

　2015年秋から翌年春にかけてNHKで放送された朝の連続ドラマ小説「あさが来た」が連日高視聴率を記録した。このドラマの主人公のモデルとなったのが，日本女子大学校（のちの日本女子大学）の創設に関わった廣岡浅子である。

　浅川（2003: 98）によると，廣岡は親の勧めで17歳の時に結婚しているが，その際「何事も人に運命を作られていく女の哀れな境遇をいっそう痛切に感じました」と後年述懐している。そのため，「我が國婦人が屈従の生涯を送って居る事に就いて慨嘆し，如何にしても其の地位を高めなければならぬと考え，それには先ずこの朦昧なる婦人の頭脳を開拓しなければならぬ事を感じて居りました」と述べ，梅花女子学校の元教師であった成瀬仁蔵に経済的支援を申し出て，日本女子大学校の設立に尽力した。成瀬が目指したのは男子大学を模倣した女子大学ではなく，女性の特徴を伸長させる大学の設立であったとも説明している。こうして日本女子大学校は1901年に創設された。

　成瀬のほかにも，津田塾大学の創設者である津田梅子や瓜生繁子（東京音楽学校教授）も忘れてはならない。また，京都女子大学の設立に関与した甲斐和里子も日本人女性の教育に大きな貢献をした人物として知られている。

　日本における女子教育に貢献したのは日本人だけではない。キリスト教団から派遣された外国人もいた。フェリス女学院（神奈川県）を設立したメアリー・M・ギダー，金城学院大学（愛知県）のアニー・ランドルフ，藤女子大学（北海道）の母体で藤学園を設立したヴェンセスラウス・キノルド，あるいは広島女学院大学（広島県）の創設に寄与したナニー・B・ゲーンスらもよく知られた人物であろう。

　第2次大戦後はこうした女子教育に特化した教育機関も短期大学，あるいは大学として昇格し，女性のための高等教育機関は全国的に広がりをみせた。武庫川女子大学教育研究所のデータによると，2016年5月現在，全大学数の約1

図表1-11　女子大学の地理的分布

地域	大学数
北海道	1
東　北	4
関東（東京都除く）	11
東京都	23
北陸・甲信越	1
東　海	4
近　畿	18
中　国	4
四　国	1
九州・沖縄	10
計	77

（出典）　武庫川女子大学「女子大学・大学基礎
統計」をもとに筆者作成。

割に当たる77の女子大学が全国に設置されている。女子教育の向上に尽力した先人の結晶がこうした数字の現れである。設置機関別の内訳は国立大学が2校（お茶の水女子大学，奈良女子大学），公立大学2校（群馬県立女子大学，福岡女子大学），そして私立大学が73校である。

　地方別では**図表1-11**が示す通り，北海道に1校，東北地区に4校，関東地区に34校，北陸・甲信越地区に1校，東海地区5校，関西地区19校，中国地区4校，四国地区1校，そして九州・沖縄地区に9校となる。地理的特徴からみれば，女子大学の半数近くが関東地区に集中していることになる。

1-6　短期大学と女子大学

　女子教育に特化した高等教育機関の広がりは，女子生徒の進学率を押し上げる結果となった。1954年時点での男子の大学進学率は13.3％で，女子は大学と短期大学の進学率がそれぞれ2.4％，2.3％と低調であった。女子の場合，大学と短期大学の進学率を合計しても男子の進学率の3分の1程度しか到達していなかった。

しかし，1963年には男女差が2分の1程度になり，年代を追うごとにその差は縮小し，1988年には男女の進学率の差はついに解消された。『男女共同参画白書　平成28年版』によると，女子の大学進学率は約47％に至っている。これは男子の約56％を下回るものの，短期大学へ進学する女子の約9％を加えると，女子の高等教育への進学率はこの時点で男子と変わりがなかったことを示している。

　1954年時点と2016年時点の約60年間に男子の大学進学率は4.2倍伸びたわけであるが，女子の大学への進学率はそれを遥かに上回り，20倍以上にもなった。今後も女子をどう大学に取り込めるのかが大学経営では重要な課題となる。

　ところで，**図表1-13**が示すように，近年まで女性のための高等教育機関として重要な役割を果たしてきた短期大学は，女子の進学率と反比例するようにその需要は下落傾向にある。実は短期大学の歴史は浅い。戦前に専門学校であったもののうち，戦後の1948年に4年制の女子大学として認められたのはわずか5校であった。その他の学校は大学設置基準を満たせず，4年制の大学に認定されなかった。

　その救済策として1950年に「暫定的に」認められたのが短期大学である。同年のその数は公立・私立を合わせ149校にも上った。このような経緯で短期大学は一時的に学校を救済する目的で認められた。その後，関連団体の努力もあり，ピーク時の1996年には598校もの短期大学が存在するに至った。[14]つまり，暫定的な短期大学制度が発足して50年足らずで短期大学の数が4倍にも増えたことになる。しかし，既述したように近年では短期大学への需要は減り，2014年現在ではピーク時の6割程度の353校にまで減少している。また，在籍者数もピーク時に当たる1993年の53万人から現在では13.6万人まで激減している。

　これほど短期大学生が減少すれば，小規模であることが多い短期大学の相当数が倒産し，深刻な社会問題になっていたはずである。しかし，そうした事態

---

14)　短期大学士に関する2005年度の法律改正の施行により，学位が授与されたのは2006年3月からである。大学同様に学位の授与ができるに至り，短期大学も「暫定的」な高等教育機関から「恒久的」な高等教育機関に変貌し，その地位を確立した。

図表1-12　男性と女性の高等教育機関への進学率の推移

（出典）　**図表1-11**と同じ。

図表1-13　大学・短期大学への進学率の推移の詳細

（出典）　**図表1-11**と同じ。

は発生しなかった。

　その主な理由は，多くの短期大学が4年制の大学に転換したからである。しかも女子大学にではなく，そのほとんどが共学の大学となり，経営の再建を図ったのである。

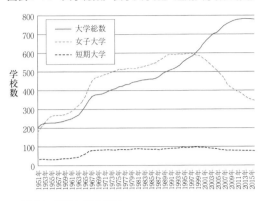

図表1-14　大学総数，女子大学数，短期大学数の推移

（出典）　**図表1-11**と同じ。

　それを示すのが**図表1-14**である。同図表が示すように，4年制の女子大学
の学校数は1960年代後半より徐々に増加し，1998年には98校となっている。
しかし，1999年以降はその学校数にほとんど変化はなく，むしろ若干ではあ
るが減少傾向に転じている。その一方，2000年あたりから大学総数は急増し
ている。この急激な増加の大きな要因の1つが，短期大学による共学の4年制
大学創設だと考えられる。

　戦後に創設された短期大学という教育機関は女子教育に特化する学校であっ
た。そのため，4年制の大学に転換した場合も，その建学の精神に盛り込まれ
ていたはずである。しかし，実際には共学の大学に転換した短期大学が多く，
建学の精神よりも大学経営を優先させたと考えられるが，すべての短期大学が

15)　同研究所は当該データについて以下のように説明し，データの取り扱いに注意を喚起し
　　ている。
　　　文部科学省『学校基本調査』高等教育機関《報告書掲載集計》内の「大学・大学
　　院」カテゴリーにある「表2.類型別学校数」では，「男子のみ」「女子のみ」の項目が
　　あり，平成27，28年度の女子のみの大学数を76としている（平成28年度http://
　　www.e-stat.go.jp/SG1/estat/List.do?bid=000001079879&cycode=0)。
　　　平成27年度には，男子のみを大学1校がカウントされている。しかしながら，こ
　　うした大学を特定することはできない。よって本データでは，表1にある大学を女
　　子大学として数え，これを女子大学数として用いており，「学校基本調査」の数字と
　　異なっていることを明記しておく。（武庫川女子大学「女子大学基礎統計」）

●コラム3　短期大学は生き残れるのか

　短期大学数は減少傾向にあるが，すべての短期大学が不要だということではない。むしろ社会的評価も高く，一定程度底固い需要を持つ学校もある。まずその要因として，世帯収入の伸び悩み，あるいは多子家族等による経済的理由が挙げられる。4年制の大学には進学できないが，2年制の短期大学であれば進学できるという受験者側の事情がある。

　次に，民間企業からの要請もその要因の1つとして挙げられる。例えば，保育士養成課程のケースで考えてみよう。同課程は短期大学にも4年制大学にも存在するが，民間の保育所の間では短期大学への支持が厚い。4年制大学を卒業した学生より短期大学卒業の学生のほうが2年長く働いてくれるからということがその理由である。そのため，保育士の供給源である短期大学が閉校となる際は，閉校の見直しを求める要請が地元から上がるケースもある。

　また，民間の保育所の中には4年制大学の第3学年・第4学年で学ぶであろう保育に関する知識やスキルは，保育所で1年ほどあれば身に付けさせることができると説明する施設もある。保育士養成は短期大学で十分であるという業界の声である。

　さらに，保育士養成課程を修了した短期大学生は，わずか2年間の教育のみでさまざまな職業に就けるというメリットがある。保育士が活躍できる場は保育園だけではない。18歳以下の子どもを扱うさまざまな職場で活躍ができるのである。例えば，児童館，母子生活支援施設，乳児院，児童養護施設，知的障害児童施設等，子どもと保護者の生活と自立を支援する施設では保育士の免許を持つ者が活躍できる。

　現在では認定こども園も設立されているため，保育士養成課程では幼稚園教師の免許も取得できることが可能となっており，短期大学で同時に2つの免許が取れることになる。

　高校を卒業して社会に出るまでの2年間（あるいは3年間）という短い期間に就職に有利に働く資格が取れ，また地元の民間企業からも支援される状況は保育士養成課程だけではない。看護師免許や栄養士免許が取得できる学科等，短期大学では高等教育機関と実務重視の専門学校の2つの要素を取り入れた教育が可能となっている。社会のニーズを掘り起こせた短期大学は，今後も生き残るであろう。

4年制の大学として順調に再建できたわけではなかった。むしろ成功しなかった大学が多かったのである。小川（2016: 112）は，安易に4年制大学に転換した短期大学を次のように批判している。

　女子短大に多かった家政系の場合は「人間生活」や「健康生活」あるいは「現代生活」等の学部名へ，英文や国文等の人文系では「国際」や「人間文

化」等の学部名へ，また幼児教育は「人間科学」等の名称に変わったのであ
るが，（中略）<u>これらの新設大学はさしたる用意もなく大学という市場に参入
し，（中略）「定員割れした短大」が「定員を充足できない大学」に姿を変え
たという面が強かったのである。</u>（下線筆者）

　4年制の大学に移行した時点でどのような教育理念のもと，どのような教員
を揃え，そしてどのような経営戦略でその後の立て直しを図るのかについての
明確な指針を持たない大学の危険性を小川は以上のように批判している。この
ことを大学関係者は歴史的な教訓として学ぶべきである。

1-7　宗教系大学

　日本にはどのくらい宗教系の大学が存在しているのだろうか。2017年6月現
在において国際宗教研究所宗教情報リサーチセンターが公表しているデータで
確認すると，宗教系の大学は全私立大学の約21％に当たる128校を占めており，
5校に1校が宗教系の大学であることが分かる。この宗教系の私立大学の数は
国立大学や公立大学の数よりも多いことになる。

　宗教系の大学は，その「建学の精神」に宗教的な信条が反映されていること
を前提としており，宗教教育がカリキュラムの一部として取り組まれているケー
スもある。キリスト教系や仏教系の大学では信徒でもある教員からその教義
についての講義が提供され，大学全体の行事においても宗教色が色濃く反映さ
れる場合がある。

　しかし，こうした宗教活動については学生だけでなく，そこで働く教員に対
しても当該宗教への一定程度の理解を求める大学がある。個人が持つ宗教観は
きわめて繊細な事柄である。もし就職先となる大学が宗教系の大学の場合は，
どの程度の協力や理解を求められることになるのか一度調べておく必要がある
であろう。

　図表1-15をもとに地区別の学校数をみると，宗教系の大学は関東地区に40
校あり，大学が所在する地区別では最多であることが分かる。次いで近畿地区

図表1-15　地区別にみた宗教系大学数

地　区	私立大学数 (a)	宗教系の大学数 (b)	各地区の私立大学において宗教系 の大学が占める割合(b/a) (c)
北海道	25	7	28%
東　北	32	8	25%
関　東	223	40	18%
北陸・甲信越	35	6	17%
東　海	65	14	22%
近　畿	124	32	26%
中　国	37	5	14%
四　国	7	3	43%
九州・沖縄	56	13	23%
計	604	128	21%

（出典）　公益財団法人国際宗教研究所「宗教系学校リンク集」および文部科学省「平成28年度学校基本調査」中の「都道府県別　学校数および学生数」をもとに筆者作成。

の32校，東海地区の14校となる。それでは，各地区における宗教系の大学の比率はどうであろうか。**図表1-15**内の比率欄(c)を見ると，最も比率が高いのは四国地区ということになる（43％）。次いで，北海道（28％），近畿地区（26％），東北地区（25％），そして九州・沖縄地区（23％）の順となる。四国地区の場合は，私立大学の数が7校しかなく，宗教系の大学の存在が目立つ格好となった。

　既述したように関東地区には宗教系の大学が多く存在するわけであるが，大学数自体が多いため，当該地区での割合は18％と低い。そのため，当該地区の全体的なイメージとしては比較的宗教色の薄い地区という印象を与えてしまう。

　次に**図表1-16**を使い，各地区における宗教別の詳細なデータを俯瞰してみよう。宗教別では，キリスト教系の大学が宗教系の大学全体の63％を占める80校であり，仏教系が32％の41校，神道や新興宗教を含むその他の宗教系大学は5％の7校となっている。キリスト教系大学と仏教系大学の比率は2：1であり，日本の宗教系私立大学においてはキリスト教系の大学が主流派となっていることが分かる。

図表1-16　地区別にみた宗教系大学数の詳細内訳

地　区	宗教系大学数	内　訳		
		キリスト教系大学数	仏教系大学数	その他の宗教系大学数
北海道	7	5	2	0
東　北	8	7	1	0
関　東	40	25	12	3
北陸・甲信越	6	4	2	0
東　海	14	6	7	1
近　畿	32	14	15	3
中　国	5	4	1	0
四　国	3	3	0	0
九州・沖縄	13	12	1	0
計	128	80	41	7

（出典）　公益財団法人国際宗教研究所「宗教系学校リンク集」をもとに筆者作成。

　キリスト教系の大学が仏教系の大学よりも多いことについては次節で述べることになるが，これには明治初期の国内外の事情が影響していた。簡潔にいえば，明治初期においては廃仏毀釈が進められ，国家神道を推し進める明治政府にとって仏教勢力による教育推進は好ましいものではなかったということになる。

　その一方で，国外の情勢としてはキリスト教会諸派が19世紀後半において布教活動を世界各地で活発化させ，日本も1873年にキリスト教を解禁したことにより，世界で布教活動を展開するキリスト教諸派のターゲットとなったことと関係する。またその後の鹿鳴館時代に象徴されるように西欧化を進めようとした当時の日本社会にとってもキリスト教信者による教育の推進は歓迎された。

　このように，教育活動を通して布教活動を展開しようとしたキリスト教勢力と，その動きに後れを取った仏教勢力という当時の社会的構図が今日の宗教系の大学数にも影響していることが分かる。

1-8　女子大学と宗教

　宗教系の大学についてもう 1 点お話ししておきたい。それは宗教系の女子大学についてである。**1-5**で説明したように，2016 年現在の女子大学の数は国公私立大学合わせて77 校ある。このうち，宗教系の女子大学は合計で35 校あるため，半数近くの女子大学が宗教系の大学であることになる。

　これまで，女子大学は自立した女性の育成を目標としてきた。こうした女子教育の契機の 1 つとして明治初期に来日した女性宣教師たちの存在が挙げられる。石井 (2017: 103-117) によると，1890 年までにプロテスタント教派の女性宣教師たちが開いた女子のミッションスクールは45 校にも及んだ。また，プロテスタント系以外の宗派によっても女子の学校は設立された。全体としてキリスト教信者による女子教育への貢献度の高さがこれらのことから分かるであろう。

　このキリスト教信者による女子教育の発展には 2 つの社会的背景があった。1 つは日本の教育政策である。これについて中蔦 (1995: 33) は次のように説明している。

　　教育政策は男女別学のまま女子教育に関する整備が行われず，1891 (明治24) 年になって中等教育を与える高等女学校がはじめて尋常中学 (男子) の一校として認められ，4 年後には，高等女学校規定が出され，ようやく1899 (同 32) 年に高等女学校令が別個に公布された。男子のため中学校令・大学令等がすでに1886 年に出されており，ここに13 年の開きがある。

　国内整備を急ぐ明治政府は，まず男子の教育制度を整えることに注力した。それにより，女子の中等教育機関 (現在の女子大学の一部の源流となった機関) の整備は遅れた。

　もう 1 つは，キリスト教界内での熾烈な拡大競争である。この当時，欧米のキリスト教諸派は世界中で布教活動を活発化させていた。そして，自らの宗派を拡大させるために宗派間での争いが起こっていた。特にアメリカでは女性宣

図表1-17　宗教系女子大学の
　　　　　地理的分布

地　域	大学数
北海道	1
東　北	2
関東（東京除く）	2
東京都	8
北陸・甲信越	1
東　海	1
近　畿	11
中　国	2
四　国	1
九州・沖縄	6
計	35

（出典）　**図表1-16**と同じ。

　教師を送り出すことが過熱しており，日本もそのターゲットの1つとなった。

　それでは，こうしたキリスト教の布教はどのように可能だったのだろうか。これを理解するには，時代をもう少し遡らなければならない。時は江戸末期のことである。いわゆる「安政五ヶ国条約」により，1859年から1869年の約10年間にアメリカ，オランダ，ロシア，イギリスおよびフランスを対象とした開港場・開市場が設けられた。それに伴って外国人のための居留地が誕生した。

　川崎（2002: 9-10）によると，開港場および開市場とは外国人の滞在と職業上の活動（主に貿易業）のために開放された区域であり，いわば出島のような役割を果たしていた。こうした外国人居留地を中心にキリスト教系の学校が設立された。同氏（前掲: 79-80, 149-169）によると，例えば女子学院，立教学校，立教女子学校が築地外国人居留地で設立されたとのことである。また，吉住（1995: 251-284）は，大阪の住吉にはローマ・カトリック教会による信愛女学校・大阪信愛女学校，イギリス聖公会による平安女学院，松陰女子学院，プール女学校，アメリカン・ボードによる梅花女学校，長老派教会による大阪女学院等が設立されたと報告している。

　地区分布別でみると，宗教系の女子大学は関東地区，近畿地区，九州地区に集中している。**図表1-11**でみたように，関東地区には最多の34校の女子大学があるが，宗教系の女子大学に限れば10校（うち東京8校）しかなく，女子大学の中で宗教系の女子大学が占める割合は29％（東京35％）に留まる。

　東京と対照的なのが九州地区であり，10校の女子大学のうち宗教系の女子大学が6校も占めている。男子への教育に注力する時代において，首都圏から離れた場所では宗教団体の支援がなければ，女子教育の高度化は難しかったのである。

近畿地区には18校の女子大学（うち1校が国立大学）があるが，そのうち11校が宗教系の女子大学であり，率に換算すると6割を超えることになる。大学が集中する都市部間での比較という意味では，約3割の関東地区と6割超の近畿地区では対照的である。

1-9　株式会社設立の大学（特区構想）

　日本の大学は長らく国立の大学，公立の大学，そして学校法人が持つ私立大学という3つの分類で区分されてきた。しかし2002年，当時の小泉首相の肝煎りで民間企業にも学校経営の参入が認められることになり，これまでの3種類の大学に加え，第4の大学として株式会社が設立された。

　株式会社立の大学はその名の通り，株式会社が設立した大学であるが，全国のいずれの地区でも設置できるということではない。株式会社立の大学はいわゆる教育特区（正式には，「構造改革特別区域研究開発学校設置事業」と呼ばれる地区）に限り設立が許可されている教育機関である。それでは，構造改革特区とは何かということになるが，これについては内閣府地方創生推進事務局の定義が分かりやすいため，以下から引用する。

　　実情に合わなくなった国の規制が，民間企業の経済活動や地方公共団体の事業を妨げていることがあります。構造改革特区制度は，こうした実情に合わなくなった国の規制について，地域を限定して改革することにより，構造改革を進め，地域を活性化させることを目的として平成14年度に創設されました。（内閣府地方推進事務局HP「構想特区」）

　この定義に沿えば教育特区とは，文科省等の規制を限定的に緩和し，特色のある教育を実践できる地区ということになる。例えば，小学校から高校までは教育内容の標準化および質の保証という目的のものと学習指導要領が取り決められているが，教育特区では適切な範囲内であれば，学習指導要領によらない多様なカリキュラムを組むことが認められる。これ以外にも，これまで全国の

さまざまな地域で教育特区が展開されてきたわけであるが，株式会社立の大学もその一例なのである。

　株式会社立の大学は，アメリカのFor-Profit Universities（FPUs）と呼ばれる高等教育機関の日本版である。インディアナ大学が発表したThe Carnegie Classification of Institutions of Higher Education（2018: 7）によると，アメリカには4年制の学位授与大学が2,769校あり，そのうち州立大学が754校，私立大学が1,589校，そしてFPUsが426校となっている。つまり，FPUsは4年制大学の約15％を担う程度にまで成長している。

　なお，2年制の教育機関（コミュニティーカレッジやジュニアカレッジ）については全米で1,336校あり，そのうち州立が873校，私立が81校，そしてFPUsが382校となっている。このように現状下では2年制の高等教育機関については州立の教育機関が非常に多いものの（全体の約65％），FPUsが占める割合も約29％を占める点にも留意が必要である。

　さて，アメリカにおける4年制のFPUsであるが，非営利事業団体の私立大学とは異なる特徴がある。1つは在学生の社会層である。FPUsには低所得者，有色人種，退役軍人等が多く在籍している。FPUsは元来，職業訓練を中心にした教育機関であるため，こうした手に職を付けたい人々が集まる。コミュニティーカレッジも職業訓練校的な傾向が強いが，不況時には地元のコミュニティーカレッジに応募が集中するため，入学できない事態が発生する場合がある。そうした場合，FPUsが社会的弱者の受け皿となっているのが現状である。

　FPUsの第2の特徴はインターネットを利用した授業形態にある。これにより学修者の居住地域，学修時間帯に制限がなくなるため，仕事をしながらの修学が可能となる。

　それでは日本での状況はどのようなものであろうか。文教協会が発刊した「平成28年度　全国大学一覧」（2016：652-653）によると，株式会社設立の大学は国内に4校ある。これらの大学は2003年の構造改革特別区域法に基づき2004年以降に設立された。当初はこれら4校以外にも株式会社立の大学は存在していたが，大学院に特化あるいは株式会社設立の大学から学校法人の大学に変換したため，2016年度現在では**図表1-18**の4校となっている。

図表1-18　株式会社立の大学一覧（2016年度現在）

大学名	学部等名	本部所在地
デジタルハリウッド大学	デジタルコミュニケーション学部 デジタルコンテンツ学科	東京都
ビジネス・ブレークスルー大学	経営学部 グローバル経営学科・ ITソリューション学科	東京都
サイバー大学（通信制大学）	IT総合学部 *世界遺産学部は募集停止	福岡県
LEC東京リーガルマインド大学院大学	高度専門職研究科　会計専門職専攻	東京都

（出典）　公益財団法人文教協会「平成28年度　全国大学一覧」をもとに筆者作成。

　営利団体である株式会社が設立した大学は私学助成金を受けられず，また税制上の優遇措置もないため，職業訓練校的な意味合いが強い若干の専門職大学院を除けば，2007年度以降は株式会社の大学は設置されていない。企業の本質的な目的は，利益の最大化にある。大学事業では利益が出にくいことから，今後もこうした教育機関の設立に意欲的な企業は出現しにくいと考えられる。アメリカ等の他国でうまく機能していても，日本の社会制度やニーズに合致しなければ，容易に成功するものではないことが分かる。

1-10　通信教育部を持つ大学

　外国語教員が働く場所は通学課程の教育機関だけではない。その他の教育形態として通信教育も存在する。通信教育部を持つ私立大学は全国に45校ある。内訳は，北海道1校，東北地区1校，関東地区24校（うち東京都15校），東海地区3校，近畿地区10校，中国地区3校，九州・沖縄地区3校となっている。

　1-3節内の**図表1-6**で示したように，全779校の大学のうち関東地区（東京都含む）に所在する大学数は255校であり，その割合は約33％である。また，東京都に限れば大学数は137校であるため，大学総数の18％を占めている。それでは，通信教育部を持つ大学はどの地区に多いのかといえば，これもやはり関東地区に多いということになる。関東地区に所在する通信教育部を持つ大学数

の割合は全国の53％を占めており，突出している。特に東京都が全体の33％を占めている。

大半の通信教育ではスクーリングが一部求められている。スクーリングには全国から受講者が参加するため，必ずしも大学の所在地近郊にのみ受講者が在住しているわけではないが，需要が一定数見込めなければ通信部の運営は困難になる。そのため，利用者が多い関東地区に通信教育部が開設されているのであろう。すべての科目をオンライン上での講義で修了できる専攻等においては地理的制約が解消されるのであろうが，現時点ではそうした大学は非常に限られている。

1-11　外国大学日本校

日本国内には海外の大学によって附置された高等教育機関も一部存在する。これらの大学の卒業生は日本の大学院への入学資格，国内の大学との単位互換等，日本の大学の卒業生と同等の資格が認められている。2015年度現在，**図表1-19**のような海外の大学が日本に分校を設置している。日本の大学で教員として働く外国人教員の中には修士号や博士号を取得するため，こうした大学の大学院プログラムに籍を置きながら就労し，キャリアアップを図る者も日本人学生と同様に存在する。

これらの学校でも教員を募集することがある。同図表が示すように，これらの大学（院）の多くは都市部に設置されていることから，外国語教員も立地条件の良い環境で就労できると期待するかもしれない。しかし，こうした海外の大学が教員を雇用する場合，非常勤講師として，あるいは1年単位の契約教員として募集していることが多く，日本校での正規雇用職の公募はほとんどないのが現状である。

1-12　その他の高等教育機関

大学関係者以外の間では，日本の大学は教育機関であるという理由からすべ

図表1-19　海外大学日本校一覧（2019年度現在）

課　程	大学名	学　部	所在地
大　学	テンプル大学ジャパン	教養学部	東京都港区
		コミュニケーション・シアター学部	
		芸術学部	
	専修学校ロシア極東大函館校	ロシア地域学科	北海道函館市
	天津中医薬大学中薬学院日本校	中薬課程	兵庫県神戸市
	北京語言大学東京校	中国語学部中国語学科	東京都豊島区
大学院	テンプル大学ジャパン	教育学英語教授法修士課程	東京都港区
		教育学応用言語研究科博士課程	
		エグゼクティブMBAプログラム	
		ロースクール	
		教育学英語教授法修士課程	大阪府大阪市
		教育学応用言語研究科博士課程	
	アライアント国際大学・カリフォルニア臨床心理大学院日本校	臨床心理学研究科	東京都千代田区
	マギル大学ジャパン	経営学修士課程（MBA）日本プログラム	東京都新宿区

（出典）　文部科学省「外国大学等の日本校の指定」（2019年度現在）をもとに筆者作成。

て文科省が所管していると誤解している人がいる。しかし，それは正確ではない。文科省以外の省庁によって設置された高等教育機関もあれば，医学部，歯学部，薬学部，保健医療学部のように文科省と厚生労働省の両省から認可を受けなければならないケースもある。そうした場合，例えば昇格等の人事関係の取り扱いも両省の異なる基準をクリアしなければならないことになる。あるいは都道府県が設立する公立大学法人のように総務省と文科省の双方から認可を得なければならない大学もある（文部科学省「公立大学法人」制度の概要」）。

　それでは，上記以外の学校で文科省が直節関与していない教育機関にはどのようなものがあるのであろうか。これらの機関に共通しているのは「大学」という名称が使用できない点にある。こうした教育機関は「大学校」と称されている。大学校には，学校教育法にもとづき設置されているものと，学校教育法にはもとづかず他の省庁の管理下にある学校があり，多種多様である。

　具体例を示すと，大学校には(1)省庁が管轄するいわゆる「省庁大学校」と呼

ばれる学校（防衛大学校等），(2)独立行政法人が運営する学校（水産大学校等），(3)都道府県（北海道立農業大学校等）や市町村（北九州市立年長者研修大学校等）が運営する学校，(4)職業能力開発促進法第35条によって設置された職業訓練法人が運営する学校（名古屋建築技能大学校等），(5)株式会社所有の学校（郵政大学校），学校法人が設置する学校（京都建築大学校等）がある。

　特に上記(1)や(2)に分類される機関は大学ときわめて類似したカリキュラムを有し，教授陣の中にも研究者が多数存在する。防衛大学校や気象大学校のような大学校がその好例である。これらの機関に在籍する学生は国家公務員として扱われ，給与等が支給される。

　なお，省庁大学校の歴史は古い。例えば，明治時代には工部省が設置した工部大学校（東京大学工学部の前身の1つ）もあった。こうした省庁大学校は省庁のスペシャリストを養成するために創設された訓練機関だった。また，海外においても同様の教育機関が存在する。アメリカのThe U.S. Air Force Academyがその典型例である。こうした大学校においても教員を募集しており，実際にそうした高等教育機関で教育に従事する教員も存在する。

第2章

データでみる日本の大学のかたち
―― Part2

2-1 設置機関別にみた大学の名称

　日本では古来より「名は体を表す」といわれてきた。名前をみればすぐにそれが何者かが分かるということである。そして，大学にも名前がある。本節では大学の名称について考察する。

　国立大学の場合は，原則として所在地名が大学の名前の一部になっている。もちろん，現在の東京大学の前身であった帝国大学のように地名が付かない事例は過去にはあった。しかし，それは国立大学が日本に1校しかなかった時代の名称である。その後は京都にも帝国大学が誕生したため，帝国大学は東京帝国大学と名称を変更している。このように，国立大学の場合は所在地名を大学の名称の一部とすることが慣例となっている。ただし，青森大学や沖縄大学のように大学名の一部に県名を付けていても，私立大学であるケースはまれに存在する。

　国立大学の場合，多くは名称の付け方に工夫は読み取れない。名称に工夫をしなくとも優秀な受験生を集めることができるからである。工夫されている点といえば，大学の所在地を示す言葉に大学の特色ある機能 (例：外国語，女子，医科，工業，教育，芸術等) を表す言葉を付ける程度である。東京外国語大学，お茶の水女子大学，旭川医科大学，東京工業大学，大阪教育大学，東京藝術大学等がその例である。

　それでは公立大学はどうであろうか。公立大学の場合も，国立大学と同様に，大学の所在地を示す言葉をベースに大学名が付けられることが多い。例外的な大学としては，秋田県が運営する国際教養大学がある。しかし，その国際教養

大学も英語の名称はAkita International Universityとなっている。

　国立大学と同様に，公立大学においても大学の所在地名に大学の特色ある機能（例：外国語，女子，医科，看護，経済等）を表す言葉を付ける場合もある。例えば，神戸市外国語大学，福岡女子大学，京都府立医科大学，新潟県立看護大学，高崎経済大学等である。

　ただし，国立大学と異なって，最近の公立大学の動向としては，私立大学を公立化することに伴う名称変更例もあるため，国立大学ほど名称の由来が単純ではないケースも見受けられる。東京や大阪などの都市圏から離れた地方では私立大学が少なく，自治体が若者を地元に引き留める策として私立大学の誘致に盛んな時期があった。その際，自治体は大学の設立に財政支援をした経緯がある。いわゆる公設民営方式と呼ばれるもので，それらの私立大学の多くは1990年代から2000年頃に設置された。

　一旦，公設民営方式で誘致に成功した自治体は，その後の運営を学校法人に委ねることになるが，経営が順調に進まないケースも散見された。私立大学では経営が破綻した場合，閉校するわけであるが，先に述べたように自治体が誘致した経緯もあり，大学の経営が困難になった場合，地元自治体が運営母体となり，公立大学化する事例が発生し始めた。そのため，公立大学ではあるが私立大学のような名称の大学が存在する。最近の事例としては，山口東京理科大学（1995年）が山陽小野田市立山口東京理科大学（2016年）に，鳥取環境大学（2001年）が公立鳥取環境大学（2015年）になった。

　公立化された大学は偏差値が急激に上昇し，優秀な学生が確保できることが期待できるうえ，**図表2-1**の通り，国からは学生数に応じて地方交付税交付金としての増額も見込めるため，自治体としても私立大学を公立化することにはメリットもある。

　しかし，私立大学には「建学の精神」がある。これは大学の精神的支柱ともいうべきもので，その精神を通して教育を行うことを前提とするのが私立大学である。そうであるならば，私立大学であることの役割を放棄することは容易でないはずである。建学の精神を外見上の建前に過ぎないと大学自身が判断するのであれば，それは私立大学の存在意義そのものを自ら否定したことになる。

図表2-1　令和元年度　地方交付税算定に係る単位費用（単位：千円）

	医学系 （種別補正 後費用）	歯学系 （種別補正 後費用）	理科系 （種別補正 後費用）	保健系 （種別補正 後費用）	社会科学系 （種別補正 後費用）	人文科学系 （種別補正 後費用）	家政・芸術系 （種別補正 後費用）
単位費用 （種別補正後）	3,763	2,213	1,554	1,777	212	435	691

（出典）　文部科学省「令和元年度　地方交付税算定に係る単位費用」。

　私立大学を公立化するということは税金を投入するということを意味する。経営が順調でない大学を容易に公立化することについては自治体の責任が厳しく問われなければならない。それと同時に自治体の財源を公立大学に使用することによってどのようなメリットが地元住民に還元されるのか十分に説明されなければならない。いずれにしても，私立大学の公立化は安易に考えられるべきではない。

　最後に私立大学の名称について考えてみよう。私立大学における名称の重要性は国公立大学よりも大きい。私立大学にとって大学名称は受験生を確保するための広告塔の役割を担っているからである。それでは，私立大学の名称にはどのような特徴があるのだろうか。

　第1に，大学の名称が宗教性を表す場合があるということである。最も端的な表現方法は，宗教名をそのまま大学名にする場合である。例えば，佛教大学，創価大学，天理大学，茨城キリスト教大学等，それぞれの宗教名がそのまま大学名の一部になっている。

　一般的な傾向として「学院」という名称が付く大学には，キリスト教系の大学が多い。東北学院大学，北陸学院大学，青山学院大学，関東学院大学，フェリス女学院大学，関西学院大学，西南学院大学，九州ルーテル学院大学等，いずれもキリスト教系の大学において「学院」という名称が使われている。ただし，愛知学院大学のように仏教系の大学でも「学院」という言葉が使われているケースもあり，広島国際学院大学のように宗教とは関係のない大学も一部には存在する。

　また，「学院」という名称は使用しないが，宗教性を帯びた言葉を大学名に

入れ，宗教系の大学であることを示す大学もある。例えば，「聖」，「清」，「泉」，「純心」といった言葉を含むキリスト教系の大学名である。その例として清泉女子大学，聖心女子大学，聖隷クリストファー大学，鹿児島純心女子大学等が挙げられる。あるいはキリストを象徴する言葉の1つとして使われる「活ける水」から命名された活水女子大学もある。ただし，同じ「聖」という言葉でも岐阜聖徳大学のように仏教系の大学で使用される場合もある。

　仏教系の大学においても，宗教名が直接使われてないものの，大学名から宗教性が読み取れる大学がある。例えば，身延山大学や高野山大学である。身延山は久遠寺の山号であり，高野山は金剛峯寺の山号である。ただし，比治山大学は地元の山の名前を利用したにすぎず，仏教とは関係がない。

　第2に，新興大学にはカタカナ名が使われることがあるという点である。例えば，デジタルハリウッド大学，サイバー大学，群馬パース大学，長崎ウエスレヤン大学である[1]。カタカナは漢字やひらがなよりも近未来や海外を想像させ，これまでの伝統的な日本の大学ではないという点を強調するには便利なツールなのかもしれない。

　第3に，国公立大学よりも地理的に広範囲な地域名を用い，スケールの大きさを大学名に使用するケースが私立大学ではみられるということである。例えば，東北学院大学，関東学院大学，関西大学，近畿大学，北陸大学，四国大学等がその例である。しかし，それよりもスケールの大きい地名を使う大学もある。例えば，亜細亜大学，立命館アジア太平洋大学，ノースアジア大学があり，さらには環太平洋大学というアジア圏だけでなく北南米やオセアニアまで大きく包み込む壮大なイメージを彷彿させる大学名もある。

　第4に，時代や元号を連想させる大学名である。例えば，明治大学，大正大学，昭和大学，昭和女子大学などである。平成を連想させる大学名としては帝京平成大学，平成国際大学，福山平成大学，平成音楽大学などである。将来を先取った大学名としては，東京未来大学もある。今後は令和が大学の名称の一部として利用されるかもしれない。

---

1)　長崎ウエスレヤン大学は，2021年4月より「鎮西学院大学」と名称変更した。

第5に，国公立大学と類似した大学名があるということが挙げられる。例えば，先に挙げた青森大学は私立大学であるが，その一方で近隣の秋田大学は国立大学である。他には，東京農工大学（国立大学）と東京農業大学（私立大学），電気通信大学（国立大学）と大阪電気通信大学（私立大学），福岡女子大学（公立大学）と東京女子大学（私立大学）等がある。

　さらに名称による判別の困難さは私立大学同士でも存在する。例えば，札幌大学と札幌学院大学，東洋大学と東洋学園大学，関西大学と関西学院大学，武蔵大学と武蔵野大学，愛知大学と愛知学院大学はそれぞれが別法人であるが，部外者には判別が難しいと思われる大学名である。なお，関西大学は「かんさいだいがく」と読むが，関西学院大学は「かん<u>せい</u>がくいんだいがく」であって，「かん<u>さい</u>がくいんだいがく」ではない。2018年に生じた日大アメフト部問題でも日大関係者が「かんさいがくいんだいがく」と言い間違え，関西学院大学関係者から非難の声が上がったことは記憶に新しいであろう。

　第6は，女子大学の名称についてである。多くの女子大学は，大学名称の一部に「女子」という言葉を使用し，女子教育のための教育機関であることを強調している。ところが，「女子」という名前が入っておらず，共学の大学であるかのような印象を与える大学名もある。例えば，金城学院大学や千里金蘭大学である。また，金城学院大学は名古屋市に所在する女子大学であるが，よく似た大学名で金城大学がある。こちらは石川県の私立大学である。

　最後に特殊な名称を持つ大学を紹介しておこう。それは自治医科大学である。「自治」という名称が付いている以上，公立大学のような印象を受けるはずである。実際，自治医科大学は僻地医療・地域医療のために当時の自治省（現総務省）によって1972年に年設置され，全国の都道府県からの出資によって運営されている大学である。また，施設設備の整備には地域医療等振興自治宝くじの収益金が使用されているというユニークな大学でもある。

　自治医科大学は，全国の都道府県が出資して運営されているという理由から，医学部入試については都道府県単位で実施され，候補者が選抜される。入試に合格した医学部生には修学金が貸与される。そして，卒業生は出身地の知事が指定した公立大学病院に約9年間勤務した場合は，貸与の返還は免除される制

●コラム4　いろいろな意味で分かりにくい大学名

　本節で説明したように私立大学にとって大学名は広告塔であるだけでなく，建学の精神を表す重要な手段でもある。しかし，大学名はいろいろな意味で分かりにくい場合がある。例えば以下の大学名の読み方である。

　(1)美作大学 (岡山県)　　　　(2)尚絅大学 (熊本県)
　(3)松山東雲大学 (愛媛県)　　(4)比治山大学 (広島県)

　(1)は「みまさかだいがく」，(2)は「しょうけいだいがく」，(3)は「まつやましののめだいがく」，そして(4)は「ひじまやだいがく」である。(2)の尚絅は，衣錦尚絅 (いきんしょうけい) を由来とする大学名である。また，(3)の東雲は暗い夜空が明け方時に見せる茜色を表す美しい言葉である。地元で慣れ親しまれた地名や美しい言葉を大学名に使用することは素晴らしいことであるが，その一方，地元出身者以外にとってはいささか読みづらい大学名でもある。

　次に，大学名からは大学か大学院か判断できない大学を紹介しておきたい。それは新潟県南魚沼市に所在する国際大学という私立大学で，英語名ではInternational University of Japan (IUJ) と呼ばれている。実はこの大学は学部を持たない大学であり，1982年に日本で初めて設置された大学院大学である。講義はすべて英語で行われている。在学生の8割以上が留学生であり，2018年度現在でこれまで129カ国・地域から留学生を受け入れ，その修了生数も4,300名を超えるユニークな大学である。他の大学院大学とは異なり大学名に「院」とは表記されていないが，れっきとした大学院大学である。

　第三に地理的位置が混乱しそうな大学名を紹介したい。例えば，高千穂大学である。高千穂といえば，宮崎県の高千穂町を連想する読者も多いはずである。オンラインで検索してもやはり宮崎県の地名がヒットする。しかし，高千穂大学は東京都杉並区に所在する大学である。なお，創設者の川田鐵彌は高知県出身である。

　最後に，類似した大学名を次のようにリストアップしてみた。いかがであろうか。

大学名	読み方	所在地
日本医療科学大学	にほんいりょうかがくだいがく	埼玉県入間郡
日本保健医療大学	にほんほけんいりょうだいがく	埼玉県幸手 (さって) 市
至学館大学	しがくかんだいがく	愛知県大府市
志學館大学	しがくかんだいがく	鹿児島県鹿児島市
至誠館大学	しせいかんだいがく	山口県萩市
清泉女子学院大学	せいせんじょしがくいんだいがく	長野県長野市
清泉女子大学	せいせんじょしだいがく	東京都品川区
聖マリア学院大学	せいまりあだいがく	福岡県久留米市
聖マリアンナ医科大学	せいまりあんないかだいがく	神奈川県川崎市
成城大学	せいじょうだいがく	東京都世田谷区
星城大学	せいじょうだいがく	愛知県東海市
尚絅学院大学	けいしょうがくいんだいがく	宮城県名取市
尚絅大学	けいしょうだいがく	熊本県熊本市

度になっている。このように大学運営の財源から考えると公的な大学と分類されるべきなのだが，実際には「学校法人」という運営形態を取っているため，私立大学と分類されている。学校法人と一口にいっても，さまざまな形態の機関が混在していることを示す良い例である。

2-2　設置機関別にみた学部等の名称

　日本の大学は学部単位で組織運営されることが多い。これは法律で学部あるいはこれに準ずる機関を設置することが求められているからである（学校教育法第85条）。一般的に学部は教育と研究の両方を担う組織であり，学生と教員が同じ組織に割り振られていることが多い。

　それでは，日本の大学生は大学でどのようなことを学んでいるのだろうか。**図表2-2**は「平成28年度学校基本調査」をもとに作成した図である。これによると，経済学，経営学，法学等のいわゆる社会科学系の分野で学んでいる学生が大勢を占めており，学生の約3人に1人はこれに該当することが分かる。文学や外国語学といったいわゆる人文科学系の学生より社会科学系の学生が非

図表2-2　関係学科別にみた学生数の割合

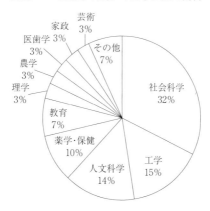

（出典）　文部科学省「平成28年度学校基本調査」中の「関係
　　　　　学科別　学生数」をもとに筆者作成。

常に多いことが日本の大学の特徴である。

　これに次ぐものとして，工学系の学生が最多である。理系学部の中にも学問領域は多くあるが，特に情報科学系や工学系の学生が近年急増している。また，薬学・保健医療領域での学生数も多いことが分かる。そして，これら上位5つの学問領域で学ぶ大学生数は全体の約8割にも上る。

　こうしたオーソドックスな学部に所属する学生たちについては，そこで何を学修しているのかある程度判断できるわけであるが，近年では学部名からその教育研究内容が想像しにくいケースも散見されるようになってきた。行政改革による規制緩和以降，各大学の判断で学部名を作ることが可能となったことがその主な要因である。これは時代の流れとして必然的な出来事であった。科学の進歩，社会の複雑化等によって学際的な学問領域が増え，従来的な学部では対応しきれなくなったからである。

　また，新たな学部名の出現は学生の獲得競争の手段として利用されていることにも起因する。学生の獲得が年々厳しさを増している中，特に私立大学にとっては国公立大学と同じ名称の学部を使用しても単なる模倣に過ぎないため，これまで存在しなかった学部名を提案することによって受験生の注目を集める必要がある。

　こうした大学の動向を確認したうえで，**図表2-3**を見てみよう。同図は，2016年8月現在で文教協会が発刊した「平成28年度　全国大学一覧」に記載されている学部等をもとに作成したデータである。なお，これら国公私立大学には学士課程を持たない大学院大学がある。これらの大学院大学は同図表には含まれていない。また，私立大学には通信課程のみの大学も存在するが，それらの大学も含まれていない。そのため，国立大学80校，公立大学86校，私立大学581校が記載されている。

　この図表で特徴的なことは，国立大学で使用されている最頻出の学部名のトップ5のうち4学部が理系学部であるということである。これは戦前の官立大学（帝国大学を含む）から引き継がれてきた傾向で，教育，医療，施設建設，農業といずれも社会の基盤整備に必要とされてきた学部が並んでいる。同図表内に示されているこれら5つの学部名の総数が166学部であり，国立大学に設置

図表2-3　設置機関別にみた学部等の最頻出名称トップ5（2016年度現在[2]）

国立大学 全379学部	教育学部 44 (12%)	医学部 39 (11%)	工学部 38 (10%)	農学部 24 (7%)	理学部 21 (6%)	合計 166 (45%)
公立大学 全178学部	看護学部 24 (16%)	医学部 8 (5%)	経済学部 8 (5%)	工学部 7 (4%)	文学部 6 (3%)	合計 53 (30%)
私立大学 全1,689学部	経済学部 93 (5%)	文学部 85 (5%)	経営学部 78 (5%)	看護学部 78 (5%)	法学部 76 (4%)	合計 410 (24%)

（注）　上段から学部名，学部数，各設置機関別にみた全学部に占める割合。
（出典）　公益財団法人文教協会「平成28年度　全国大学一覧」をもとに筆者作成。

されている379学部の約44％を占めていることになる。国立大学は，いわゆる学問領域を学部名で表す慣習が今なお続いており，学問領域と学部名が一致していることが特徴である。

　公立大学については，大学数が国立大学より多いにもかかわらず，学部数が国立大学の半数ほどしかないことに気づくであろう。さらに国立大学と異なり，最頻出の学部名が看護学部という保健医療系の学部であり，次いで医学部が多く，この2つの名称の学部だけで全体の2割以上を占めることになる。このことから，公立大学は地元自治体の高等教育機関として，地域住民の健康管理に関わる学部を揃えることにより，地域貢献を推進させていると読み取れる。しかし，国立大学では学部数的に決してメジャーにはならない経済学や文学等の学部名が上位に挙がっていることにも注目すべきである。

　一方，私立大学では，明らかに人文社会科学系の学部名が上位を占めている。これらの人文社会科学系の学部だけで私立大学が設置する全学部の2割を軽く超える勢いである。トップ5のうち人文社会科学系でないのは保健医療系の看護学部だけであり，他の理系学部は名を連ねていない。一般的に理系学部は施設の建設・維持に多額の費用が必要である。そのため，人文社会科学系学部ほど一度に多くの学生を受け入れられないという問題に直面する。私立大学が理

───────────

2)　「学部」という名称の組織だけでなく，「学域」，「学類」，「群」等の組織で構成されている組織も「学部」として数えている。

系学部を持つことは決して容易なことではない。

　私立大学においても看護学部が多いのは，昨今の厳しい大学経営を反映しているためと考えられる。人文社会科学系の学部で期待するほどの受験生が集められない大学では，学生を集めやすい看護学部の設置に動き出した結果である。近年まで続いた大学生の就職難を覚えておられる読者もおられるであろう。看護師の需要が近い将来飽和状態になるといわれて久しいが，実際には就職に事欠かない看護師の需要を大学が見越し，看護学部の建設ラッシュが続いた結果である。

2-3　国立大学教員養成系学部

　図表2-3で見た通り，「教育学部」については調査対象とした国立大学（大学院大学を除く）80校のうちの55％に相当する44大学が教育学部という名称の教員養成系学部を擁している[3]。これに「学校教育学部」等の教育学関連の学部名を合わせると60大学（75％）が教育学系の学部を有していることになる。

　独立法人とはいえ，大学運営費の大半が政府からの財政支援で賄われている国立大学がこれだけ多くの教育学系の学部を擁していることは，とりもなおさず教育行政は国を挙げての一大プロジェクトであるということを示唆している。究極的には，国家は国民によって支えられるのであり，国民の教育レベルの保持・伸長はまさに国家の将来を占ううえで非常に重要なテーマであることに違

---

3)　教育学部という名称であっても，いわゆる旧帝大における教育学部は教員養成系の学部と目的を異にしており，教育学について教育研究を行う組織である。例えば，2021年度現在の京都大学教育学部には3つの系があり，それらがさらに教育・人間科学講座，教育認知心理学講座，臨床心理学講座および教育社会学講座という4つの講座に細分化されている。しかし，これらの講座から初等・中等教育機関で教員になる者は少なく，多くの学生は大学，官庁あるいは民間企業への就職を目指す。
　一方，同じ自治体に所在する京都教育大学は初等・中等教育機関での教員養成を目的としており，多くの教員をこれまで輩出してきた。同様の事例は，東京大学教育学部と東京学芸大学，名古屋大学教育学部と愛知教育大学など全国にあり，旧制大学時代に置かれた教育学系講座を背景とする場合と，新制大学制度後に教育大学（旧師範学校）として設立された場合では，同じ自治体に設置されている教育学系の国立大学・学部であっても，それぞれの特徴は現在も異なっている。

いはない。

しかし，果たして今日の国立大学の教員養成系学部はこれまでのように教員供給源として機能しているのだろうか。これについて2015年6月に社会的議論が起こった。事の発端は当時の下村文部科学大臣が国立大学の学長等に対して発表した通達による。この通達の中に「教員養成系，人文社会科学系は，組織の廃止や社会的要請の高い分野への転換」という一文が盛り込まれていた。これに対し国立大学は反発し，日本学術会議や日本経団連も同省の通達を非難した。社会的要請が何を指すのかについての定義を明確にしないことへの不満とも読み取られる。その後，文科省は言葉の誤解を強調した。しかし，目に見えて社会に有益と分かるような教育こそが大学に求められる姿勢であるというメッセージを大学に与えるには十分な騒動であった。

ここで，特に政府の発言で批判の対象となった教員養成系学部による教員供給数の推移を確認しておきたい。山崎（2008: 19-23）によると，小学校教員の採用者の出身機関別では，1980年代までは国立大学教員養成学部の出身者が60％を超えていた。しかし，2004年には50％を割り込み，2006年には私立大学等を卒業した者の数が国立大学教員養成系学部の出身者数を上回った。中学や高校における教員はこれまでも私立大学の文学部や理学部等が最大の供給源であったと同氏は説明しているが，小学校まで私立大学に牙城を崩されては国立大学の教員養成系学部に批判が集まっても仕方ないのであろう。

なお，文科省（2016: 1）が発表した資料「国立教員養成大学，大学院，付属学校の改革に関する有識者会議」によると，2015年度の小学校教員の採用者のうち国立教員養成系大学出身者が占める割合は約33％に留まり，これ以外の学部出身者が約58％を占めるに至っている。

また，文科省HP「2　小学校教員の免許資格を取得することのできる大学［1］通学課程　一種免許状（大学卒業程度）」によると，小学校教諭一種免許状が取得できる私立大学数は，2019年度現在で188校にも上る。これに対し国立大学では52校，公立大学では5校しかなく，私立大学における小学校教員養成課程が国公立大学を合わせた課程数の3倍以上の規模になっている。

このように，教員養成系学部の現状を勘案すれば，そうした学部を国税で運

営する意義を見出しにくい状況にあることは事実である。ただし，これまで地方の教育を支えてきたのは国立大学の教員養成系学部であり，今後もそうなるよう期待する向きもある。私立大学の教員養成課程ではできない独自の教育プログラムを展開し，国税の利用にふさわしい人材育成を社会に提示しなければ，国民の厳しい目は政府にではなく，大学に向かうことを忘れてはならない。

2-4　学部等の名称から分かる国立大学の特徴

図表2-3が示した通り，国立大学における多数派は理系学部であり，人文社会科学系学部は少数派である。ただし，例外もある。例えば，東京大学法学部である。かつての東大法学部は東京大学の顔であると自負していた。首相官邸HP内に記載されている「歴代内閣」によると，初代総理大臣伊藤博文から第99代菅義偉現総理までの歴代総理大臣63人のうち15人（全体の約24%）が東大法学部出身者である。このことからも，東大法学部が日本の政治で重要な位置に置かれてきたことが理解できる。なお，戦後の歴代総理大臣33人のうち理系学部出身者は，鈴木善公幸（農林水産講習所，のちの東京海洋大学），鳩山由紀夫（東京大学工学部），菅直人（東京工業大学）の3名のみである。

話を国立大学の人文社会科系学部に戻そう。既述したように，全般的には国立大学における人文社会科学系学部の立場は学内的には決して優勢ではない。そのことは**図表2-3**で示した国立大学における理系の頻出学部名トップ5のうちの4（医，工，農，理の計122学部）と，**図表2-4**に示した人文社会科学系の頻出学部名トップ5（経済，法，文，人文，その他の人文社会科学系学部の計60学部）を比べれば明らかである。

また，2013年現在の国立大学における人文社会科学系の研究者数は7,115人であるのに対し，理系の研究者数は51,187人と圧倒的な差がある。[4] 教員数で考えても，国立大学は理系を中心とした高等教育機関といえる。

こうした人文社会科学系教員と理系教員の人員数の差は，学内のパワーバラ

---

4)　当該研究者数には大学だけでなく国立の研究所等所属の人員数も含まれている。

図表2-4　国立大学：人文社会科学系領域における最頻出学部等
　　　　の名称（2016年度現在）

経済学部	22
法学部	14
文学部	12
人文学部	6
その他の人文社会科学系学部	6
学部数合計	60

（出典）　**図表2-3**と同じ。

ンスにも影響を与えていることが推測できる。例えば，研究領域別にみた国立大学の総長・学長の人数でこれを考えてみよう。2017年4月時点での総長・学長の研究分野を調べてみると，理系学部出身の学長が86大学中69人と80％を占めている。残り20％の学長が人文社会科学系やその他の専門家となっている。ただし，人文社会科学系やその他の領域の学長は，大規模総合大学の学長というよりも，東京外国語大学，東京藝術大学，鹿屋体育大学，あるいは教員養成を目的とする教育大学のように特定の領域に特化した大学で任命されるケースが多い。つまり，人文社会科学系の教員でなければ学長としての職責を全うするのが困難な場合に限られるということになる。

　理系学部出身の学長のうち，最多は医学部系出身の学長で30人，次いで工学系出身者が24人となり，これら2領域出身の学長数が全体の60％を占めている。医学系学部や工学系学部には非常に多くの教員が在籍していることがその背景にある。

　また，2021年度現在，いわゆる旧帝大と称せられる7大学ではすべて理系学部出身者がその職務に就いている。なお，旧帝大では学長とは呼ばれず，総長と呼ばれる。草原（第1章前掲2010: 36）によると，総長という言葉は古い歴史を持っている。1886年に帝国大学令によって東京大学が帝国大学となった際，それまで司法省の所管であった東京法学校と工部省所管の工部大学が文科省に移管され，帝国大学の一部になり，帝国大学は法科，文科，理科，医科，工科の5科（現在の学部相当）となったが，それぞれの科は学長を有し，強い自治権

を有していた。それを統合するポジションとして総長というポジションが置かれたとされる。

人文社会科学系の学部数が少ないこと，そしてそこに所属する教員数が少ないということは，学長選挙で不利な立場に置かれることを意味する。国立大学，特に大規模国立大学では学内の円滑な大学運営のために幅広く学内組織から協力を仰がなければならない。そのため，支持者が少数派の人文社会科学系学部出身の学長が出にくいと考えられる。

2-5　学部等の名称から分かる公立大学の特徴

先に述べたように，公立大学では医療系の学部名が数多く見受けられる。特に看護学部という名称が最も多いことからも分かるように，公立大学では医学よりも保健医療に注力している。**図表2-5**は看護という言葉を含め，学部の名称の一部に看護，福祉，健康，栄養あるいは保健といったキーワードを含む学部数（例：健康栄養学部や看護福祉学部）を調べ，その結果を示したものである。同図表中の看護には**図表2-3**で示した看護学部も含まれているが，それ以外に看護福祉学部等，複数のキーワードで学部名が構成されている学部も含まれている。したがって，**図表2-5**の中の学部数は実数ではなく，延べ数であることを断っておきたい。

しかし，そうした重複を除いた実数だけでも同図表中の示したこれらのキーワードを含む学部数は50学部にも上り，公立大学が持つ学部全体の3割近くの学部がこれらのキーワードの1つあるいは複数名称を使用していることが分かる。住民の健康管理に役立つ保健，福祉，あるいは栄養指導に関わる学部を設置することが地元住民への社会貢献だと認識しているということなのであろう。

そして，もう1つ公立大学の学部名から分かることがある。それは，文化の保持・伸長に貢献する学部の設置が目立つということである。例えば，**図表2-6**をみよう。既述したように，公立大学にはわずか178の学部しかない。その中で芸術・音楽系の学部が合わせて13学部もあることは特筆すべきことである。これは公立大学が持つ全体の学数の7％以上も占めていることになる。

図表2-5　公立大学：学部等の名称から分かる特徴（2016年度現在）

〜看護〜	29
〜福祉〜	12
〜保健〜	12
〜健康〜	6
〜栄養〜	5
学部数合計（延べ数）	64
学部数合計（実数）	50

（注）　学部数には重なりの部分あり。例：看護福祉学部：それぞれにカウント。
（出典）　**図表2-3**と同じ。

図表2-6　公立大：文化面にも注力（2016年度現在）

音楽学部	3
デザイン学部	3
美術学部	3
美術工芸学部	2
芸術学部	1
芸術文化学部	1
学部数合計	13

（出典）　**図表2-3**と同じ。

一方，国立大学では芸術・音楽系の学部数は5学部にしか過ぎず，全379学部のわずか1％強を占めるのみである。公立大学は地元住民の健康面だけでなく文化面にも注力し，肉体的・精神的な豊かさを提供できる社会貢献型の大学であろうとしていることが理解できる。

2-6　学部等の名称から分かる私立大学の特徴

　私立大学では人文社会科学系の学部が多数を占めることをすでに述べたが，それ以外に次の3つの特徴が挙げられる。第1の特徴は，医療保健学系の学部が増加しているという点である。

　図表2-7をみると看護学部が78と保健医療学部が30となっており，計108学部が看護師養成課程であることが分かる。つまり，私立大学の全学部数の約6％が看護師養成課程であることになる。6％という数字は大きくないように思われるかもしれない。しかし，**第1章**の「**図表1-6　地区別にみた大学数と在籍者数（2016年度現在）**」で示したように，2016年度現在での私立大学数は604校である。1大学が複数のキャンパスで看護師養成課程を持つ事例も若干あるため厳密な数字ではないが，2割近い私立大学が看護師養成課程を設置していることになる。

　さらに，これらの2学部以外の学部でも看護師，理学療法士，作業療法士，

図表2-7　私立大学：理系・医療系領域における学部等の最頻出名（2016年度現在）

看護学部	78	
薬学部	56	
工学部	51	108
保健医療学部	30	
医学部	30	80
理工学部	29	
学部数合計	274	

（出典）　**図表2-3**と同じ。

鍼灸師などを養成している学部が94もあった。つまり，合計すると202学部（看護学部78，保健医療学部30，その他94）において保健医療従事者を養成していることになる。604校において202学部がこうした医療関係の学部であることから，いかに日本の私立大学がこれまでの文系中心の学部から医療従事者養成学部に改革を進めているか理解できるであろう。

　医療業界では保健医療従事者は余剰傾向にあるといわれて久しいが，それでもなお大学業界においては保健医療関係の学部を設置することに歯止めがかからない。特にこれまで医療系の学部を全く設置した経験のない人文社会科学系の小規模大学が唐突にこうした学部を設けることは通常は考えにくいが，それほどまでに学生を十分に確保できない大学が多いということである。こうした医療系学部は大学にとって学生を集めるための重要な学部なのである。

　私立大学の第2の特徴は，カタカナを使った学部名が多いことである。例えば，国立大学の場合，カタカナが入った学部名は全学部379学部のうちわずか3学部（全体の1％未満）しかなく，公立大学の場合でも178学部中11学部（全体の約6％）しかない。一方，私立大学では，**図表2-8**に記したカタカナ言葉を含め計33種類のカタカナが学部名称に使われており，1,689学部の約9％に当たる152学部においてカタカナが利用されている。カタカナ言葉を使用することにより，斬新さや新鮮さを受験生に印象付けさせ，受験生の注目を集めようとしたことがその要因ではないだろうか。

　また，**図表2-9**が示すように上位トップ5のカタカナ言葉をみると，例えば

図表2-8　私立大学：学部等の名称で使用されている全カタカナ
言葉一覧（2016年現在：50音順）

カタカナ言葉	カタカナ言葉
アジア	ネットワーク
アニメーション	バイオ
イノベーション	ビジネス
キャリア	ヒューマンケア
グローバル	プロデュース
コミュニケーション	フロンティア
コミュニティー	ホスピタリティ
コンピュータ	ポピュラーカルチャー
サービス	マネジメント
サイエンス	マンガ
システム	メディア
スタディーズ	メディカル
スポーツ	モチベーション
ソフトウェア	ライフ
ツーリズム	リハビリテーション
デザイン	リベラルアーツ
デジタル	

（出典）　図表2-3と同じ。

東京オリンピック・パラリンピックの開催や健康志向に伴い，「スポーツ」という言葉が入った学部，「グローバル化」と関係がある「コミュニケーション」，IT産業（例：デザイン工学）や就職（例：キャリアデザイン）等に関連がある「デザイン」，そして保健医療と関連性が高い「リハビリテーション」等，社会で話題になっているキーワードをちりばめた学部名が最頻出ワードとして出現している。

　国立大学は，例えば医学部や法学部といった名称にみられるように，伝統的な学問領域の名称をそのまま学部名としているものが圧倒的に多く，それゆえに漢字名を冠した学部名が多い。旧態依然としているともいえるが，見方を変

5）　これらの言葉は単体で使用される以外に，組み合わせて利用されることもある。例えば，バイオサイエンスやビジネスコミュニケーション等である。

図表2-9　私立大学：学部等の名称で出現するカタカナ言葉トップ10（2016年度現在）

スポーツ	22	メディア	13
コミュニケーション	18	グローバル	12
リハビリテーション	17	バイオ	8
デザイン	15	ライフ	5
ビジネス	15	リベラルアーツ	5
		学部数合計	130

（出典）　**図表2-3**と同じ。

えればそこで学修できる教育内容が誰にでも明確に分かる学部名を使用することが国立大学には多いとも捉えられる。

　公立大学は国立大学と私立大学の中間的なスタンスを取っているような印象を与えるかもしれない。しかし公立大学の場合は，社会現象として現れた人気キーワードを使用しているというよりも，自治体が力を入れたい言葉をキーワードに入れた名称が多く含まれていると理解すべきであろう。

　一方，私立大学では学問領域を学部名にするのではなく，社会現象として世間で注目されているキーワードを学部名として利用する傾向が特に近年は際立っている。私立大学が多用するカタカナ言葉は受験生に斬新さや国際的なイメージを与えやすく，これまでの古い大学の印象を払拭させる狙いがある。

　しかしその反面，どのようなことが学べる学部なのかを理解するのは容易でない。スポーツやリハビリテーションといった言葉からは何が学べるのか理解できるが，例えば，コミュニケーションやグローバルといった漠然としたキーワードを冠した学部の場合，学生たちは自身の専門が何であるのか理解していないケースがある。そのような学部の学生たちは就職活動で自身の学部について要領よく説明できない。具体的な教育研究内容を受験生に理解させないまま，学生の獲得手段として学部名を利用することには問題がある。

　私立大学の学部名のもう1つの特徴は，地理的分布の偏在性である。ビジネスの世界では，同一地域に同業者が多く集まるほうが，同業者が広範囲に散在しているよりも集客率が上がるといわれている。いわゆる反響率の原理である。

例えば，「医療学部」や「現代社会学部」といった学部名は東日本の大学には存在しない。これとは対照的に，「コミュニティ」という言葉が付く学部名は西日本の大学にはなく，東日本のみで確認される。同一地域に同類の名称を持つ学部が存在すれば，近隣自治体に住む受験生がそうした大学を併願しやすくなるという経営戦略の1つである。

　第3の特徴として「オンリーワン学部」と呼ばれる学部の存在が挙げられる。大学設置基準で定められた29種類の学士（文学士や工学士等）は1991年以降，学士という称号の後にカッコ書きで専攻を入れるという様式に統一された。それ以来，学部名も自由化されてきたが，これにより「我が国初の学部」という謳い文句が流行ったことがある。「我が国初」といえば非常に重要な学問領域の名を冠した学部のような印象を与えるが，大幅な教員の入れ替えをせず，既存の学部の名称変更を行っただけのケースが顕著であり，学生集めの手段として使われた感は否めない。

2-7　近年の学部等の名称変化

　これまで説明したように，国立大学では今なお伝統的な学問領域名を冠した学部名が多く，公立大学や私立大学においてはそれぞれの事情により伝統的な学部名とは一線を画す学部名が使用されているが，その学部名にも変化が見受けられるようになってきた。

　それを**図表2-10**で確認しておきたい。同図表は，**図表2-3**で紹介した学部等の名称以外の言葉で最も出現回数が多かったものを一覧にし，まとめた結果である。

　まず国立大学と私立大学では「科学」という言葉を学部名の一部に使用するケースがそれぞれ19学部と127学部あった。例えば「生命資源科学部」，「人間科学部」，「医療科学部」，あるいは「人文科学部」といった学部名にみられる名称であるが，この「科学」という言葉は必ずしも理系学部との関連で付されているのではない。「生命資源」，「人間」，「医療」というような他に重要なキーワードがあり，それらが学術的に系統立った学問領域であることを示すため

図表2-10 学部等の名称に出現した最頻出キーワードトップ5（2016年度現在）

国立大学 全379学部	科学 19 (5%)	地域 8 (2%)	国際 7 (2%)	人間 6 (2%)	環境 5 (1%)	合計 45 (12%)
公立大学 全178学部	国際 12 (7%)	福祉 12 (7%)	環境 11 (6%)	人間 8 (5%)	保健 8 (6%)	合計 51 (30%)
私立大学 全1,689学部	科学 127 (8%)	人間 116 (7%)	医療 74 (4%)	国際 74 (4%)	情報 74 (4%)	合計 465 (27%)

（注）　上段から頻出キーワード，キーワードを含む学部数，全学部に占める割合。
（出典）　**図表2-3**と同じ。

に使用されている言葉である。

　特に私立大学ではこれまであまり聞き慣れない学部名に「科学」という名称を加える事例が散見される。名称からどのようなことが学修できるのか明確でないため，広報したい学部が学術的に重要な学部であるという印象を受験生に与えたいという意図が推察される。

　次に，「科学」というキーワード以外の言葉をみると，国公私立大学間に共通した「国際」という言葉が目を引く。国立大学で7学部，公立大学で12学部，そして私立大学では74学部が「国際」という言葉を冠した学部を設置しており，設置機関の種別を超え，この言葉に関心が集まっていることが分かる。ただし，新型コロナ禍の影響により，留学プログラムを実施できない国際学部等では，国際交流が安全に再開されるまで当分の間は受験生確保に苦心するかもしれない。

　欧米諸国では自国至上主義の台頭すら感じられる今日ではあるが，それでもなお世界経済のグローバル化は留まるところを知らない。こうした国々での政治情勢にかかわらず，資源が少なく他国との経済連携によってのみ活路を見出すことができる日本にとっては，これからも国際的な視野に立ち，人材育成に努める大学の姿勢は重要である。

　なお，「国際」という言葉は既述したように今日の学部名として多用されている名称であるが，これに類似した概念で用いられる「グローバル」という言

葉を含む学部は国公立大学にはなく，私立大学においてもわずか6学部に過ぎない。カタカナ言葉はその意味が漢字よりもいっそう不明瞭になる傾向があるためであろう。

　現在の国立大学は，明治時代の官立大学と同様に，理系学部を中心として国家の屋台骨となる学部を今日でも堅持していることはこれまで説明してきた通りである。しかし，いわゆる「ミッションの再定義」が進む国立大学では，各大学がどのように社会的使命を果たせるのか自ら説明し，それを実践していくことが求められている。そうした文脈において，「国際」，「人間」，「地域」あるいは「環境」といった今日の日本社会が最も深刻に受け止めているキーワードを冠した学部を設置し，自らの生き残りを図ろうとする国立大学は今後も増えていくのかもしれない。

　公立大学についてもすでに説明したように，住民の健康管理と文化の保全・再生・創造に注力する姿勢を示しており，地域社会への貢献を第1とする公立大学としてのミッションを明確に推し進めてきた結果であるといえる。国立大学よりも先にミッションの再定義を自らに課したその結果が同図表に表されているものと理解できる。

　私立大学については，これまで理系学部は少数派で，人文社会科学系が大勢を占めてきたわけであるが，**図表2-10**に出現してきた言葉の中には「人間」や「医療」あるいは「情報」といった言葉を含め，文理双方の面から教育研究を推し進めようとするキーワードが見受けられるようになってきた。昨今ではAIの開発も加速度的に進んでおり，文系・理系を問わず，AIやIoTと関連付けた教育研究が注目されている。そのため，今後は上記図表に出現した言葉を重要概念として学内組織が再編され，文系・理系の壁を越えた組織作りが盛んになると予想される。[6)]

---

6)　2018年6月5日付の文科省の資料では，高校での「文理分断からの脱却」についての必要性が謳われている。STEAMという考え方がその具体例である。STEAMとはScience（科学），Technology（技術），Engineering（ものづくり），Art,（人間が作り出す知恵・技巧全般），Mathmatics（数学）の5つの略称であり，これらの領域を総合的に学ぶことが求められている。また，現実の社会においてもIoT（Internet of Things）が進んでおり，仮想空間と現実空間の境界線が不明瞭になりつつある。こうした状況下，大学においても

2-8　日本の大学教員数

　現在，日本の大学には学長や副学長を含め約18.4万人の専任教員が大学で就労している。内訳としては，国立大学86校に約6.5万人，公立大学では89校に約1.3万人，私立大学では604校に約10.6万人が在職している。国公私立大学のいずれにも規模の大小があるため，平均値に重要な意味はないが，設置機関別の大まかなイメージを掴むため数値で表現してみれば，国立大学では1校あたり約756人の教員が勤務しており，公立大学では約146人，私立大学では約175人が就労していることになる。

　設置機関別の大学に在籍する学生数で考えてみると，教員1人当たりの学生数は国立大学で約10人，公立大学で約12人，私立大学では約20人となる。これには非常勤講師等の人数が含まれていないことには留意すべきだが，学生の全般的な基礎的学力の差も考慮すると，私立大学の教員は国公立大学の教員よりも多くの負担を担いつつ，就労していることが分かる。

　それでは設置機関別にみた場合，それぞれの職位においてどれくらいの教員が在籍しているのであろうか。その割合を次の**図表2-11**から**図表2-13**で確認しておきたい。[7] まず全般的には，どの設置機関においても教授職に就いている教員の割合が高いということである。これには理由があるのだが，それについては**2-10「大学に必要な専任教員数」**で説明することにする。

　次に，設置機関別の違いであるが，注目すべきは私立大学で教授職に就く教員の割合の高さである。私立大学では専任教員の4割が教授である。その第1の理由として，多くの私立大学では講座制を設けていないことが挙げられる。講座制の場合は，1つの講座に教授を1名置き，その下に准教授や講師あるいはその他の職位の教員を配置するピラミッド型になっている。一方，私立大学の場合は医学部を典型例とする理系学部を除き，講座制を敷く大学は多くない。

これまでの文系・理系という区分の見直しが期待されている。「文理分断からの脱却」の詳細については同省HPの「Society 5.0に向けた人材育成〜社会が変わる，学びが変わる〜」を参照のこと。

7)　学長，副学長の人数は当該データには含まれていない。

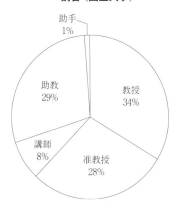

図表2-11　職位別にみた教員の
割合（国立大学）

助手
1%

助教
29%

教授
34%

講師
8%

准教授
28%

（出典）　文部科学省「平成28年度学
校基本調査」中の「職名別　教
員数」をもとに筆者作成。

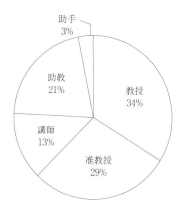

図表2-12　職位別にみた教員の
割合（公立大学）

助手
3%

助教
21%

教授
34%

講師
13%

准教授
29%

（出典）　**図表2-11**と同じ。

　そのため，教授への昇進が容易なのである。

　私立大学に教授が多い第2の理由として，国公立大学を定年退職した者が私
立大学へ移籍することが挙げられる。今日では年金支給開始年齢の関係で多く
の国公立大学での定年退職年齢が65歳となっているが，かつてはそれよりも
若い年齢での退職が散見された。そのため，国公立大学を退職した後，私立大
学に教授として迎えられるケースが多く，結果として教授の割合が高くなる。

　私立大学に教授が多い第3の理由は，国公立大学の現役教授が退職年齢に達
する前に私立大学に移籍することにある。現在の国公立大学はかつてのように
安定した職場となりえないことや私立大学に比べ収入が低いことが多々ある。
そのため現役教授のうちに私立大学に移籍し，経済的な安定を求める者もいる。
ただし，銘柄国立大学の教授であってもかつてのように私立大学に容易に再就
職できるほど状況は楽観的でない。

　第4の理由は，国公立大学の教員がキャリアアップのために私立大学へ移籍
し，その際に教授職として迎えられることが考えられる。既述したように国公
立大学では講座制を敷く大学が多く，同じ講座の教授が退職するまで空きポス

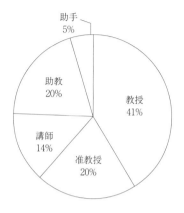

図表2-13　職位別にみた教員の
　　　　割合（私立大学）

助手
5%

助教
20%

教授
41%

講師
14%

准教授
20%

（出典）　**図表2-11**と同じ。

トが出ない。私立大学では教授職に就ける
にふさわしい業績があれば，国公立大学で
講師あるいは准教授であっても教授職の待
遇で迎えられることが多々ある。そうした
ことも私立大学での教授の多さを引き起こ
す要因となっている。ちなみに，私立大学
で教授職にあった者でも，国公立大学に移
籍した場合，講座制との関係で，准教授に
降格することがある。

2-9　女性大学教員の割合

　既述したように国立大学には理系学部が
多く設置されている。そのことは大学教員の中で男性が占める割合が非常に高
いことも意味する。なぜならば，理系学部に進学し，かつその後も理系の大学
院に進み，研究者を目指す女子学生が少ないからである。その結果，国立大学
では**図表2-14**ならびに**図表2-15**が示すように，男性教員の割合が高いことに
なる。現在は理系学部に進む女子も増えてきているため，国立大学においても
今後はこうした傾向にも変化が生じると思われるが，男女比に改善がみられる
までには時間を要する。

　この他にも理系学部での女性教員の増加には懸念材料がある。それを**図表
2-16**で確認しておきたい。同図表は設置機関別における職位ごとの女性教員
の割合を示したものである。これで分かるように国公私立の違いにかかわらず，
女性教員の割合は職位が上がるほどその割合が低くなっている。つまり，下位
の職位に女性が集まっているということになる。特に助手の場合は半数以上を
女性が占めている。

　助手というポジションはその名の通り，あくまでも教員のサポート役であり，
非正規雇用職であることが多い。そのため，女性教員が教授職にまで上り詰め
るのは国立大学だけでなく公私立大学でも同じように容易ではないということ

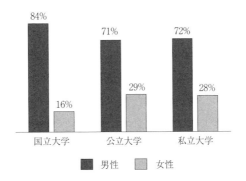

図表2-14　設置機関別にみた男女の比率

（出典）　文部科学省「平成28年度学校基本調査」中の
「職名別　教員数」をもとに筆者作成。

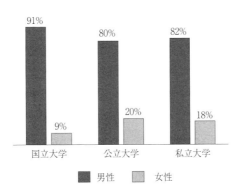

図表2-15　設置機関別にみた教授職における男女の比率

（出典）　**図表2-14**と同じ。

を図表は示唆している。

　それでは他国の状況はどうなのであろうか。World Economic Forum
（WEF）が作成した報告書 *The Global Gender Gap Report 2017*（GGGP 2017:
4-16）は，世界144カ国を対象に男女の取り扱いにどれくらいの差があるのか
についての報告をしている。これは，⑴Economic Participation Opportunity

図表2-16 設置機関別・職位別にみた女性教員の割合

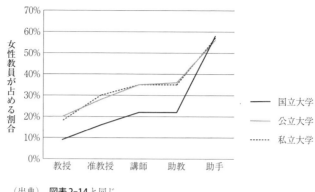

凡例:
― 国立大学
― 公立大学
‥‥ 私立大学

縦軸: 女性教員が占める割合 (0%〜70%)
横軸: 教授　准教授　講師　助教　助手

（出典）　**図表2-14**と同じ。

（経済），⑵Educational Attainment（教育），⑶Health and Survival（健康），⑷Political Empowerment（政治）という4つの視点でまとめられた結果である。これら4つのインデックスにもとづき，最も男女差が少なかった国の第1位はアイスランドであった。一方，日本は調査対象国中では平均以下の114位であった（GGGP 2017: 190）。また地域別にみても，日本は東アジア・太平洋地域18カ国中15位という結果であった。

　上記の4つのインデックスのうち教育分野のみで性差を調べても，日本の世界ランクは74位に留まっている。これはどういうことであろうか。実はこの教育分野のインデックスにはさらに次の4つのサブインデックスが設けられている。

⒜Ratio: female literacy rate over male value

⒝Ratio: female net primary enrolment rate over male value

⒞Ratio: female net secondary enrolment rate over male value

⒟Ratio: female gross tertiary enrolment rate over male value

　これら4つのサブインデックスのうち，日本で最も性差が大きかったのが⒟であり，その他のサブインデックスでは男女に差がなかった。むしろ⒞の中等

教育では1.01となっており，女性のほうが進学率は高いことを示している。しかし，(d)の高等教育になると，対男性の割合が0.93となっており，女子の進学率が上がったといえども，男子に比べ課題があることが分かる。日本の女性は海外の女性に比べ，中等教育での教育成果を高等教育へ結び付けにくいことを物語っている。

　なお，総合順位1位のアイスランドの高等教育サブインデックスにおける対男性比は1.71となっている。その他の国においても，例えばオーストラリア（1.41），イギリス（1.31），アメリカ（1.37），フランス（1.23）では女性の高等教育への進出が男性を上回っている。ただし，主要先進国の中でドイツが0.96となっており，近代高等教育の先駆けとなった同国では依然として男性優位が続いているのかもしれない。

　大学で女性教員を増やすには働く環境をこれまで以上に整備する必要がある。このため，近年，日本でも国立大学を中心に大学構内に教職員の子どもを対象とした保育施設を設けるケースが増えている。例えば，東京大学男女共同参画室HPによると，同大学では各キャンパスならびに病院に計4つの保育施設を有している（けやき，白金ひまわり，駒場むくのき，柏どんぐり）。また，これら以外にも民間業者が構内に設置した保育園も存在する。

　私立大学の場合，医学部や教育学部を持つ大学が同様の施設を設置しているが，いまだ大きな広がりをみせていない。女性だけでなく男性にとっても働きやすい環境作りの一貫としてこうした学内施設の更なる拡充は必要であろう。

2-10　大学に必要な専任教員数

　本来，知の探求を目的とする大学という組織では，教育能力・研究能力を持つ教員集団が最も重要な人材資源である。経営手腕の優れたアドミニストレータが雇用されていたとしても，教育研究機関であるという性質上，教員なくして大学は成立しない。それでは，日本では大学の部局運営のためにどのくらいの専任教員が必要だと定義されているのだろうか。

　実は，専任教員の最低必要人数は学部の種類によって差がある。具体的には

図表2-17　大学設置基準第13条による専任教員数の算出根拠(1)

学部の種類	1学科で組織する場合の収容定員と必要な専任教員数(a)		2学科以上で組織する場合の1学科あたりの収容定員と必要な専任教員数(b)	
	収容定員	専任教員数	収容定員	専任教員数
文学関係	320〜600	10	200〜400	6
教育学・保育学関係	320〜600	10	200〜400	6
法学関係	400〜800	14	400〜600	10
経済学関係	400〜800	14	400〜600	10
社会学・社会福祉学関係	400〜800	14	400〜600	10
理学関係	200〜400	14	160〜320	8
工学関係	200〜400	14	160〜320	8
農学関係	200〜400	14	160〜320	8
獣医学関係	300〜600	28	240〜480	16
薬学関係(臨床養成)	300〜600	28	240〜360	16
薬学関係(臨床養成以外)	200〜400	14	160〜240	8
家政関係	200〜400	10	160〜240	6
美術関係	200〜400	10	160〜240	6
音楽関係	200〜400	10	160〜240	6
体育関係	200〜400	12	160〜320	8
保健衛生学関係(看護学関係)	200〜400	12	—	—
保健衛生学関係(看護学関係以外)	200〜400	14	160〜320	8

（出典）　文部科学省「大学設置基準」（昭和31年10月22日文部省令第28号　令和元年年10月2日施行）。

図表2-17および**2-18**のような計算方法が大学設置基準第13条で詳細に定められている。すなわち，学部ごとに必要な専任教員の人数（**図表2-17**）＋大学全体として必要な専任教員の人数（**図表2-18**）の合計数が大学に必要とされる最低専任教員数となる。

　ただし，次の3点に注意が必要である。第1点目は，同基準が示す人数は最低人数を示すものであるということである。そのため，通常は上記に示される以上の教員数を確保することになる。

　第2点目は，同基準上での「専任教員」という言葉についてである。大学設置基準第12条は専任教員を次のように定義している。

図表2-18　大学設置基準第13条による専任教員数の算出根拠(2)

大学全体の収容定員	400人	800人
必要な専任教員数	7	12

（出典）　**図表2-17**と同じ。

（専任教員）

第十二条　教員は，一の大学に限り，専任教員となるものとする。

　2　専任教員は，専ら前項の大学における教育研究に従事するものとする。

　3　前項の規定にかかわらず，大学は，教育研究上特に必要があり，かつ，当該大学における教育研究の遂行に支障がないと認められる場合には，当該大学における教育研究以外の業務に従事する者を，当該大学の専任教員とすることができる。

　つまり，本書で定義する正規雇用教員以外のいわゆる特任職の教員も専任教員として含まれることになる。今日，専任教員と呼ばれる教員の中には任期が定められている専任教員がいることにも注意が必要である。

　第3点目は，各学科および大学全体で求められる専任教員の半数以上は原則教授であることが前提となっているということである[8]。

　これらの条件に注意を払い，説明を加えていきたい。まず，学部ごとに必要な教員数の計算方法である。学部ごとに必要な教員数は，次の3つの要件で構成される。すなわち，(1)学部の種類，(2)当該学部が1学科構成か複数学科構成か，(3)学部の収容定員規模である。

　なお，**図表2-17**に示された規模以上の収容定員を設ける場合は，その数を超える収容定員数に応じ400名ごとに3名の教員（ただし，獣医学部や臨床養成系の薬学部の場合は収容定員数600名につき6名の教員）が求められる。またその反対に，同図表内の収容定員数を下回る収容定員数しか設けない場合は，医学部を除き，同図表内で求められる専任教員数の2割までの範囲であれば兼任教員で

---

8)　大学設置基準別表第1備考第1には「この表に定める教員数の半数以上は原則として教授とする（別表第2において同じ）」と定められている。

図表2-19　例：B大学に求められる専任教員数

学部名	学科名	入学定員	収容定員
文学部	英文学科	80	320
	フランス文学科	60	240
経済学部	経済学科	250	1,000
	計	390	1,560

賄うことが許されている。

　例えば，**図表2-19**のような2学部3学科で構成されている架空のB大学の場合，何名の専任教員が必要であるか考えてみよう。まず，同大学の文学部は2学科で構成されているため，**図表2-17**の文学関係の(b)欄を適用することになる。英文学科は収容定員数が320名，フランス文学科は240名であるため，それぞれ6名の専任教員が必要であり，合計すると当該文学部では最低12名の専任教員が必要ということになる。

　次に経済学部において必要な専任教員数を求めてみる。経済学部は1学科構成であるため，同図表内の経済学関係(a)欄を適用する。ただし，この学部の収容定員は1,000名であり，800名を超えているため，専任教員の数が14名では足りない。800名を超えた場合，それを上回る400名ごとに3名の専任教員が必要となるため，当該学部では最低17名の教員が必要となる。つまり，文学部での教員12名と経済学部での教員17名を合わせると合計で29名の専任教員が必要ということになる。

　これに加え，大学全体の収容定員を検討しなければならない。B大学全体の収容定員は1,560名であるため，**図表2-18**に示されている12名では足りない。収容定員数が800名を超えた場合，それを上回る定員数の400名ごとに3名の教員が必要となり，計6名の専任教員を追加しなければならなくなる。つまり，18名の専任教員が必要ということになる。

　これらをすべて合計すると，学部としての括りでは29名，大学全体としては18名となるため，合計で47名の専任教員が必要となる。前述したように各学科とも必要な専任教員数の半数以上が教授でなければならないという条件がある。それを満たそうとするならば，英文学科には3名，フランス文学科にも

3名，そして経済学科では9名（17人を2で割る）以上の教授が必要となり，専任教員29名のうち15名以上が教授でなければならないことになる。そして，大学全体としては18名の専任教員が必要なため，9名以上の教授が必要となる。つまり，47名の専任教員のうち教授が24名以上必要だということになる。

ただし，実際の計算はこれほど単純なものではない。例えば，夜間主コースを設置している場合や編入生枠を設ける場合あるいは医学部を持つ大学等では非常に複雑な計算になる。また，教職課程（教育職員免許法施行規則）においては，大学設置基準とは異なる基準で配置すべき教員数が定められており，計算はさらに複雑になる。

なお，既述したように実際の学科運営では大学設置基準で定められた専任教員数以上の教員を雇用していることが多いため，見かけ上は教授職に就く者の割合が半分以下であるという印象を与えてしまうかもしれない。その点については注意が必要である。

いずれにしても，架空のB大学の例を通して，どのように専任教員の人数が決められるか，あるいはなぜ大学には教授が多いのかについては，大まかではあるがご理解いただけたと思う。

こうした部局の設置業務に教員が直接関わることはあまりない。実際には専門のコンサルタントと相談しながら各大学が専任教員数の規模を決めることになるのだが，どのようにして教員数が決められるのかについて概略程度の知識は教員自身の問題として理解しておくべであろう。

2-11　医学部の専任教員数

前節では大学で必要な専任教員数を説明したが，その定義に当てはまらない学部がある。それが医学部・歯学部である。**図表2-20**が示す通り，これらの学部では非常に多くの専任教員を要することになる。教員数もさることながら，それにかかる人件費も他学部と比較にならない。

収容定員数が360名（つまり1学年60名）の医学部でも130名以上の専任教員が求められている。文学部ではわずか6～10名程度であることを考えると医学部

図表2-20　大学設置基準第13条による専任教員数の算出根拠 (3)

学部の種類	収容定員360人までの場合の必要な専任教員数	収容定員480人までの場合の必要な専任教員数	収容定員600人までの場合の必要な専任教員数	収容定員720人までの場合の必要な専任教員数	収容定員840人までの場合の必要な専任教員数	収容定員960人までの場合の必要な専任教員数
医学関係	130	140	140	140	—	—
歯学関係	75	85	92	99	106	113

（出典）　**図表2-17**と同じ。

の規模の大きさがうかがえる。

　これら以外に付属病院での教育，研究，診療を主とする専任教員も別途用意しなければならない。こうした理由で，医学部・歯学部における必要な専任教員数の計算方法は他学部と全く異なっている。特に医学部には非常に多くの教員が在職しているため，学内での影響力は大きい。医学部を持つ大学では医学部出身の学長が多いのもこれが要因の1つとなっているものと考えられる。

　さらに，医学部や歯学部での職位名が示す相対的地位に関わる事柄が同13条の別表の備考欄に定められている。

　　この表に定める医学に関する学部に係る専任教員数のうち教授，准教授又は講師の合計数は，60人以上とし，そのうち30人以上は教授とする。
　二　この表に定める歯学に関する学部に係る専任教員数のうち，教授，准教授又は講師の合計数は，36人以上とし，そのうち18人以上は教授とする。

　これをもとに，例えば専任教員数が130名必要な医学部を考えた場合，半数近くの60名以上の教員が講師以上でなければならないことになる。それでは残りの専任教員はどのような立場の教員となるのであろうか。実は，医学部や歯学部ではいわゆる「二文字講師」と呼ばれる講師と，それ以外の名称を持つ講師がおり，後者に分類される講師が多数存在する。

　特に医学部では「二文字講師になれれば大成功だ」といわれるのは，まさにこれが理由である。「講師」以外の名称としては，「特任講師」「兼任講師」「院内講師」のように講師の前に他の名称が付け加えられる。医学部や歯学部にお

ける二文字講師は他学部とは異なる職位と考えたほうが分かりやすい。例えば，医学部で講師だった教員が他大学・他学部に移った場合，教授となることはめずらしくない。医学部の講師は他学部の教授と同レベルとも解釈できる事例である。

　その一方，外国語教員や看護学の教員が医学部で講師として雇われる際は，医学系講師との研究業績の差が大きく，職位を決める際に軋轢が生じることがあるともいわれている。

2-12　大学入試改革

　大学入試改革については戦後長らく議論されてきた。1970年代になると，国公立大学が出題する難問・奇問によって本来高校生が学ぶべき基礎的学力が軽視され，高校での教育内容が歪められているという批判が起こった。そうした高校の教育現場からの不満もあり，1979年度から「国公立大学入試選抜共通第一次学力試験」（「共通一次試験」）が実施された。この名称から分かるように，当時の共通一次試験は国公立大学の受験者のみを対象とし，各大学・学部が個別の試験をその後に実施するという形で利用された。

　共通一次試験は現在の大学入学センター試験の前身であるが，当時はすべての受験者が5教科7科目を受験することが前提となっていた。中等教育における主要科目の授業内容を文系・理系の志望の違いにかかわらず，しっかりと身につけていることが国公立大学では当然視されていた時代である。

　ただし，当時の共通一次試験には英語科目でのリスニングテストは課せられていなかった。英語に関しては読むことが中心の1技能試験であった。そして，1990年1月からセンター試験へと変わり，受験教科・科目パターンも多彩に用意されるようになった。

　これら2度の入試制度の改革により，文字通り全国一斉に入学試験を実施できるようになった。また，採点方法もマークシート方式で実施されたため，採点における公平性を担保することが可能となった。さらに，こうしたマークシート方式の導入は私立大学が実施する個別の入試においても同様の採点方式に

●コラム5　私立大学における入学試験の実質倍率

　私立大学では，国公立大学以上に何度も受験する機会がある。例えば，すべての受験者が3度受験すれば，志願者数は3倍になる。こうした累計の志願者数を「延べ志願者数」というが，大学が外部に公表する受験倍率は通常この延べ志願者数を基礎としたものである。これに対し，実際に何人の受験者が志願したかを示すのが「実志願者数」である。国公立大学の場合は，受験回数が限られているため，実志願者数に近いデータを公表することになるが，既述したように私立大学の場合は延べ人数を公表することが多い。そのため，「延べ志願者数」で実際の人気度を正確に把握することは難しい。

　しかし，最近の情報公開の動向に従って，私立大学の中にも「実志願者数」を公表する大学が出現してきている。例えば，『朝日新聞』の記事（2018年5月1日付「中退率や満足度……大公開時代　大学選び，偏差値も重視」）によると，東洋大学の2017年度実施の入学試験の延べ志願者数が約11万5,000人余りに対し，実志願者数は約4万5,000人であったとしている。単純計算すると，1人の受験者が約2.5回受験したことになる。また同記事によると，法政大学の場合，延べ志願者数が約12万2,000人であったのに対し，実志願者数は約6万1,000人，関西大学では延べ志願者数が約9万2,000人で，実人数は約3万3,000人であったとしている。

　大学関係者にとって実志願者数を公開することはきわめて難しい判断である。特に地方の小規模私立大学にとっては，こうした情報の公開は大学の人気のバロメーターとして利用される可能性があるため，死活問題につながる可能性がある。それにもかかわらず，学内のみに留保していたこうした情報を外部に公開することは，風通しの良い大学，真摯に努力を積み重ねる大学という評価を受けるために今後ますます重要になるであろう。

依存する傾向を高めることにもつながった。

　しかし，その結果，多くの受験生は選択肢のどれが正解であるのかを見極めるスキルに長けるようになったものの，学習した知識を応用し解答を導き出す機会が減るという現象を生じさせた。私立大学の中でも競争倍率が高い大学・学部等では筆記試験も一部運用されてきたが，大量の受験者を獲得しながらも，透明性の高い合否判定を迅速に行うにはマークシート方式を主流とせざるをえなかった。

　その後，時代は大きく変化し，世界経済のグローバル化，少子高齢化社会による国内産業の人的資源の減少，情報網の発達等により他国との交流がますま

●コラム6　日本の高い技術力を証明するセンター入試のICプレーヤー

　英語科目でリスニングテストが導入されたのは，センター入試に変わった後の2006年度（2007年1月実施）からである。共通一次試学力験時代も含め，それまでも聴解テストの必要性は指摘されていたが，試験会場によって施設面での環境が異なっていたことが課題となり，リスニングテストは実施されなかった。

　この問題を解決したのが，世界初といわれるICプレーヤーによるリスニングテストである。ICプレーヤーであれば，受験者が同じ環境下でテストを受けられるため実施される運びとなった。マスコミではICプレーヤーの不具合のニュースばかりが報道されがちで，なんとも頼りない機器であるように錯覚してしまう。

　しかし，かつて旧帝大の工学部に勤めていたある教授は，このICプレーヤーを絶賛している。その知人によると，50万人以上が利用する大がかりな状況下で，しかも廉価な機器でならなければならないという条件で運用されているこのICプレーヤーの不具合率は工学的にみて驚異的に低い数字なのだそうだ。

　例えば，2017年度に実施されたセンターテストでICプレーヤーの不具合によって再受験を余儀なくされた受験者数は全国で121人（うち9人は辞退）であった。この年度の英語テストの総受験者数は575,967人であったので，ICプレーヤーの不具合率はわずか0.02％であったことになる。その0.02％に遭遇した受験生は不運といわざるをえないが，日本の高い技術力があってこそのリスニングテストである。

　センター入試から共通テストに移行後もICプレーヤーは利用される。日本の優秀なエンジニアたちにエールを送りたい。

す重要になってきた。そのため，今後の日本を支える人材に求められる学力は，これまでのような暗記力を活かし，正解を見抜くスキルではなく，教科・科目を超えて複合的な思考力を駆使し，新たな視点で柔軟に考えることができる力であり，教育界でもそうした人材の育成が期待されている。

　こうした経緯により2019年度（2020年1月実施）入試をもってこれまでのセンター試験は廃止され，2020年度（2021年1月実施）から新たに「大学入学共通テスト（共通テスト）」という試験が導入された。これにより戦後3度目の大規模な大学入試改革が始まる予定であった。1点刻みの評価を脱し，柔軟な思考を計るという理念のもと導入された共通テストであるが，運用開始以前からトラブルが発生した。例えば，記述式の問題である。特定の業者が国語と数学の記述問題を採点することが報道されると，限られた期間内で公平に採点されるの

か懸念され，最終的には記述式問題の出題が見送られることになった。

　あるいは，英語試験についてである。当初の予定では，受験者の4技能（聞く，読む，話す，書く）を計る民間資格・検定試験の導入が考えられていたが，それも見送られることになった。

　こうした経緯から，共通テストはその当初の理念とは裏腹に，内容的にはセンター試験とあまり変わらない試験となってしまった。

　ただし，リスニング技能の比重が，センター試験においてよりも大きくなった点が異なる。センター試験では「筆記」200点，「リスニング」50点とされていたが，共通テストでは「リーディング」100点，「リスニング」100点となった。また「リスニング」の問題には1度読みと2度読みが混在している点も異なる。「リーディング」と「リスニング」の素点をどのような比重に置き換えて評価するかは，大学側に任せられているが，これまで以上にリスニング対策が高校現場で求められることになった。その意味において，英語によるコミュニケーション能力の向上を目指すという所期の目的を達成するための布石を打つことはできたと考えられる。

　なお，英語以外の外国語については，センター試験時代と同様にリスニングテストは課されず，英語試験とのアンバランスさは否めない。

第3章

揺れる大学

3-1　入学者の定員割れ問題

　昨今の大学経営という言葉でまず連想されるのは入学者の定員割れ問題であろう。定員割れを深刻な問題と捉えていない教員もいるが，定員割れの先にあるのは大学の倒産という厳しい現実であることを理解する必要がある。

　入学者が集まらず閉校となった近年の例としては，LEC東京リーガルマインド大学（2013年度閉校，ただし大学院は存続），愛知新城大谷大学（2013年度閉校），神戸ファッション造形大学（2013年度閉校），三重中京大学（2013年度閉校），創造学園大学（2013年度閉校），聖トマス大学（2015年度閉校），東京女学館大学（2017年度閉校）等がある。

　上記に挙げた大学は創設されて間もない大学が多いが，例えば，聖トマス大学は旧称英知大学の時代から数えると50年近くの歴史を持つ大学であり，上智大学や南山大学と姉妹関係にある正統派のカトリック教系大学であった。また，東京女学館大学は創設から130年以上の歴史を持つ大学であった。これらの大学に加え，経営不振のため公立大学化された私立大学もある。

　大学よりも経営が厳しいのは短期大学である。青山学院女子短期大学が2018年度をもって学生募集を停止すると発表した際，大学関係者は驚嘆した。それは，同短期大学が日本を代表する短期大学の1つだったからである。もっとも，この20年余りに250校以上の短期大学が閉校，あるいは生き残りのため4年制大学に転換したことについてはこれまで大きく報道されてこなかった。この250校以上という数はピーク時の1996年に比べ実に4割近い短期大学が消滅したことになる。学生の定員割れ問題は着実に大学業界全体に広がっている。

●コラム7　入学定員数と収容定員数

　大学関係者以外では，入学定員数と収容定員数という2つの言葉が混乱して使用されるケースが散見される。入学定員数とは，文科省に届け出た各学部・学科等における1学年ごとの入学者の数である。一方，収容定員数とは，同省に届け出た各学部・学科等における全学年分の総人数である。例えば4年制の学部の収容定員数の場合は，その4学年分の学生総数である。ただし，入学年度によって入学定員数が異なる場合もあるため，収容定員数を入学定員数×学年分と単純に計算できない場合もある。

　ところで，大学の入学定員割れ問題は，今なお増え続けている私立大学数の問題との関連で語られることが多い。2016年度現在の日本私立学校振興・共済事業団（以下「私学事業団」という）のデータによると，調査対象となった586校の私立大学のうち，入学定員充足率が100％を下回っている大学が257校もあり，全体の約45％の大学が十分に入学生を確保できていないことになる。

　特に入学定員充足率が50％台あるいは50％未満の私立大学が29校（全体の約5％）も存在する事態に至り，問題は深刻化している（「平成28（2016）年度私立大学・短期大学等入学志願動向」中の資料「入学定員充足率の分布」）。後述することになるが，深刻な定員割れを起こしている大学は政府からの経常費補助金のうち「一般補助」が不交付になる可能性がある。学生からの納付金が得られないばかりでなく，公的支援も受けられなくなれば，経営は短期間に悪化する。

　この入学者定員充足率の問題は唐突に発生したものではない。私学事業団（2016: 28）の資料をもとに作成した**図表3-1**でその経緯を確認しておこう。同図表は過去20年間における5年度ごとの入学定員充足率を7つに区分し，それぞれの区分に当該年度の大学数のうちどれくらいの割合の大学が当てはまるのかを計算したものである。太字で囲まれた部分は各年度における学生定員充足率のボリュームゾーンを示している。

　1991年から2001年度までは，充足率が100％から140％未満のゾーンに大学数が最も多く，150％以上の超過率を示す大学も一部存在するなど，現在では考えられない状況が発生していた。ところが，2006年度以降は80％から120％未満にボリュームゾーンが下がっており，しかも大学数そのものが急増して

74

図表3-1　5年ごとにみた私立大学における入学定員充足率の推移

入学定員超過率 / 年度	150％以上	140％以上150％未満	120％以上140％未満	100％以上120％未満	80％以上100％未満	60％以上80％未満	60％未満
1991年度（373校）	8%	5%	36%	45%	5%	0%*	0%*
1996年度（419校）	2%	3%	50%	41%	3%	0%*	0%*
2001年度（493校）	1%	2%	28%	38%	14%	9%	7%
2006年度（550校）	1%	0%*	14%	45%	23%	11%	6%
2011年度（572校）	0%	0%*	10%	51%	20%	13%	6%
2016年度（577校）	0%	0%	7%	49%	24%	15%	5%

（注）　＊小数点以下は切り捨てのため，0％となっている。
（出典）　日本私立学校振興・共済事業団「平成28（2016）年　私立大学・短期大学等入学志願
　　　　動向」中の「Ⅲ　入学定員充足率等の推移（大学）」をもとに筆者作成。

いる。大学経営という観点からいえば，この入学定員充足率の低下現象こそが
大学経営にまつわる根源的な原因であり，大学はこの問題を克服することに苦
慮している。

　教員もこうした入学者定員割れ問題については，周囲の関係者から一定程度
の情報を得ているものと思われる。しかし，十分な入学者を確保できない場合，
実際に大学でどのような異変が生じるのか，あるいは教員自身がどのような問
題に直面するのか想像できる者は限られている。教員の主たる業務は教育研究
を通し学生を指導することに違いはないが，それでもなお勤務する大学が経営
不振に陥った場合を想像する努力は必要である。

　定員割れによる雇用問題は学部の閉鎖という形でも生じる。一例を『朝日新
聞』の記事（「千里金蘭大，専任教員に退職要求　募集停止2学部21人に【大阪】」2010
年7月27日付）から紹介しておこう。大阪府内に千里金蘭大学という女子大学が
ある。110年以上の歴史を持つ大学で，かつてはお嬢様学校といわれた大学で
ある。現在は生活科学部と看護学部の2学部構成だが，以前には人間社会学部
と現代社会学部という学部が他に存在していた。ところが，これら2学部に十
分な学生が集まらなかったため，人間科学部は2008年に，現代社会学部も
2009年には学生募集を停止した。

　そして2010年6月，大学当局は両学部の21名の教員に希望退職を書面で募

った。その結果，約半数の教員が退職に応じたが，他の一部は大阪地裁に身分保全の仮処分を求める申請をした。この騒動で最も被害を被ったのはこれらの学部に在籍していた学生たちなのだが，当時の大学理事長は，在籍する教員の退職の後は任期付の教員を雇い入れ，学生の進路に不利益にならないように全力を尽くすと回答した。この記事の大学のように，定員割れを起こした学部が全体の一部だとしても，このように教員が突然職を失うこともある。[1]

　経年経過を考慮せず，単年度だけの状況で定員割れ問題を取り上げるのは適切ではないという意見がある。それは，入学収容定員を満たせない年度が偶然に発生する可能性があるためで，単年度での入学者の定員割れの事実をもってその大学の経営状態を判断することは危険であるとの理由による。1年生から4年生までの全体の収容定員率を議論しなければ，その大学の経営状況は判断できないという見方である。

　そうした指摘は正論なのであるが，例えば**図表3-2**を見てみよう。これは2013年度から2016年度までの4年間の入学定員充足率の推移を表しているが，同図表でも分かるように2013年度から2016年度の学生の在籍年数に相当する4年間の入学定員充足率にほとんど変化はない。

　さらに，18歳人口はいっそう減少傾向にあることや，私立大学では入学定員充足率を遵守する規制がますます厳しくなること，そして多く受験者を抱える大学とそうでない大学の二極化がすでに進んでいることなどから，私立大学の公立化現象を除けば，一旦入学定員数を満たせなかった大学が翌年度に大幅な入学者を確保できるとは期待しにくい状況になる。

　つまり，1年生から4年生までの全体の収容定員率を個別に調査せずとも，現時点での入学定員率を見れば，大学全体の収容定員率の悪化を一定程度把握できるものと考えられる。

---

1)　奈良学園大学は学部改組にともない，教員7名を解雇・雇止めとした。しかし，2021年5月，同大学による行為は無効であると大阪高等裁判所で結審された。この判決を受け，同大学は当該教員との和解に応じた。この判例は，他大学での学部の統廃合による教員の解雇・雇止めに大きな影響を与える可能性がある。

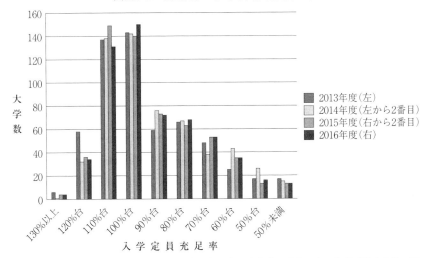

図表3-2　私立大学における入学定員充足率

- 2013年度（左）
- 2014年度（左から2番目）
- 2015年度（右から2番目）
- 2016年度（右）

（出典）　日本私立学校振興・共済事業団「平成25（2013）年度～平成28（2016）年度私立大学・短期大学等入学志願動向」中のそれぞれの「入学定員充足率の分布」をもとに筆者作成。

3-2　入学者の定員割れ問題と地域差

　それでは，入学者の定員割れ問題を地区別に俯瞰するとどうなるのであろうか。**図表3-3**は私学事業団が2016年度現在として公表したデータをもとに作成したものである。同図表の通り，北陸地区を除いて入学定員充足率が100％を超えている地区はない。特に東北地区と四国地区の入学定員充足率は90％を切っており，これらの地区では十分に入学者が集められていない状況が理解できる。

　一方，北陸地区は全国で唯一100％を超えているが，これには地理的分類上の問題が含まれている。同図表の地区区分を見れば分かるのだが，北陸地域だけにはその中核都市ともいえる金沢市（石川県）が含まれている。ところが，関東地区，東海地区，近畿地区あるいは九州地区には金沢市のような中核都市あるいは都道府県が含まれていない。つまり，北陸地区のデータは中核都市等を含む他の地区とは異なる基準で分類がなされている。したがって，北陸地区に

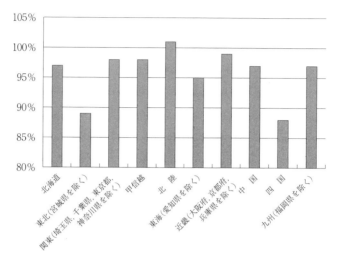

図表3-3　2016年度現在の地区別にみた私立大学の入学定員充足率

（出典）　日本私立学校振興・共済事業団「平成28（2016）年　私立大学・短期大学等入学志願動向」中の「Ⅱ　区分ごとの動向（大学）3. 地域別の動向（大学・学部別）」をもとに筆者作成。

おいても石川県のデータを別にすれば定員割れとなることも考えられる。

　このように，**図表3-3**は東北地区の宮城県，関東地区の埼玉県，千葉県，東京都，神奈川県，東海地区の愛知県，近畿地区の大阪府，京都府，兵庫県，ならびに九州地区の福岡県を除いた学生が集まりにくい自治体を対象としたデータだと分かる。都市部での充足率はすべて100％を超えており，特に東京都については過去5年において常に110％前後の超過率である。いずれにしても，これらのことから若者は大都市の大学を好む傾向があることが分かる。それが東北地区であれば仙台市を中心とした宮城県であり，九州地区であれば福岡市を中心とした福岡県となる。

　社会から注目を集めた増田寛也著の『地方消滅』（2014）において，同氏が今後896の市町村が消えると説いたことは記憶に新しいであろう。消滅とは自治体が物理的に消えることを意味したものではなく，過疎化により自治体として機能しなくなるであろうことを訴えたものであるが，書籍のタイトルが衝撃的

であったため，世間の注目を浴びた。地方創生の意味からも，政府は都市部から離れた地方の大学に学生が目を向けるよう誘導しようとしている。若者が地元に残れば，あるいは都市部から若者が来れば，経済効果も含め地方が賑わうという予想であった。若者が定住し，そこで新たな家庭を築いてくれれば，地方の過疎化は防げるということなのであろう。

　しかし，国公立大学は別として，補助金政策によって私立大学間の地区格差を解消することは現実的には難しい。都市部から遠い地方の私立大学からは支援を訴える意見が上がっているものの，競争原理が働く今日の大学運営では，競争原理そのものを歪める事態にもなりかねない。個々の私立大学が知恵を絞り，それぞれの独自性を発揮してこそ私立大学の魅力は増すものである。外部資金を地方私立大学に注入すれば，一時的には経営を維持できるかもしれないが，そうした行為は対処療法でしかなく，根本的な解決にはならない。[2]

　また，都市部に所在する大規模大学の一部の機能を地方に移転させてはどうかという意見もある。しかし，民間企業や官庁においても地方への移転が進んでいないことからも分かるように，大規模大学の一部機能を地方に移転させることは，現実的なアプローチではない。主要な学会活動や研究会は都市部に集中している。都市部で働く優秀な大学教員がそうしたメリットを放棄し，地方に出向したいと想定することには無理がある。

　かつて都市部の大学に就職できず，地方の大学に入職が決まった教員らは「都落ちする」という言葉を使っていた。そして「都落ちした」教員たちはその後，都市部の大規模大学への移籍を目指すのであった。今日の教員の動向を考察せずとも，昔から多くの大学教員は研究に有利な場所で職を探そうとする者たちなのである。

---

2)　2021年5月3日付の『教育學術新聞』によると，文科省は地方国立大学の特例的定員増を認めることになった。同省は2021年の夏頃までに各国立大学から申請を受け付け，最速で2022年度からの定員増となる予定である。定員増の条件として(1)地方創生に資する取り組みであること，(2)地域における緊密な連携が図られること，(3)地域における雇用創出・産業創出やリカレント教育の推進に資すること，などが挙げられている。これに対し，経営に苦しむ地方の私立大学から不満の声が上がることは避けがたい。

3-3　入学者の定員割れ問題と大学規模

　入学者の定員割れ問題については地方と都市部との格差について語られることが多いが，大学の規模による格差も見逃せない。**図表3-4**から分かるように，小規模大学ほど定員割れを起こしやすい。小規模大学は都市部から離れた遠隔地に多いわけであるが，都市部においても小規模大学は存在しており，大学の規模によっても入学定員充足率については格差があることも事実である。

　例えば，東京都内に所在するＣ大学である。当該大学は社会科学系の1学部しか持たない収容定員1,000人弱の大学であるが，2017年度の入学者定員充足率は90％弱であった。このＣ大学の場合，収容定員数が1,000人程度であるので極小規模の大学とまではいえないが，1学部構成で，かつ1学年に250名程度の学生しか持たない大学であり，規模としては決して大きくない。Ｃ大学は若者の流出が著しい地方の大学とは異なり，立地条件としては恵まれた環境にある。そのことを考えれば，充足率が100％を切っている状況は深刻である。総合大学ではない小規模大学の場合，特殊な技能訓練を提供することができる

図表3-4　2016年度現在の大学規模別にみた私立大学の入学定員充足率

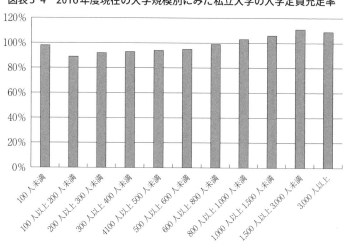

（出典）**図表3-3**と同じ。

大学を除けば，受験生を集めるのは立地条件に恵まれた大学でも状況は厳しく，苦しい経営を強いられている。

　東京都内に所在するさらに小規模な大学の収容定員率を各大学のホームページで調べてみたところ，在籍者数に関わる情報を積極的に公開していない大学が散見された。入学定員充足率を積極的に公開しないこうした小規模大学の場合，入学者数が定員割れを起こしているのではないかと疑われても致し方ないであろう。

　これとは対照的に入学者数が多すぎる大学もある。私学事業団がまとめた「私立大学・短期大学等入学志願動向　平成28（2016）年」によると，586大学のうち169校（全体の約30％）の大学が110％から130％程度の入学生を抱えている。特に東京都内の大学での超過率が高いことはすでに述べた通りである。このように，大学の規模と定員割れ問題の関係性がデータから読み取られる。

3-4　入学者の定員割れによるもう１つの問題

　既述したように入学者の定員割れ問題は，収容定員割れ問題と深く関わっており，私立大学にとってこれらの指標は政府からの補助金に直節関わる事柄となる。政府から交付される経常費補助金には大きく分けて「一般補助金」と「特別補助金」の2種類がある。2021年度現在，前者は教職員・学生の人数×単価等で算出されており，後者は学長のリーダーシップのもと，特色ある全学的な取組みに対する補助である。社会人の組織的な受け入れを実施している大学や国際交流の基盤整備を行っている大学がその例として挙げられる。

　予算額の多寡でいえば，一般補助金の割合が特別補助金よりも多く，経営的には一般補助金のほうがより重要となる。2016年度については，経常費補助金全体の約3,200億円のうち，一般補助金が約2,700億円を占めていることからそのことが理解できるであろう。

　2016年度において，経常費補助金を最も多く交付されたのは早稲田大学である。以下，トップ10の大学のうち8つの大学が関東地区の大学であり，残り2つが近畿地区の大学である。一般補助金は学生や教員の数等で決められるた

図表3-5　2016年度私立大学等経常費補助金　最多交付額の10校（単位：千円）

順位	大学名	一般補助	特別補助	合計
1位	早稲田大学	7,629,074	1,422,819	9,051,893
2位	東海大学	5,758,654	3,124,578	8,883,232
3位	慶應義塾大学	7,833,919	900,167	8,734,086
4位	日本大学	7,232,441	1,118,021	8,350,462
5位	立命館大学	4,456,315	1,080,378	5,536,693
6位	順天堂大学	4,939,659	571,878	5,511,537
7位	昭和大学	5,097,883	311,883	5,409,766
8位	明治大学	3,583,271	716,034	4,299,305
9位	北里大学	3,803,310	393,011	4,196,321
10位	近畿大学	3,466,587	462,873	3,929,460

（出典）　日本私立学校振興・共済事業団「平成28年度私立大学等経常費補助金　学校別交付額一覧」をもとに筆者作成。

め，大規模大学が多くの補助金を獲得することになる。

　しかし，こうした大規模大学ですら今後の18歳人口の減少を考えると，これまで通りの交付額を受け取れると考えることはできない。そのため，都市部に所在する大規模大学においてもこれまで以上に優秀な学生を安定的に取り込もうとする。

　一方，小規模大学の場合は交付額が少なく，学生からの納付金自体も多くないため，大規模大学のようなスケールメリットを活かした大改革は難しい。そのことでさらに大規模大学との格差が生じてしまう。

　図表3-6は大学経営が危うい大学を表したものではないが，これら10校のうち特別補助金が全く交付されていない大学が4校もあることには注意を払う必要がある。特別補助金の交付が全くないということは，大学改革に向けた全学的な取組みが評価されていないということを意味する。受験生に人気のある大規模大学との格差を解消するためには，大胆なアクションが必要なのだが，特別補助金が交付されない小規模大学であれば，それがなおいっそう難しくなる。

　いずれにしても，実際の在学生数が収容定員数を割り込むことになれば，大学の規模にかかわらず，補助金が減額される。特に在籍学生数の収容定員に対

図表3-6　2016年度私立大学等経常費補助金　最少交付額の10校[3]（単位：千円）

順位	大学名	一般補助	特別補助	合計
561位	保健医療経営大学	24,142	0	24,142
562位	情報セキュリティ大学院大院	5,941	17,612	23,553
563位	名古屋音楽大学	20,292	2,266	22,558
564位	大阪行岡医療大学	18,261	0	18,261
565位	八洲学園大学	5,326	12,309	17,635
566位	人間環境大学	13,196	2,598	15,794
567位	大原大学院大学	15,534	0	15,534
568位	京都美術工芸大学	4,255	9,756	14,011
569位	桐朋学園大学院大学	11,239	0	11,239
570位	日本ウェルネススポーツ大学	10,321	630	10,951

（出典）　**図表3-5**と同じ。

する割合が当該年度5月1日現在で50％以下の学部等の場合，経常費補助金は不交付となることを教員も理解しておくべきである。

　文部科学省「私立大学等の振興に関する検討会議　議論のまとめ（参考資料6/6）」，（2017: 164）によると，2016年度実績で不交付となった学部等は22であったと報告されている。帰属収入[4]の約8割を学生からの納付金で賄う私立大学ではあるが，補助金が獲得できない場合の経営へのダメージは大きい。また仮に50％以上の学生を確保できたとしても，安心はできない。なぜなら，51％以上の割合で収容定員を満たしている場合でも，不足する学生数の割合に応じて2％から最大50％までの率で補助金が減額されるからである[5]。そのように考

---

3)　私立大学の中には経常費補助金交付を受けていない大学もある。このため，最低交付額の大学が570位となっている。交付を受けていない大学には，新設の大学で完成年度を迎えていない大学や交付の申請をしていない大学が含まれている。

4)　帰属収入とは，学校法人すべての収入のうち，例えば寄付金や学生からの納付金のように負債とならない収入であり，純資産の増加をもたらす収入のことである。詳細は「学校法人会計基準について」（文部科学省高等教育局私学部参事官付平成28年8月23日）を参照のこと。

5)　収容定員不足以外の事由で法人が減額措置を受けることがある。例えば，2016年度においては，学校法人同志社大学（対象は同志社大学，同志社女子大学）が職員の刑事処分により25％の減額交付を命じられた。また，学校法人嘉悦学園（対象は嘉悦大学）の場合は，理事長の不適切な経理等により，2015年度に引き続き2016年度も25％の減額処分となった。

えるならば，2016年度現在の入学定員充足率が100％を下回っている私立大学が全体の約45％も存在するという報告の意味は大きいと解釈できる。

すでに2001年の時点で西井（2001）は私立大学が倒産するまでの過程を次のように説明し，警鐘を鳴らしている。

私立学校では定員が充足できないという事態は財政困難に直結する。大幅な定員割れとなると財政の長期的な維持が不能となる。消費収支上の赤字分を補填するために，保有する現金預金，有価証券または各種の引当資産等の金融資産が消費される。赤字補填を続ければ続けるほど，健全な併設部門を巻き込んで，学校法人の体力は消耗する。過去の蓄積余力がいつまで持つかという時間的な問題ともなる。自己資金が枯渇すれば他人資金に依存せざるを得なくなる。翌年度の収入に充当すべき入学金等の前受金も先食いされる。負債率も上昇していく。苦しい自転車操業に齟齬を生じると資金ショートが発生する。借入金の返済等が滞れば，抵当権の実行，差押え，銀行取引停止を招く。裁判所による資産の強制換価手続を経て，破産・清算に進み，最終的には学校法人の解散に至る。

西井の説明は，入学定員数を割り込み，そして最終的には収容定員を割り込む事態になる私立大学がどのような状態で閉校に追い込まれるのかを生々しく物語るものである。補助金カットというきわめて深刻な状態に至る前段階においても，例えば，小規模大学の場合，ひとたび経営不振に陥れば回復は困難となり，その結果教職員への給与の遅配，個人研究費の年度途中での突然の執行凍結，あるいは極端な事例ではあるが1頁のカラーコピーを取るにも学部長の決裁が必要となるなど，通常では考えられないことが起こりうる。

3-5　私立大学の公立化問題

2016年4月1日，京都府福知山市に福知山公立大学という公立大学が誕生した。読者にとっては聞きなれない市名であるかもしれないが，地理的には京都

府の中部以北に位置する小規模地方都市である。

　京都府の全人口は約256万人であるが，そのうちの約57％に当たる145万人は京都市内に居住している。一方，福知山市は人口わずか7万5,000人であり，「京都」という華やかなイメージとはかけ離れている。京都市内までは車で2時間以上，特急電車を利用しても1時間15分はかかってしまい，京都市内の若者が気軽に通学できるような場所に当該大学は所在していない。

　そのような自治体に公立大学が出現した。実は福知山公立大学はゼロから設計された新設の大学ではない。経営不振に陥っていた私立の成美大学を福知山市が引き取って設立した大学である。成美大学は福知山市から財政援助を受けて立ち上げられたいわゆる公設民営方式の大学で，京都府北部における唯一の4年制大学として2000年に開学した。

　ところが，地元高校生の流出を防ぐことが期待されたにもかかわらず，開学早々に入学定員割れを起こし，経営は行き詰まった。地元市民が存続を訴え署名運動を起こしたことで，福知山市がその要望に応え，市が大学を買い取り，公立大学とし再建させたという経緯がある。

　類似の例としては公立鳥取環境大学がある。鳥取環境大学は，2001年に公設民営方式で開学したもののわずか4年で定員割れを起こし，地元自治体によ

って救済され，2014年に公立大学化された大学である。

福知山公立大学と公立鳥取環境大学のいずれも，18歳人口減少が近い将来到来し，入学者確保が困難になることが予想されていた時代に設立された地方の大学である。しかも自治体が設立に関与した経緯もあり，最終的には自治体が住民の税金で大学を救済したという点で共通している。

自治体による同様の手法が取られたケースはほかにもある。例えば，高知工科大学（1997年開学，2009年公立大学化），静岡文化芸術大学（2000年度開学，2010年度公立大学化），名桜大学（1994年度開学，2010年度公立大学化），長岡造形大学（1994年度開学，2014年度公立大学化），山口東京理科大学（1995年度開学，2016年度公立大学化），長野大学（1966年度開学，2017年度公立化），諏訪東京理科大学（1990年度開学，2018年度公立化）等である。

しかし，環太平洋短期大学部（愛媛県宇和島市）や新潟産業大学のように公立化の要望を地元自治体に出したものの，実現困難なケースもある。それは，予算規模の小さな自治体が大学を運営することのリスクは大きいからである。私立大学の公立化が地元の若者の流出を防ぐ有効な手段となるのであれば，それは価値ある政策なのかもしれない。しかし，自治体住民への明確なメリットを説明せず，私立大学を公立化することには慎重であるべきであり，私立大学も経営不振を理由に，安易に自治体に依存することを期待すべきではない。

3-6　定員増の申請

学生が集まらない大学とは対照的に，多くの入学生を抱え込む私立大学もある。これらの大学は主に都市部に位置する大規模大学である。第2章でも説明した通り，特に関東地区と近畿地区で大学数全体の半数以上がこれら二大都市圏に集中している。学生数においても関東地区と近畿地区のみで全体の約64％以上を占めるに至っている（「**図表1-6　地区別にみた大学数と在籍者数**」参照）。

この過剰な都市集中現象が，都市部から離れた地方の活性化に悪影響を与えるという見方がある。これは若者が流出すれば消費が落ちるという意見である。しかし，若者が地元にいなくなることの意味はそれだけではない。高校生が都

●コラム9　大学等の高等教育費の無償化

　2019年10月から増税された消費税の一部を財源として，大学，短期大学，高等専門学校，および専門学校（専門課程）における教育の無償化が2020年度から始まり，全国の私立大学・短期大学の約97％に当たる857校が申請し，そのすべてが審査を通過した。認定要件には，世帯収入，資産，学業成績，国籍・在留資格等が含まれている。

　大学に限れば，入学金としての支給額の上限（1回限り）は国公立大学が28万2,000円，私立大学が26万円となっている。授業料については，国公立大学は年額53万5,800円を上限とし，私立大学については70万円となっている。また，その他の給付として国公大学では月額2万9,200円（自宅）と6万6,700円（自宅外）が予定されており，私立大学では3万8,300円（自宅）と7万5,800円（自宅外）となっている。通信教育や夜間制大学の場合も予定額は異なるが同制度の対象となっている。支給対象の条件や申請手続きのスケジュール等の詳細については文部科学省HPの「高等教育の修学支援新制度」を参照していただきたい（http://www.mext.go.jp/a_menu/koutou/hutankeigen/1409388.htm）。

市部の大学に進学した場合，卒業後に地元に帰ることなくそのまま進学先あるいはその周辺の自治体で就職をする傾向が強く，地元に必要な次世代の人材資源をいわば根こそぎ取られるという深刻な問題を引き起こす可能性がある。

　そこで政府が打ち出したのは，大学の収容定員の超過にペナルティを科すという案であった。これについては既に**第1章「1-2　護送船団方式」**で見た通りである。私立大学は，国公立大学と異なり，合格者のうちどれだけの受験生が実際に入学するのかについては新年度間際まで確定できないことがある。こうしたことも一因となり，2016年度に定員超過により補助金が不交付となった学部等の数は13もあった（前掲「私立大学等の振興に関する検討会議　議論のまとめ」164）。

　なお，**第1章の図表1-4**には記載されていないが，政府から補助金を受けるには大学単位としてクリアしなければならない基準以外に学部単位でクリアしなければならない基準がある。学部単位の基準としては大規模大学の場合は1.40倍未満，中規模・小規模大学では1.50倍未満と2015年度から決められている。しかし，この結果，大規模大学の多くが本格的な規制が始まる前に定員増

を申請するという事態が発生した。つまり，実質的に同数程度の入学者数を確保するため，定員増によってこれまでの収入を確保しようとしたのである。

　具体的には2016年度末までに44の大学が定員増を申請し，すべて認可された。そして，この動きに乗り遅れた私立大学は定員増のチャンスを逃す結果となった。特に東京都23区内に所在する私立大学や私立短期大学については，すでに校舎等を整備している場合を除き，2018年度以降は定員の増加を認めない方針を文科省が決定している。また新設の学部の場合も，既存の学部の定員を減らし，その減少分を利用し，新規学部を立ち上げることになる。いわば，今回の定員増申請を最後に，これまでの実質的な入学者数を確保するチャンスは今後当分の間，到来しないことになる。

　定員の厳格化は，2019年度で廃止された大学入学センター試験の影響もあり，大学と同系列の付属中学・高校等への入試の激化を招く結果にもつながった。付属校の生徒は学内推薦という形で一般入試を回避できることができる。そして，大学の社会的評価が高ければ高いほど，付属校への志願者も増えるという循環が発生している。

3-7　深刻化する私立大学の経営

　これまでみてきたように，私立大学を取り巻く経営環境は厳しい状況にある。入学定員数を十分に満たせない大学だけでなく，入学希望者が多い大学においても学生の確保がこれまでほど容易ではなくなりつつある。18歳人口の減少は今後も続くため，私立大学は中長期的な経営計画の検討を引き続き行わなければならない。

　また，**図表3-7**が示すように2019年度より新たなタイプの大学として専門職大学の参入が始まった。その点も経営計画上の見直しの際には重要なファクターとして勘案されなければならない。[6]

---

6)　専門職大学は従来の大学制度にはない職業と直結した実践的な教育機関と定義されており，新たな大学制度としては55年ぶりとなる。しかし，実践的な教育はすでに現行の大学で行われているため，両者の実質的な区別は現時点では難しい。

図表3-7　専門職大学一覧 (2021年5月現在)

設置機関別	設置者	大学名	学部名	所在地
公立	静岡県	静岡県立農林環境専門職大学	生産環境経営学部	静岡県磐田市
公立	兵庫県	芸術文化観光専門職大学	芸術文化・観光学部	兵庫県豊岡市
私立	学校法人日本教育財団	国際ファッション専門職大学	国際ファッション学部	東京都新宿区 愛知県名古屋市 大阪府大阪市
私立	学校法人日本教育財団	東京国際工科専門職大学	工科学部	東京都新宿区
私立	学校法人日本教育財団	名古屋国際工科専門職大学	工科学部	愛知県名古屋市
私立	学校法人日本教育財団	大阪国際工科専門職大学	工科学部	大阪府大阪市
私立	学校法人電子学園	情報経営イノベーション専門職大学	情報経営イノベーション学部	東京都墨田区
私立	学校法人敬心学園	東京保健医療専門職大学	リハビリテーション学部	東京都江東区
私立	学校法人新潟総合学院	開志専門職大学	事業創造学部 情報学部 アニメ・マンガ学部	新潟県新潟市
私立	学校法人国際ビジネス学院	かなざわ食マネジメント専門職大学	フードサービスマネジメント学部	石川県白山市
私立	学校法人藍野大学	びわこリハビリテーション専門職大学	リハビリテーション学部	滋賀県東近江市
私立	学校法人響和会	和歌山リハビリテーション専門職大学	健康学部	和歌山県和歌山市
私立	学校法人本山学園	岡山医療専門職大学	健康科学部	岡山県岡山市
私立	学校法人　高知学園	高知リハビリテーション専門職大学	リハビリテーション学部	高知県土佐市

(注)　これら以外にも，専門職短期大学 (静岡県立農林環境専門職短期大学，ヤマザキ動物看護専門職短期大学，せとうち観光専門職短期大学) 3校，専門職学科を持つ大学 (名古屋産業大学) 1校がある。

(出典)　文部科学省「専門職大学一覧」をもとに筆者作成。

　それでは専門職大学とはどのような大学なのであろうか。専門職大学の第1の特徴はその前身が専修学校だということである。専修学校を一条校に格上げさせたかった法人の悲願がついにここに成就し，従来の大学と肩を並べることになった。専門職大学はその前身が専修学校であるため，そのノウハウを活かし，「手に職」を付けられるというイメージを強調している。

　第2の特徴は，都市部だけでなく，地方都市にも設けられている点にある。

●コラム10　一条校

　一条校とは，学校教育法（昭和22年法律第26号）の第1条に掲げられている学校のことで，具体的には国公私立の幼稚園，小学校，中学校，高等学校，特別支援学校，高等専門学校，短期大学，大学を指す。一条校は教育施設としての正統性を国家により裏付けされた機関であり，補助金や税制上の優遇等を含めた財政支援を受けることができる。

　さらに，一条校は，一条校でない教育機関と比べ高い社会的信用を得られる。これまで専修学校という地位に甘んじてきた専門学校等の学校経営者にとっては，社会的信用の高い狭義の「学校」にようやく認められたという思いなのであろう。

石川県や高知県など，これまで大学を多く抱えたことがない自治体にも設置されることになった。大卒生よりも実践的なスキルの獲得を望む生徒・保護者，あるいは都市部に子どもを送り出す経済的余裕のない保護者を専門職大学は取り込もうとしているようである。

　このように大学経営の厳しさが増す中，専門職大学は設置されたのであり，従来の大学は新たな局面を迎えたといってよい。18歳人口が減り続ける中，私立大学にとっては今後の経営を楽観視できる資料は皆無であり，教育研究機関としての存続意義を考える必要があると同時にビジネスとして今後も成立するのかという疑問が現実味を帯びている。

　それを表しているのが，私学事業団が作成した**図表3-8**の経営フローチャートである。このチャートは大学が倒産するまでに現れるいくつかの兆候を可視化したものであり，「定量的な経営判断指標に基づく経営状態区分（法人全体）」と呼ばれている。また，私立大学の経営状態を4つに区分することによって，大学経営についての行政指導ができる点にも特徴がある。

　経営状態は，A1からA3までの正常状態，B0はイエローゾーンの予備的段階，B1からB4ならびにC1からC3までが注意信号のイエローゾーン，そして危険信号としてレッドゾーンのD1からD3までが設定されている。

　このフローチャートでは，教育活動資金収支差額が当該年度決算の見込みおよびそれ以前の直近の過去2年間を含む3カ年のうち2年以上が赤字であるか

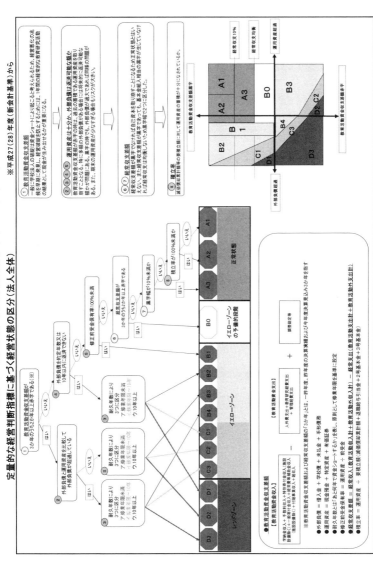

図表3-8 私立大学の経営状態を示すフローチャート

定量的な経営判断指標に基づく経営状態の区分（法人全体）

※平成27(28)年度（新会計基準）から

（出典）日本私立学校振興・共済事業団「私学の経営分析と経営改善計画」「私学の経営の手引」第1巻7頁より転載。

どうかが一番のポイントとなっている。ここで回答が「ノー」の場合，その後のいくつかの質問に対する回答によってさらにイエローゾーンかレッドゾーンに分類される。

　直近3年間のうち2年以上が赤字である場合は経営が正常でないと判断され，財政状況が深刻な大学については，この資料を参考に学校法人の解散を勧告できるシステムを政府は検討している。

　私学事業団がこうしたマニュアルまで作成していることに多くの教員は驚くかもしれないが，こうした資料を準備しなければならないほど今日の私立大学は危機的状況にある。

3-8　アフターケア

　18歳人口の減少に歯止めがかからないにもかかわらず，大学数が急増していることはすでに指摘した通りであるが，そのことによって教育の質への影響はないのであろうか。

　そこで，文科省が毎年実施する「設置計画履行状況等調査の結果等について」（いわゆる「アフターケア」）で公表されている2015〜2017年度の概要部分を利用し，教育の質保証について若干考えてみる。

　概要部分で問題点として挙げられている事柄は，国公私立大学，短期大学，高等専門学校に広く関わる問題であり，私立大学だけに限られたものではないことをあらかじめ断っておきたい。

　文科省がアフターケアで教育の質の問題として指摘する事柄は4つある。第1点目は在学生数の不足あるいは超過に関わる問題である。第2点目はシラバスに関わる問題であり，第3点目は教育課程の大幅変更の問題である。そして第4点目は学外実習・研修に関わる問題である。

　第1点目の問題は主に私立大学での問題である。十分な学生を確保できない場合，財政的に厳しい状況に追い込まれ，適切な教員の確保・保持ができない状況に陥る可能性がある。この点については今のところ国公立大学では深刻な問題となっていない。

第2点目のシラバス問題とは，例えば15回の講義のうち15回目が期末試験に充てられているような場合である。この類の問題は私立大学に限らない。教育の質保証が謳われる昨今である。教育の質保証を反映するシラバスは，「学生おびその保護者」と「大学」との間で交わされる契約書のような存在であることを忘れてはならない。

　第3点目の教育課程の問題とは，例えば，申請通りの教員が担当していないという問題である。特に主要科目は専任教員が担当することが求められているが，非常勤講師に置き換えられている等の問題が発生することがある。急な出来事で当初担当予定だった専任教員が退職することはまれではないため，致し方ないことかもしれない。しかし，後任の専任教員を置く，あるいは他の専任教員が担当する等の措置が取られていないため生じる問題である。

　第4点目の問題は，最近流行りの学外実習や海外研修等にみられる問題である。例えば，学生を海外に語学研修の名目で派遣する場合でも，その研修の教育的目的を明示したうえで，事前・事後指導が必要であり，実習の場合であれば実習中にも教員による指導が求められる。

　繰り返しになるが，こうした問題は国公私立大学の違いにかかわらず発生する可能性がある。しかしながら，アフターケア期間中に名指しで指摘されているのはすべて私立大学であり，私立大学の場合，問題がより深刻なケースが多いようである。以下，上記の4点に関わる具体例をアフターケアの報告書から引用する。

● 学生不足・超過問題の事例
〈関東地区の私立大学D（是正意見）〉
収容定員を増加したにもかかわらず，定員を大幅に超過して学生を受け入れており，特に，経済学部金融学科の推薦入試では，入学定員の5割を超える合格者を出している。大学設置基準第18条第3項および大学入学者選抜実施要項に照らして適切な入学者選抜と定員管理がなされていないことから，推薦入試においては，自ら定めた入学定員数に沿って適切な入学者選抜を行うとともに，大学全体としても大学設置基準第18条第3項に照らして適切な定員管理を行うこと。

● シラバス問題の事例

〈近畿地区の私立大学E（是正意見）〉

「教養演習A」，「英語Ⅰ」等の各科目について，大学教育として適切な内容となるよう再度精査し，シラバスもあわせて修正すること。なお，科目を履修するに当たっては必要に応じて正課教育外のリメディアル教育で補完すること。さらに，アドミッションポリシーに沿って適切な選抜を行うよう改善を図ること。

〈近畿地区の私立大学F（是正意見）〉

一部の科目において，中間テストの成績によって，その後の授業が免除されている実態があるが，この場合，大学が定める授業の時間が確保されておらず，大学設置基準第21条第2項に抵触しているため，授業時間が適切に確保されるよう改善すること。

● 教育課程の大幅変更の事例

〈北海道の私立大学G（是正意見）〉

担当教員が不在で臨時的に非常勤講師に担当させている科目については，速やかに専任教員を補充すること。なお，主要科目については，原則として専任の教授または准教授が担当する必要があり，現状は大学設置基準第10条に抵触しているため，早急に教員を配置すること。また，実習等においても専任教員と非常勤教員の間で意思統一を図ること。

　上記3つの事例には実習・研修について具体例は示されていないが，それ以外としては，大学が海外での英語研修を業者にすべて任せ，学生への事前・事後指導を行っていないケース等がこれに該当する。

　特に上記F大学の事例では，中間テストの成績いかんによっては後半の講義を免除する等の措置は大学として常識的にはありえないことである。15回の講義のうち半分を終えた時点で中間テストを実施することはあっても，その点数によって未だ指導していない後半部分の理解度やスキルの向上等を予見できるはずもない。また仮に予見できたとしても，最後まで責任を持って講義を行

わなければ，それは職務怠慢といわざるをえない。私立大学が教育研究において国公立大学と競い合うには，国公立大学以上に大学全体としての将来構想を教職員が共有する必要がある。

3-9　統廃合される国公立大学

　現在，国立大学は各都道府県に1校以上存在しており，東京都のように1つの自治体に12校もの国立大学・大学院が設置されているケースもある。しかし，18歳人口の減少は私立大学だけでなく，国立大学にも多大な影響を与えようとしている。例えば，2015年6月8日付で文部科学大臣から出された通達「国立大学法人等の組織および業務全般の見直しについて」（27文科高第269号）において，政府は次のようなメッセージを発信している。

　　「ミッションの再定義」で明らかにされた各大学の強み・特色・社会的役割を踏まえた速やかな組織改革に努めることとする。特に教員養成系学部・大学院，人文社会科学系学部・大学院については，18歳人口の減少や人材需要，教育研究水準の確保，国立大学としての役割等を踏まえた組織見直し計画を策定し，組織の廃止や社会的要請の高い分野への転換に積極的に取り組むよう努めることとする。（下線筆者）

　こうしたメッセージに対し，国立大学は教育・人文社会科学系の学部潰しであると強く反発した。また，政府のメッセージは即戦力を求める産業界の意向があるとの見方が広がっていることを懸念し，「産業界の求める人材像はその対極にある」として，人文社会科学系学部の必要性を訴え，今回の文科省の通達の背景に関与していないと強く否定し，同省の姿勢を批判した（『朝日新聞』「経団連，安易な文系見直し反対　国立大改革，文科省通知で声明」2015年9月10日付）。
　その後，文科省は人文社会科学部系への軽視と捉えられたことは誤解であると各方面への火消しに躍起になったが，これと前後して国立大学の改組問題がマスコミを賑わした。例えば，2015年8月24日付『読売新聞』は1面で「国立

図表3-9　国立大学数の推移[7]

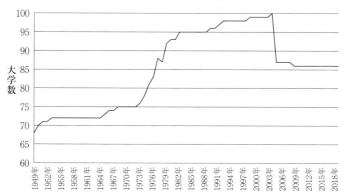

（出典）　文部科学省「学校基本調査　年次統計」中の総括（学校種ごと）10「大学の学校数，在学者数，教職員数（昭和23年〜）」をもとに筆者作成。

大学26校　文系廃止へ　文科省通知受け　教員養成系中心に」という記事を掲載した。これは同紙が国立大学の学長へのアンケート結果を公表したもので，それによると，東北地区から九州地区までの計26校の国立大学で人文社会科学系学部の組織廃止や転換予定があると回答したのである。上記の通達を出した文科省の真意はどうであれ，国立大学が浮足立ったことに違いはない。それには過去の苦い経験があるからである。

　国立大学は1970年代以降，創設ラッシュを謳歌したわけであるが，2003年をピークに統廃合によってその数は削減されている。統廃合の対象となったのは，1970年代に設立された比較的新しい大学で，かつ単科大学である。古い大学同士で統合されたのは，東京商船大学（1949年創立）と東京水産大学（1949年創立），および大阪大学（1949年創立）と大阪外国語大学（1949年創立）の2ケースのみである。なお，前者の場合は，統合後にいずれかの大学の名前を継承するのではなく，東京海洋大学という全く異なる名称の大学として再スタートし

---

7)　1983年創立の高岡短期大学は，2005年10月に富山大学に統合され，現在は同大学の芸術文化学部となっている。また，聴覚・視覚障害者のために1987年に創設された筑波技術短期大学は，2005年10月に4年制大学の筑波技術大学に再編成されている。

図表 3-10　統合された国立大学一覧

統合年	旧大学名 （新制大学制度における設置年）			新大学名
2002年	図書館情報大学（1979） 筑波大学（1973）	}	➡	筑波大学
2002年	山梨大学（1949） 山梨医科大学（1978）	}	➡	山梨大学
2003年	東京商船大学（1949） 東京水産大学（1949）	}	➡	東京海洋大学
2003年	福井大学（1949） 福井医科大学（1978）	}	➡	福井大学
2003年	島根大学（1949） 島根医科大学（1975）	}	➡	島根大学
2003年	香川大学（1949） 香川医科大学（1978）	}	➡	香川大学
2003年	高知大学（1949） 高知医科大学（1976）	}	➡	高知大学
2003年	佐賀大学（1949） 佐賀医科大学（1976）	}	➡	佐賀大学
2003年	大分大学（1949） 大分医科大学（1976）	}	➡	大分大学
2003年	宮崎大学（1949） 宮崎医科大学（1974）	}	➡	宮崎大学
2003年	神戸大学（1949） 神戸商船大学（1952）	}	➡	神戸大学
2003年	九州大学（1949） 九州芸術工科大学（1968）	}	➡	九州大学
2005年	富山大学（1949） 富山医科薬科大学（1975） 高岡短期大学（1983）	}	➡	富山大学
2007年	大阪大学（1949） 大阪外国語大学（1949）	}	➡	大阪大学

（出典）　内閣官房人生100年時代構想推進室「大学改革　参考資料」（2018年）を
もとに筆者作成。

図表3-11　公立大学数の推移

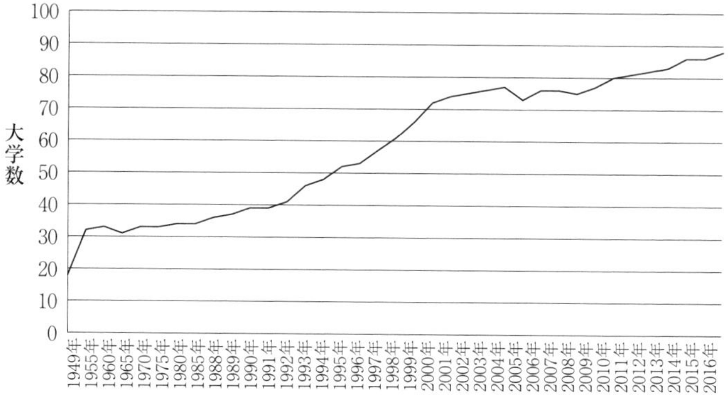

（出典）　**図表3-9**と同じ。

た。後者の場合は大阪外国語大学が大阪大学に吸収された形となり，これにより現在は国立の外国語大学は東京外国語大学の1校のみとなっている。

　このように国立大学においても過去にスクラップ＆ビルドが繰り返されてきたため，2015年の文科省の発言は，さらなる大学潰しだと受け止められた。これまで削減された国立大学は，既述したように単科大学が多かったため，教育大学等は統廃合の対象となるのではないかとの懸念が広がった。

　これまでの統廃合は同じ地域に設置された近隣の大学が対象となったわけであるが，それぞれの大学には異なる伝統や文化があり，事務系統や教育研究系統の組織を機械的に統合すればよいというほど単純なものではない。1つの法人となった後も真の融合を遂げるには長い年月をかけ相互に努力しなければならない事態となる。

　さらに，先に挙げた2015年6月8日付の文部科学大臣の通達は人文社会科学系学部だけに留まる話ではなかった。同年9月13日付の『日本経済新聞』によると，今後の18歳人口減少に備え，政府は2020年度から医学部の定員削減も検討している。これは2003年に定員削減をして以来17年ぶりのことである。もっとも，東北地区では震災の復興事業の一貫として東北薬科大学に医学部新設の認可が出されたのであるが，これは例外的な措置であり，1973年以降進められてきた一県一医大構想の理念にも影響を与える状況となった。

図表3-12　国立大学の独立法人化以降に統合された公立大学一覧

統合年	旧大学名 （新制大学制度における設置年）		新大学名
2004年	姫路工業大学（1949） 神戸商科大学（1948） 兵庫県立看護大学（1993）	➡	兵庫県立大学
2005年	東京都立大学（1949） 東京都立科学技術大学（1986） 東京都立保健科学大学（1998） 東京都立短期大学（1996）	➡	東京都立大学*
2005年	山梨県立女子短期大学（1966） 山梨県立看護大学（1998）	➡	山梨県立大学
2005年	大阪府立大学（1949：旧浪速大学） 大阪女子大学（1949） 大阪府立看護大学（1994）	➡	大阪府立大学
2005年	県立広島女子大学（2000：広島女子大学から名称変更） 広島県立大学（1989） 広島県立保健福祉大学（2000）	➡	県立広島大学
2008年	長崎県立大学（1993：長崎県立国際経済大学から名称変更） 県立長崎シーボルト大学（1999）	➡	長崎県立大学
2009年	愛知県立大学（1966） 愛知県立看護大学（1995）	➡	愛知県立大学
2022年 （予定）	大阪市立大学（1949）** 大阪府立大学（1949）***	➡	大阪公立大学

（注）　＊現東京都立大学は，2005～2019年度の間，首都大学東京であった。
　　　　＊＊大阪市立大学の前身は旧大阪商科大学（1928）である。
　　　　＊＊＊上の欄（2005年）に示したように，大阪府立大学は旧大阪府立大学，浪速大学，
　　　　大阪女子大学，大阪看護大学が統合され設立された大学である。
（出典）　文部科学省「公立大学基礎データ」等をもとに筆者作成。

公立大学も国立大学と同様であり，**図表3-11**および**図表3-12**が示すように，一旦大学数は急増したものの，スクラップ＆ビルドが繰り返されている。なお，最近の事例として注目を集めているのが，大阪市立大学（2019年5月1日現在，在籍者数8,292人）と大阪府立大学（2019年5月1日現在，在籍者数7,678名）の合併で

ある。合併による開学は2022年度を目指すとされており，現状通りの収容定員数で合併すれば公立大学としては我が国初の1万人を超える大規模総合公立大学となる。

3-10　運営費交付金の3類配分

　既述したように私立大学は学生からの納付金が主な収入源であるため，18歳人口の減少は死活問題であり，他大学との学生獲得競争が厳しさを増す様相となっている。私立大学に勤務する大学教員からみれば，国立大学の教員は大学間の競争にさらされていないと思われがちだが，そうではない。国立大学の場合は同一地域内での学生獲得競争ではなく，全国に点在する類似の国立大学との競争となる。

　国立大学は私立大学と異なり，運営費交付金等という形で多額の資金を政府から受けている。これについては**第1章「1-2　護送船団方式」**で既に説明した通りである。運営費交付金等をこれまでと同水準あるいはそれ以上の予算で交付されるために各国立大学は創意工夫をしているところであるが，大学の規模やどのような学部・研究科，研究所等を付置しているかによって実行可能な計画内容は異なる。特に地方にある小規模大学や単科大学の間では，運営費交付金等の配分システムに不公平感があった。

　そこで，個々の国立大学はそれぞれの強みを活かし，特色のある大学となることが求められた。その結果，**図表3-13**から**図表3-15**が示すように，国立大学は

⑴　主として，人材育成や地域課題を解決する取組等を通じて地域に貢献する大学，専門分野の特性に配慮しつつ，強み・特色のある分野で世界ないし全国的な教育研究を推進する大学（地域貢献型の大学：**図表3-13**）

⑵　主として，強み・特色のある分野で地域というより世界ないし全国的な教育研究を推進する大学（特定分野で世界に通用することを目指す大学：**図表3-14**）

図表3-13　地域貢献を基軸とする55校の国立大学

北海道教育大学	山形大学	富山大学	三重大学	島根大学	熊本大学
室蘭工業大学	福島大学	福井大学	滋賀大学	山口大学	大分大学
小樽商科大学	茨城大学	山梨大学	滋賀医科大学	徳島大学	宮崎大学
帯広畜産大学	宇都宮大学	信州大学	京都教育大学	鳴門教育大学	鹿児島大学
旭川医科大学	群馬大学	岐阜大学	京都工芸繊維大学	香川大学	琉球大学
北見工業大学	埼玉大学	静岡大学	大阪教育大学	愛媛大学	
弘前大学	横浜国立大学	浜松医科大学	兵庫教育大学	高知大学	
岩手大学	新潟大学	愛知教育大学	奈良教育大学	福岡教育大学	
宮城教育大学	長岡技術科学大学	名古屋工業大学	和歌山大学	佐賀大学	
秋田大学	上越教育大学	豊橋技術科学大学	鳥取大学	長崎大学	

（出典）　文部科学省「高等教育局主要事項——平成28年度概算要求——」中の「平成28年度国立大
学法人運営費交付金における3つの重点支援枠について」（2015年）をもとに筆者作成。

図表3-14　特色ある分野で世界展開を目指す15校 の国立大学

筑波技術大学	奈良女子大学
東京医科歯科大学	九州工業大学
東京外国語大学	鹿屋体育大学
東京学芸大学	政策研究大学院大学
東京藝術大学	総合研究大学院大学
東京海洋大学	北陸先端科学技術大学院大学
お茶の水女子大学	奈良先端科学技術大学院大学
電気通信大学	

（出典）　**図表3-13**と同じ。

(3)　主として，卓越した成果を創出している海外大学と伍して，全学的に世
　　界で卓越した教育研究，社会実装を推進する大学（世界レベルを目指す大
　　学：**図表3-15**）

の3タイプに分かれ，それぞれのグループ内で交付金の配分競争を行うことに
なった。
　なお，どのグループに分類されるかについては，各大学がそれぞれの強みを
勘案し，自主的に選択した結果である。

図表3-15　全学的に世界展開を目指す16校の国立大学

北海道大学	金沢大学
東北大学	名古屋大学
筑波大学	京都大学
千葉大学	大阪大学
東京大学	神戸大学
東京農工大学	岡山大学
東京工業大学	広島大学
一橋大学	九州大学

（出典）　**図表3-13**と同じ。

　(1)を選択した大学は教育大学や地方国立大学を含めた55大学，(2)は医科歯科大学，芸術大学，あるいは外国語大学等，特定の分野で強みを持つ15大学，そして(3)を選択したのが旧帝大を含めた16大学であった。

　この分類が国立大学間の格差を印象づけるのではないかという意見もあるが，各大学はそれぞれの大学が持ちうる人的資源あるいはこれまでの実績を勘案して，最も合理的なグループを選んだものと思われる。

　そして，この分類に従って運営費交付金の獲得競争が始まった。競争のイメージは次のようになっている。すなわち，各大学はこれまで一般経費としていた基幹経費から約1％の拠出金を出す。その総額は約100億円であり，それを財源に3つに区分されたそれぞれの大学間での評価結果に基づき，各大学の基幹経費の再配分（反映率）に差をつけて交付する。例えば，H大学の拠出分が1億円で評価（反映率）が110％の場合，1億円の110％である1.1億円が運営交付金等として再分配される。逆に98％の場合は，9,800万円に減額され，交付金に戻される。

　このシステムにより従来よりも多くの交付金を獲得した大学やあるいはその反対に減額された大学の一覧がマスコミで報道された。例えば，(1)の地域貢献型の55大学では，福島大学と浜松医科大学が前年度比113％の交付金を手に入れた一方，富山大学は前年度比で80.5％しか交付されなかった。(2)型では東京医科歯科大学が110％であるのに対し，鹿屋体育大学が78.3％となった。(3)型

　各国立大学は今後どのような大学として機能しようとするのかについて，国からそのミッションを明らかにするように求められたわけだが，類似の政策誘導が私立大学にも起ころうとしている。それが「私立大学等改革総合支援事業」である。

　同事業は文科省が私立大学等に対し実施している補助金プログラムである。2017年度現在における同事業にはタイプ1「教育の質的転換」，タイプ2「地域発展」（ただし，収容定員8,000人以上の大学は対象外），タイプ3「産業界・他大学との連携」，タイプ4「グローバル化」，タイプ5「プラットフォーム形成」の5つが設けられており，176億円の予算が計上された。私立大学は学内改革の費用として上記の5つの中から1つ以上に応募ができる。ただし，タイプ5は個別の大学への補助というよりも例えば「京都コンソーシアム」のような連合体に属する大学への補助であることには留意すべきである。

　「私立大学等改革総合支援事業」は国立大学の機能別政策とは仕組みが根本的に異なるが，同事業の根底にあるのは，それぞれの私立大学の特色をいっそう鮮明にさせ，それによって大学のミッションを自律的に促進させることにある。その意味で同プログラムは国立大学のミッションの再定義に通じるものがある。

では京都大学が108.5％であったのに対し，一橋大学が87.6％であった。

　報道では反映率ばかりが注目されたため，前年度の交付実績よりも大きい振れ幅が生じたような印象を社会に与えたかもしれない。しかし，査定の対象となったのは拠出金の部分だけであったため，多くの国立大学では実際の予算額全体に大きな変化はなかったと考えられる。むしろ問題は個々の大学が受けた評価そのものにあった。評価自体が当該大学の「実力」と捉えられたからである。査定で低い評価しか受けられなかった大学は次回に向けて計画を練ることになった。

3-11　国立大学における1法人1大学原則の崩壊

　これまで国立大学は，公立大学や私立大学と異なり，1法人が持てる大学数は1つと限定されてきた。しかし，逼迫する財政と少子化現象等を理由に国立大学の縮小化の動向は止まらない。先にみたように，これまでも国立大学の一

部は統合されてきたが，今後は経営主体となる1つの法人が複数の国立大学を運営できることになった。

　文科省がイメージする法人は**図表3-16**の通りである。同図表が示すように，現行では1つの国立大学法人に1人の法人の長と1人の大学の長が置かれており，事実上これらを同一人物が務めている。しかし，法律改正が行われた場合，1人の法人の長（仮称　理事長）と大学の長とは別の人物になる可能性がある。つまり，経営者と教学担当のトップである大学の長とは異なる人物になる仕組みであり，公立大学や多くの私立大学でみられるパターンと類似した経営・教学体制を構築ができるようになる。

　事実，すでにいくつかの大学では法律改正を念頭に統合の話が進んでいる。文科省の資料「国立大学の一法人複数大学制度について」で示された通り，名古屋大学と岐阜大学は2020年度に法人が統合され，現在は東海国立大学機構となっている。2022年度には小樽商科大学，北見工業大学，帯広畜産大学の3大学（北海道国立大学機構），2023年度には奈良女子大学と奈良教育大学の統合（奈良国立大学機構）が予定されている。

　法人の統合は大学の併合よりも容易であり，現実的な方策であろう。大学を消滅させるのではなく，一旦1つの法人下に置き，当面の間はそれぞれの大学において過度な変化を生じさせることなく，事務系統の統合や人事交流等を通して経費の削減を図ることができる。また，小規模な法人同士の場合，運営費補助金等を合算することで，より大きなプロジェクトを組むことも可能となる。政府と法人の双方にとってwin-winとなる。

　このように，これまでの国立大学のスクラップ＆ビルドとは全く異なる手法で大学数の減少を政府は図ろうとしている。そして，最終的にはそれぞれの弱い部局は切り捨てられ，人員整理も進む可能性がある。また，それぞれの大学がこれまで培ってきた伝統や地域との協力関係にも変化が生じるであろう。

3-12　旧帝大と早慶以外は専門学校にせよ，という議論

　2014年10月7日に文科省で開催された「実践的な職業教育を行う新たな高

図表3-16　文科省が示す国立大学における一法人複数大学のイメージ

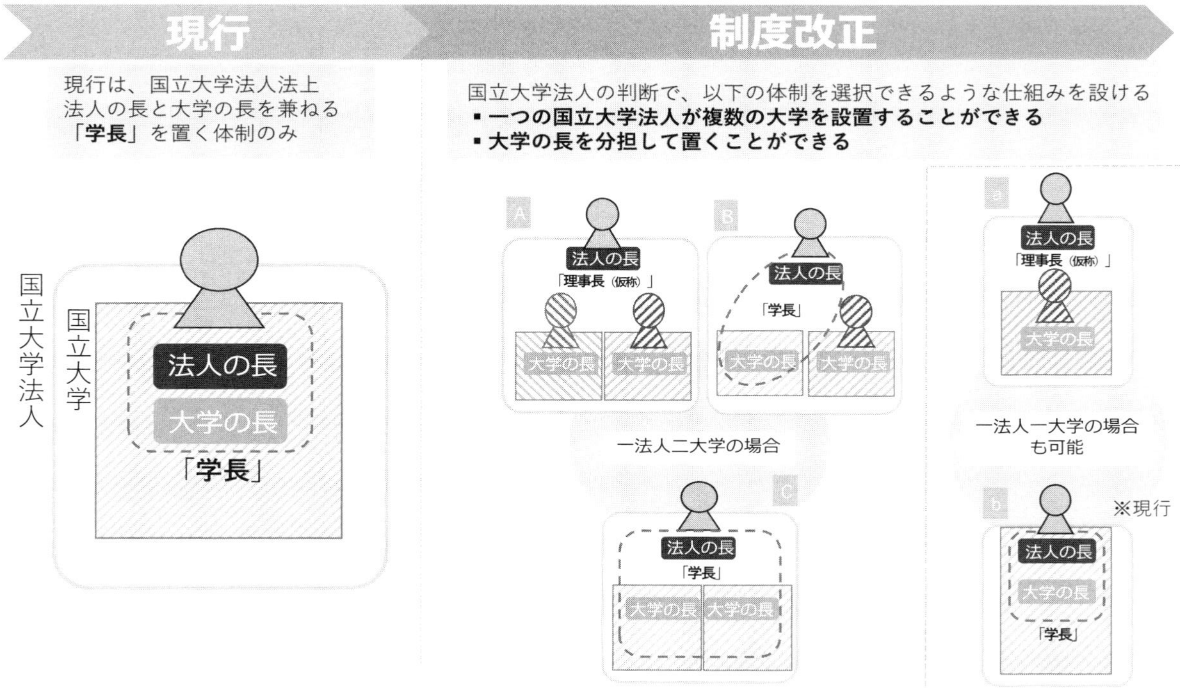

現行
制度改正
現行は、国立大学法人法上
法人の長と大学の長を兼ねる
「学長」を置く体制のみ
国立大学法人
国立大学
法人の長
大学の長
「学長」
国立大学法人の判断で、以下の体制を選択できるような仕組みを設ける
■ 一つの国立大学法人が複数の大学を設置することができる
■ 大学の長を分担して置くことができる
A
法人の長
「理事長（仮称）」
大学の長
大学の長
B
法人の長
「学長」
大学の長
大学の長
一法人二大学の場合
C
法人の長
「学長」
大学の長
大学の長
a
法人の長
「理事長（仮称）」
大学の長
一法人一大学の場合
も可能
b
※現行
法人の長
大学の長
「学長」

（出典）　文部科学省「国立大学の一法人複数大学制度について　本文概要図」（2019年3月26日付）1頁より転載。

等教育機関の制度化に関する有識者会議」において，メンバーの1人である株式会社経営共創基盤代表の冨山和彦 (2014: 7) は，一部の大学・学部を除いて，「職業訓練校化」し，学問ではなく実践的な訓練を学生に提供すべきだと説明した。同氏は，英米文学部ではシェイクスピアや文学概論ではなく観光等に必要な実用英語，経営・経済学部ではマイケルポーターや戦略論ではなく，簿記・会計や弥生会計ソフトの使い方，工学部では機械力学や流体力学ではなく，TOYOTAで使われている最新鋭の工作機械の使い方等をその例として挙げている。

報道では冨山の大学の職業訓練校化という部分だけが強調されている感が否めない。同氏が会議で提出した資料には，その前提となる説明が紹介されている。同氏はビジネスパーソンであり，グローバル化する経済と地域経済をどのように展開すべきなのかという視点から高等教育のあり方を述べたに過ぎず，今日の高等教育の価値を否定しているわけではない。しかし，既述したように一部の大学・学部に所属する学生にだけ学問をさせればよいという部分が過度に取り上げられたような印象を受ける。

それでは，冨山はどのような思いで自身の考えを発議したのであろうか。まず，同氏は現在の経済状況を分析し，現実には2つの経済圏に日本は対応しなければならないとしている。1つは加速するグローバル経済圏 (G) であり，もう1つは地域経済圏 (L) である。いずれも日本経済にとっては不可欠な要素であるとし，それぞれに求められる人材像が異なることを示した。

そうした議論のうえ，冨山はグローバル経済圏においてこれまで以上に高度化・専門化された人材が必要であり，これに該当する人材は少数精鋭とすべきであると説明している。その一方，地域経済圏においてもこれまで以上に経済活動を活性化させる必要があるが，それを成功裏に収めるには地域密着・対面サービス型産業の生産向上が不可欠であり，そのためには地域経済を支える人材育成も重要であるとしている。

高校卒業後に就職ができない，あるいは専門学校の試験に落ちたという理由で大学に進学するという者もいる。修学意欲が著しく低いこうした学生を担当しなければならない大学教員の中には，授業が崩壊し，教室が動物園化してい

●コラム12　国立大学の授業料を私立大学文系並みにという試案

　国立大学が独法化された2004年度から2016年度までの12年間に国立大学への運営費交付金予算額は約1,470億円も減額されてきた。第1章の図表1-6でも紹介したように2016年度現在の国立大学数は86校である。あくまでも単純な計算上の話であるが，つまり，この12年間に1校あたり17億円もの年間予算費が削られたことになる。

　ただし，これと同時に競争的資金を用い，過去12年間に減額されてきた交付金と同額程度の予算が付けられてきたことも事実である。しかし，すべての国立大学が同様の競争力を持っているわけではなく，一部の国立大学の懐事情は苦しくなるばかりである。そこで，財務省が提案したのが授業料の値上げであった。

　2015年12月2日付の『朝日新聞』の記事（「国立大授業料『16年後93万円』!?　国の交付金，減額なら　文科省試算」）によると，仮に運営費補助金等を削減する補てん策として授業料を値上げするならば，2031年度には授業料を93万円までにしなければならないという。

　文科省は授業料の値上げには慎重であり，財務省が示した例示の通りにはならないと予想されるが，仮に授業料が93万円になれば，私立大学における人文社会科学系学部の授業料とさほど違いはなくなる。

　そうした場合，これまで授業料の安さを理由に優秀な学生を集めることができた国立大学はその後も私立大学に優位に立てる保証はなくなる。それどころか，これまで顧客サービスという視点で大学運営を経験したことがない国立大学はたちどころに困窮する可能性さえある。

ると嘆く者もいる。そうした過酷な教育環境に置かれた大学教員の中には冨山の意見に賛同する者が出現してもおかしくはない。

　ただし，冨山の考えに賛同する人々の思考の中には「大学」と「学生」という2つのコンセプトが議論の中心に据えられているものの，「教員」の視点が欠落しているという問題がある。優秀な大学教員は都市部に設置されている一部の大学のみに集まっているものではない。地方の国公立大学や私立大学にも優れた教員はおり，そうした教員が後年都市部の大規模国立大学や私立大学に異動することもめずらしくない。

　社会は大学教員を完成形で捉える傾向がある。一旦，大学教員になれば，それ以上学ぶことは不要であるかのような錯覚を抱いているのかもしれない。し

かし，教育者としてもあるいは研究者としても，教員は常に未完の存在であり，学び続けなければ後進の指導ができない。そして，未完の教員にも学生と同様に成長するための環境が必要である。その環境とは，自由に研究ができる時間，そのための経済的支援，そして学部生や大学院生への指導経験である。

東京大学等の銘柄大規模国立大学には優秀な教育研究歴を持つ教員が多く存在することは事実であろう。しかし，一部の大学でしか高度な講義や研究ができないとするのであれば，それは，他の大学で研究に励む優秀な教育研究者の芽を摘んでしまうことになることも忘れてはならない。

3-13　高等教育機関への進学率の限界

それでは，今後の大学への進学率はどう予測されるのであろうか。**図表3-17**は2007～2018年度の間，高等学校を卒業した生徒（過年度高卒者を含む）のうち，どのくらいの生徒が大学，短期大学，高等専門学校を含めた高等教育機関に進学したかを示したものである。これら3種類の教育機関に進学した者の割合は約59％（同図表内の(d)欄）にまで達している。大学（同図表内の(a)欄）だけでもすでに50％を超えており，トロウ（1976）の理論に従えば，日本の高等教育機関への進学率はすでにユニバーサル段階に入っている。

しかしながら，北欧では進学率が70～80％であることから，日本においても今後さらに大学への進学率を高められるのではないかという意見がある。そこで，同図表をもう1度見直してみたい。同資料の(e)欄は専修学校（専門課程）への進学率を記している。

専修学校は1976年に創設された新たな教育制度であり，実践的教育，実践的な技術を育成する教育，あるいは教養を図る教育機関である。これらの目的のもと専修学校には，一般課程，高等課程，専門課の3種類が設けられている。

一般課程には中学校卒業や高等学校卒業といった入学条件はなく，学歴を問わず入学できる学校である。一例としては，和裁，洋裁，調理学校等がある。高等課程には中学校を卒業していなければ入学できない。

専門課程も他の専修学校課程と同様に職業訓練校としての意味合いは強いも

図表3-17　高校生の進路状況（過年度高卒者を含む）

	大学進学 (a)	短期大学 (b)	高等専門 学校 (c)	(a)+(b)+(c)の 小計 (d)	専修学校 (専門課程) (e)	(d)+(e)の合計 (f)
2007年度	47.2%	6.5%	0.9%	54.6%	21.7%	76.3%
2008年度	49.1%	6.3%	0.9%	56.3%	20.6%	76.9%
2009年度	50.2%	6.0%	0.9%	57.1%	20.4%	77.5%
2010年度	50.9%	5.9%	0.9%	57.7%	22.0%	79.7%
2011年度	51.0%	5.7%	0.9%	57.6%	21.9%	79.5%
2012年度	50.8%	5.4%	1.0%	57.2%	22.2%	79.4%
2013年度	49.9%	5.3%	0.9%	56.1%	21.9%	78.0%
2014年度	51.5%	5.2%	0.9%	57.6%	22.4%	80.0%
2015年度	51.5%	5.1%	0.9%	57.5%	22.4%	79.9%
2016年度	52.0%	4.9%	0.9%	57.8%	22.3%	80.1%
2017年度	52.6%	4.7%	0.9%	58.2%	22.4%	80.6%
2018年度	53.3%	4.6%	0.9%	58.8%	22.7%	81.5%

（出典）　文部科学省「学校基本調査　年次統計」中の「高等教育機関への入学状況（過年度高卒者
　　　　　等を含む）」をもとに筆者作成。

のの，高校等を卒業した者でなければ入学できない仕組みとなっているため，広義としては中等教育後の教育機関と捉えることができる[8]。

　近年の私立大学では「就職に強い」あるいは「手に職を付けられる」点を全面的に打ち出す大学も出ている。これ加え，2019年から発足した専門職大学も存在するため，狭義の高等教育機関と専修学校専門課程との間の境界線は消滅しつつある。

　こうした理由により，**図表3-17**内の(d)欄と(e)欄を一括りにまとめたものが(f)欄である。これをみれば，高等学校等の中等教育機関を卒業後に更なる教育を求め進学する者の割合はすでに8割を超えていることが分かる。これは北欧諸国の進学率と同等程度にまですでに達していることを意味する。

　つまり，広義の高等教育機関への進学という前提に立てば，日本の高等教育機関への進学率はほぼ限界値に達していると考えるべきであろう。問題はむし

---

8)　文科省の指定を受けた修業年限3年以上の高等専修学校卒業生の場合は，大学入学資格が与えられる。

ろ**図表3-17**内の(a)欄～(c)欄および(e)欄間での割合が今後どう変化するかである。同図表で分かるように，高等専門学校(c)欄への進学率はほぼ一貫して1％程度を維持しており，進学率に変化をみせていない。そのため，今後も一定の固定層が存在すると考えられ，この層から大学への受験者が急激にシフトするとは考えにくい。

　一方，短期大学への進学率は減少傾向にある。これまで短期大学への進学を考えていた高校生が就職に進路を変えない限り，これらの生徒たちの多くが大学を選択することも考えられる。ただし，**第1章1-6のコラム3**でも記したように，地方では短期大学の存続を希望する生徒や企業が存在する。今後も短期大学は厳しい経営が続くだろうが，特色あるカリキュラムや社会のニーズに応えられる学校は存続していくものとみられる。

　最後に専修学校専門課程についてである。2019年度より専門職大学が次々と設置され始めており，それによって専修学校への進学者が今後減少するのではないかという見方がある。その理由は，2020年度より低所得世帯を対象とした高等教育の無償化が実施されたからである。専修学校（専修課程のみ）も給付の対象となっているが，公的支援が得られるならば専門学校ではなく，大学への進学を希望する高校生が専門職大学に流れる可能性は否定できない。[9]

3-14　学部移譲論

　大学経営についてのある研修会に参加した時の話である。研修会のテーマから想像していただけると思うが，議論の中心はいかにして私立大学の経営を安定させるかということにあった。その際，筆者にも意見が求められたため，アメリカでユニークな運営形態を有するコーネル大学の話を切り出した。コーネ

---

9)　2017～2020年度の「学校基本調査」中の「専修学校　都道府県別入学状況　専門課程」によると，2017～2019年度までの3カ年の入学者数は，それぞれ約26.8万人，約26.7万人，約28万人と増加傾向にあった。しかし，2020年度になると，約27.9万人と微減に転じた。この微減が高等教育の無償化政策による影響がどうか現段階で判断するのは難しい。なお，当該4年間の専門課程の入学定員数は，全国で約41.7万人から約40万人へと1.7万人程度削減されている。これは将来の入学者数の落ち込みを見越しての動向かもしれない。

ル大学はニューヨーク州イサカに所在するアイビーリーグの名門私立大学であるが，実はこの大学は私立大学の部分と州立大学の部分で構成されているユニークな大学である。州政府の財政支援で運営されている部局はstatutory collegeと呼ばれており，これに該当する部局としてCollege of Agriculture and Life Sciences, College of Human Ecology, School of Industrial and Labor Relations, College of Veterinary Medicineの4つが設けられている。そして，その他の部局は私立大学となっている。

　さて，その研修会でコーネル大学の事例を説明し，日本の大学においても将来的には採算性を考え，学部単位で運営形態を変えることも検討しなければならないのではないかと提案した。予想していた反応ではあったが，同じ研修会に参加していた私立大学の事務職員たちからは，そのようなことは日本の法律ではできないため，非現実的な考えであると指摘された。しかし，それから2年が経った2017年11月，学部・学科を他大学に譲渡できる仕組みを文科省が検討に入るという報道が流れた。しかも，教員の譲渡も検討しているということである（『読売新聞』夕刊「私大の学部譲渡容認」2017年11月8日付）。

　学部単位での移譲は，コーネル大学における半官半民経営とはその歴史的背景も意義も異なるものであるが，法人単位あるいは大学単位で大学運営を考えるのではなく，より小さな単位で組織運営を考えるという点で共通している。これまで学部単位での他大学への移譲が過去に例がない日本にとっては斬新なアイデアである。この学部単位での切り売りは，学校法人が倒産の危機に瀕した場合，優良な学部については引き取り手があるかもしれないことから，こうした案が浮上したのであろう。あるいは企業の不良債権処理のごとく，学生が集まらない部局だけ他大学に譲り渡し，その後に大学の再生を図らせるということを想定しているのかもしれない。

　こうしたアイデアは文科省の案としては違和感を覚えるかもしれないが，一般企業に目を向ければ，経営不振になった際には，利益が上がっている部門あるいは利益の上がらない部門を他社に売り払うことは日常茶飯事である。民間手法を取り入れようとしている文科省の動向を勘案すれば，同案はそれほど予想外のものではない。

現時点では，私立大学の倒産に備えてこうした制度の整備が計画されている
が，今後は同様の制度を国公立大学に拡張していく可能性もある。国公立大学
が身売りすることなど想像できないという意見があるかもしれないが，非現実
的な話ではない。例えば，2014年4月1日に開学した京都看護大学を例に取っ
てみる。同大学は，京都市が1954年に設立した京都市立看護短期大学を母体
としている。看護師養成課程の主流は，専修学校から短期大学に，そして今や
4年制の大学へと目まぐるしく変化しており，今後は大学院卒の看護師も多く
なっていくことが予想されている。准看護師の需要が減ったという状況とあい
まって，より高度な医療従事者養成を目的に京都市は4年制の大学への準備を
進めていた。しかし，運営コストだけでも年間数億円が必要となることが判明
すると，学校法人佛教教育学園に売却する案が浮上した。これについては京都
市議会の反対等もあり，佛教大学に統合されることはなかったのだが，最終的
には学校法人京都育英館へ売却されたという経緯である。

　この売却ケースで注目すべきは，これが公立の看護師養成学校であったとい
う点である。医療従事者の養成については，全国各地の自治体がこれまで力を
入れてきたわけであり，それは地方における医療サービスの充実が住民にとっ
て欠かせない公共サービスであるという理由で推進されてきた。また，公立大
学での看護養成課程を望む声は住民からも多く上がっている。つまり，受験生
が集まらず，大学運営に支障をきたすような学部の設置ではないにもかかわら
ず，京都市は短期大学を学校法人に売却したということになる。

　京都市内・市外およびその周辺府県には私立大学による看護師養成課程が多
くあることも京都市が短期大学を4年制大学に昇格させることを断念した一因
であったと思われるが，京都市の財政は想像以上に厳しい。華やかな印象があ
る京都市ではあるが，そのイメージとは異なり，同市への実質的な地方交付税
（地方交付税＋臨時財政対策債）は2003年度の1,307億円をピークに2015年度には
894億円まで減少している。[10]

　10）　『朝日新聞』の記事（「敬老乗車証交付，年齢引き上げ案　京都市，行財政改革計画【京
　　　都】」2021年6月8日付）によると，京都市は破綻状態を示す「財政再生団体」への転落を
　　　防ぐため，5年間の行財政改革計画案を同年6月7日に公表した。

さらに市民1人当たりの市税収入も他の政令指定都市に比べ少ないことも，市の財政を圧迫させる原因となっている。学生が多く暮らす京都市は若者の活気で溢れている。大学業界としては好ましい状況であるが，所得者の人口規模という視点に立てば，学生が多くいるほど市民1人当たりの市税収入が少なくなるという現象を起こしてしまう。

　今後も少子高齢化や若者の流出，あるいは地方の主要産業の傾斜化等が更に進めば，京都市と同様に大学を閉校する自治体が出現するのではないだろうか。国立大学の1法人複数大学案については既に述べたが，『朝日新聞』の記事（「国公私立大学　枠超え新法人」2018年3月28日付）によると，国公私立大学の枠を超えた新たな法人も近い将来設置されることが検討されている。文科省の試案は，この制度案を「大学等連携推進法人（仮称）」と呼んでおり，同案の導入を目指しているという。

　こうした制度のメリットは，カリキュラムや教員についての規制が緩和される点にある。もしこの制度が実現されれば，将来的には教員の採用計画にも多大な影響を与える可能性がある。こうした制度においては，教員だけでなく事務の共同作業も可能となり，大学の人件費は大幅に抑えられる。また「大学等」と表現されているため，例えば実践的な科目については大学以外からの人材利用も可能になるかもしれない。

　このような状況であるため，勤務する大学自体は経営が安定している場合でも，所属する部局がいつ何時，他大学に移譲されるか分からない時代に大学教員は生きている。

3-15　グローバル化の波と世界ランキング

　今日，世界の大学はグローバル化の波にさらされており，日本の大学も例外でないことは周知の通りである。本来，大学という組織が持つ特徴の1つは「多様性」であるはずなのだが，限られた要素で決められる世界ランキングにより，大学の序列化が進んでいる。研究者の中には世界ランキングの無用性を主張する者もいるが，それでもなお多くの大学人は世界ランキングに意識を向

けずにはいられないのが現状である。

　世界ランキングの指標にはいくつか代表的なものがあり，それぞれが異なる基準でランキングを決定している。その中で特に日本で引用されているのがTIMES HIGHER EDUCATION（THE）によるランク付けである。このTHEは主に4つの要素，すなわち，⑴学生の教育・学修環境，国際的な外観（海外からの教員・留学生数），⑵産業に与える利益・革新性，⑶教員の研究（量と質），そして⑷論文引用度をもとにランキングを決定している。

　そのTHEによると，2018〜2021年版で総合世界ランキング100位以内に入っている日本の大学は東京大学と京都大学の2校のみである。その他の大学は200位以内にも名を連ねていない。それでは，世界ランキングの最上位校にはどのような特徴があるのだろうか。

　第1の特徴は，英語圏の大学が圧倒的に多いということである。例えば，THEの2021年度版によると，上位10大学のうち，アメリカの大学が8校（2位スタンフォード大学，3位ハーバード大学，4位カリフォルニア工科大学，5位マサチューセッツ工科大学，7位UCバークレー校，8位イェール大学，9位プリンストン大学，10位シカゴ大学），イギリスの大学が2校（1位オックスフォード大学，6位ケンブリッジ大学）である。

　こうした大学が教育研究の両面において世界をリードしていることに間違いはないが，非英語圏の大学は，英語による教育研究の環境整備という点でハンディキャップがあることも事実であろう。特に日本の大学はこの点で大きく順位を落としていると考えられる。なお，**図表3-18**ではシンガポールの大学が毎年2校ランクインしているが，同国の公用語は英語である。また，香港は中国に返還された後も，中国語以外に英語を公用語としている。

　第2の特徴は，理系分野で顕著な活躍をしている大学が多いということである。上位校としては，4位のカリフォルニア工科大学や5位のマサチューセッツ工科大学をはじめ，理系分野に特化した11位のインペリアル・カレッジ・ロンドン，あるいは14位のスイス連邦工科大学チューリッヒ校（ETHZ）などが挙げられる。なお，ETHZは，ドイツ出身のアインシュタインやレントゲン等の留学生を受け入れ，世界的な研究者を育てた大学として知られており，こ

図表3-18　THEにおけるアジアの大学トップ10（2018~2021年）

2018年	2019年	2020年	2021年
シンガポール国立大学（NUS）22位	精華大学 22位	精華大学 23位	精華大学 20位
北京大学 27位	シンガポール国立大学（NUS）23位	北京大学 24位	北京大学 23位
精華大学 27位	北京大学 31位	シンガポール国立大学（NUS）25位	シンガポール国立大学（NUS）25位
香港大学 40位	香港大学 36位	香港大学 35位	東京大学 36位
香港科技大学 44位	香港科技大学 41位	東京大学 36位	香港大学 39位
東京大学 46位	東京大学 42位	香港科技大学 47位	南洋理工大学（シンガポール）47位
南洋理工大学（シンガポール）52位	南洋理工大学（シンガポール）51位	南洋理工大学（シンガポール）48位	京都大学 54位
香港中文大学 58位	香港中文大学 53位	香港中文大学 57位	香港中文大学 56位
京都大学 74位	ソウル大学 63位	ソウル大学 64位	香港科技大学 56位
ソウル大学 74位	京都大学 65位	京都大学 65位	ソウル大学 60位

（注）　順位は総合世界ランキング。
（出典）　*TIMES HIGHER EDUCATION World University Rankings*（2018〜2021年）をもとに筆者作成。

れまでに21名のノーベル賞受賞者を輩出している。

　日本の大学で100位内に入っている東京大学と京都大学もやはり理系分野で世界に大きな影響を与えている大学である。つまり，理系分野で強力な研究力を持たない大学は世界ランキングの上位校として高く望めないことが分かる。日本の私立大学の場合，理系学部ではなく人文社会科学系学部を設置するケースが多い。また理系分野の学部等を持つ場合でも大型予算を組み，研究に力を入れることは大学として容易なことではない。日本の私立大学においても寄付による財政力の向上を図ろうとしているが，ハーバード大学等のような世界ランキング上位校と競えるほどの結果は出ていない。そのため，欧米圏の私立大学の充実ぶりと比較することには限界がある。

　インターネットの普及により，世界大学ランキングに関する情報は誰でも瞬時にアクセスできるものとなった。どこの国のどの大学が勢いのある大学なのかが容易に把握できる時代となったのである。大学ランキングという世界共通

図表3-19　留学生の渡航先（修士課程・博士課程）

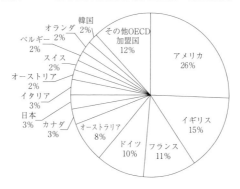

（注）　小数点以下を四捨五入しているため，合計は100％にならない。
（出典）　*Education at a Glance 2016* "Figure C4.2. Distribution of foreign and international students in OECD countries at the master's and doctoral or equivalent levels, by country of destination（2014）"（331頁）をもとに筆者作成。

の指標とインターネットの普及により，留学生に人気のある国はこれまで以上にその人気を博す結果となっている。

OECDが毎年発行する*Education at a Glance*は世界の教育事情を理解するうえで重要なデータを提供している。ここでは2016年度版に記載されている資料を利用し，どの地域の留学生がどの国に留学をしているのかについて紹介しておきたい。

まず，**図表3-19**である。同図表はどの国の修士課程・博士課程相当のプログラムで留学生が修学しているのかを示している。これによると，アメリカ，イギリス，フランス，ドイツ，オーストラリア，カナダの7カ国が留学生全体の73％を受け入れており，多くの留学生が北米や欧州の大学を目指していることが分かる。特にアメリカとイギリスへの留学が全体の4割以上を占めており，留学先としては世界で突出している。既述したように大学世界ランキングにおけるトップ10のうち8校がアメリカ，残り2校がイギリスに所在していることを考えれば，世界の優秀な人材がこれら2カ国に集中することは自然な流れであろう。

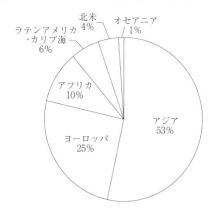

図表3-20 留学生の出身地域（修士課程・博士課程）

（注） 小数点以下を四捨五入しているため，合計は100％にならない。
（出典） **図表3-19**に同じ（ただし332頁）。

THE 2021年度版によると，オーストラリアの場合は，トップ100大学の中に6校がランクインしているが，31位のメルボルン大学が同国の最高順位であり，その他の大学は50位以下である。同じ英語圏でもアメリカやイギリスとは事情が異なるのである。

オーストラリアの場合，個々の大学の努力に加え，国策として留学生の受け入れを推進していることが留学生の確保に寄与している。例えば，留学政策と移民政策の関係である。

オーストラリアの専門学校，大学，あるいは大学院を卒業・修了した場合，Temporary Graduate Visa（通称：卒業生ビザ）の申請が可能である。同ビザを利用すると，オーストラリア国内でフルタイムの職に就くことも可能となっている。また，卒業生ビザには有効期間があるものの，その後の永住権を取得する際には，申請に必要なポイントの一部として利用できる場合もある。こうした特典は個々の大学では実現不可能なものであり，留学生誘致を国策と位置づけているオーストラリアならではの政策である。[11]

次に，**図表3-20**を利用し，留学生の出身地域を確認しておきたい。同図表から分かるように，世界の留学生人口のうちアジア出身者が半数以上を占めて

いる。このことからアジア人留学生が世界中に拡散していることが理解できる。アジア諸国からの優秀な留学生の取り込みは日本の大学にとって喫緊の課題である。

　日本も1983年に当時の中曽根首相が示した指針のもと，フランス並みに留学生の人口を21世紀初頭までに10万人にするという計画を立て，2003年によ うやくその目標を達成した。そして2008年には留学生を30万人にまで増やす計画が再び立てられた。

　しかし，留学生人口を増やすには，大学内でのさまざまな改革が求められる。卒業するまでの講義をすべて英語で受講できるカリキュラム，奨学金の拡充，留学生用の寄宿舎の整備，留学生やその家族のサポート体制等，多くの予算と人材が求められる。中にはコストがかかる割には見返りが少ないと考える大学もある。

　これとは対照的に経営上の理由から留学生への依存を強めなければならない大学もある。留学生の受け入れについては文科省のみならず法務省にも関連する事案が生じるため，適切な管理が求められる。2019年4月26日に当時の柴山文科大臣が記者会見で発言した通り，留学生の管理に不適切な問題がないか慎重に調べなければならない事案も大学で発生している。修学目的か就労目的での来日かが判明しない学生が多数在籍する事態が発生すれば，行政だけでなく社会から批判を受けることは免れない。現在は新型コロナ禍により，留学生の受け入れが困難になっている。この際に留学生の受け入れ態勢についての課題を整理しておくべきであろう。

11）　新型コロナ禍により，オーストラリア政府の政策にも変化が生じている。詳細な情報が必要な読者はオーストラリア政府の公式発表を適宜チェックする必要がある。
　　　例えば，https://www.studyinaustralia.gov.au/english/study-in-australia-student-support/visas-and-travel/travel-visas を参照のこと。

第4章

現代大学生論

4-1　大学進学と生涯獲得賃金

　大学への進学率が高まる中，学修意欲の低い大学生が研究テーマに挙げられることがある。それでは，なぜ若者は大学への進学を考えるのであろうか。その1つの理由に賃金格差の問題がある。

　厚生労働省の統計資料「平成28年賃金構造基本統計調査　結果の概況」によると，大卒者・大学院修了者の生涯賃金から算出された月額の平均給与は約37万円（男性約40万円，女性約27万円）である。その一方，高校卒業者の場合は約26万円（男性約29万円，女性約21万円）となっている。[1] これは統計上の平均値を示したに過ぎず，勤務先が大企業か中小企業かによっても，あるいは職種によっても大きく異なる。しかし，全体的な傾向として大卒者のほうが高卒者よりも給与が良いことが統計として明示されており，可能であるなら本人やその保護者が大学への進学を希望することは自然なことであろう。

　学歴格差と賃金格差の関係は日本に限られたものではない。OECD の *Education at a Glance 2017*（2017: 106）によると，中等教育後期（日本の高等学校相当）を卒業して就職した者の所得を100とした場合，高等教育機関（日本の大学相当）を卒業した者の所得は，それよりも約56％（OECD加盟国の平均）高いと報告されている。

　さらに，高校相当レベルの教育機関を卒業した者を基準点とした場合，大学相当機関を卒業した者との差と，中学校相当機関を卒業した者との差では，大

---

1)　収入には賞与・期末手当が含まれている。一方，超過勤務手当は含まれていない。

学相当機関との差が非常に大きいとされる。この現象は日本を含めたOECD加盟国で共通にみられる傾向である。

　つまり，中学相当機関を卒業して就職した者と高等学校相当機関を卒業して就職した者との間においても所得格差は存在するのだが，その差よりも高等学校相当機関と大学相当教育機関を卒業した者との差のほうが大きいということになる。

　今日のような高度情報社会においては，情報を正確にそして効率よく獲得でき，それを自らの職業に活かせるような訓練を受けた者に利益が還元される仕組みになっている。そのため，中卒・高卒vs.大卒という区分では，後者が有利であることをOECDのデータは物語っている。

4-2　大学進学と入試

　ベネッセが2011年に約3,200名の高校生およびそれとほぼ同数の保護者から得た学修・進路に関する意識調査「高校生と保護者の学修・進路に関する意識調査（親子の意識ギャップ）」の結果によると，「受験勉強は子どもの（自分の）学力を伸ばすよい機会だ」と回答した保護者は全体の72.8％であるのに対し，同様の回答をした子どもは64.7％であった。また，「大学受験は，子どもの（自分の）成長を促すよい機会だ」という問いに対し保護者の70.3％が肯定的に回答したのに対し，子どもは59.1％と意識の差がある。

　しかし，「第一志望の大学に合格するためには，一般の入試（学力試験）を受けることは当然だ」については，保護者が50.9％，子どもが47.2％となり，保護者も子ども自身も必ずしも従来の入試に固執していない様子がうかがえる。

　「大学受験はできるだけ楽に済ませたい」については，保護者が28.8％，子どもが53.4％となっており，受験を通して学力を伸ばしてほしいという保護者の思いとは裏腹に，子どもはできるだけ楽をして大学受験を終わらせたいという傾向が強いことを示している。さらに，「大学に行けるなら，有名かどうかにはこだわらない」については，保護者が18.8％，子どもが28.5％となっている。

大学は安定的に学生を確保する手段の1つとして指定校推薦入試やAO入試
等を積極的に利用している。その動向を高校生や保護者が歓迎していることが
同調査から理解できる。こうしたことも高校生が大学への進学を容易に選ぶ動
機付けの要因となっているのであろう。

4-3　大学進学と奨学金

　労働者福祉中央協議会 (2016) は，2015年7月から8月にかけ，10代から60
代までの約13,000名を対象に「奨学金に関するアンケート調査報告書」を実施
し，その結果を公表している。その結果から，多くの回答者は日本学生支援機
構 (以下「JASSO」という) の奨学金について深く理解しないまま教育費を借入
していることが判明した。以下はその一部抜粋である。

　　日本学生支援機構の奨学金制度の内容について〈知っている〉の比率でみ
　ると [教員の返済免除制度は廃止された] は1割台，[延滞は年5％の延滞金
　が賦課される] や [3カ月以上の延滞はブラックリストに載る]，「自宅等へ
　電話等の督促が行われる」も2割台にとどまる。学生支援機構で奨学金制度
　を利用した人が多い34歳以下層で「知っている」比率は全体にやや高いも
　のの，35歳以上ではかなり低くなっている。(「奨学金に関するアンケート調査
　報告書」2頁)

　こうした結果が示唆することは，奨学金を利用した後の返済の苦労を想像で
きない受験生たちの姿であり，また若者に適切なアドバイスをすることが期待
される立場にありながら，奨学金に関わる最新の知識を持ち合わせていない保
護者等の存在である。
　奨学金と呼ばれているが，実際には18歳の若者が自身で組むローンである。
もしローン返済の仕組みを正確に理解せず申請をしているのであれば，非常に
危険な行為である。
　以下は，自身も奨学生だった現役高校教員の発言である。

教員になってから，奨学金の係をすることがありますが，本当に生徒達が将来，返還が可能なのか心配になることが多くあります。専門学校等に進学後，途中で辞めてしまった生徒達もいるので，きっと返済だけが残っているはずです。簡単に多額の有利子のローンを背負わせてしまっているようで，係をしていても心苦しいです。(同報告書: 94)

　これまで経済的な理由で高校を卒業した後は就職する選択肢しかなかった時代に比べ，そうした生徒にも進学を可能にした奨学金の意義は認められるべきであろう。しかし，高等教育費が高騰する今日においては，奨学金のあり方も再検討される必要がある。

4-4　高等学校での進路指導

　大学関係者にとって18歳人口の減少は懸念材料であるが，高等学校・中学校・小学校・幼稚園等はすでに厳しい経営環境を経験している。

　高校を選ぶ際はどのようなカリキュラムが組まれ，どのような教育を提供しているのかについて保護者や生徒本人が注目すべきなのだが，実際にはどのような進路が卒業後に期待できるのかといった情報に注目が集まる。

　いわゆる進学校と呼ばれる高校では大学への進学実績が優秀で，受験生を集めやすい。中堅レベルの高等学校では学力が高い生徒には一般入試の受験を勧め，学力の低い生徒には推薦入試を勧めることによって大学への進学実績を積み上げようとする。もっとも，近年では入学定員の厳格化の影響により受験の激化が顕著であるため，成績の優秀な生徒であっても推薦入学を希望するケースも出現してきている。いずれにしても大学への進学実績が高校の生き残りの重要な指標の1つであると捉えられていることに違いはない。

　その一方，教育困難校と呼ばれる高校においては事情が異なるようである。児美川 (2013: 47-63) は大阪府内に所在する3つの教育困難校での調査をし，これに関する報告をしている。同氏が調査した高校のうち1校は大阪府内での偏差値が36で，入学者募集は7年連続定員割れしており，2次募集でも定員割れ

が解消されない状況にある。さらに入学者の半数がいずれかの学年で中途退学をするというきわめて教育指導が困難な学校である。

児美川（前掲2013）の報告で目を引くのは，こうした高校においての進路指導の場合，指導が難しいのは就職希望者であって，大学進学の希望者ではないと指摘している点である。同氏はそのことを次のような言葉で表現している。

　　進学希望者の場合には，昨今の入試事情からして「何とかなる」ようだ。経済的負担についての意思確認を保護者にしておくことが必須の条件となるが，問題は，就職希望者である。(2013: 49)

生徒を就職させようとする場合は，企業に受け入れられるだけのマナー等を多少なりとも身に付けさせておかなければならない。授業態度の改善や生活指導に苦労されている現場の教師にとって，これは相当な作業となる。一方，大学へ送り込む場合は，生徒の問題を一時的にでも先送りすることができる。児美川も指摘しているように，経済的な負担を保護者（あるいは本人）が了承すれば，就職できる見込みのない生徒にとって大学は格好の進路先となる。

4-5　学力が低下する学生たち(1)

入学できる大学数が増え，指定校推薦入試，AO入試，スポーツ推薦入試等，多様な審査方法で入学する若者が増えている。そして，そのことによって全体的には大学生の学力が落ちたといわれることがある。こうした意見が真に正しいかどうかは別の議論として，学力の低い大学生が社会の関心事項であることに違いはない。そうした中，マスコミで注目を集めたのが千葉科学大学である。事の発端は2015年2月19日，文科省が発表した「設置計画履行状況等調査」（アフターケア）の結果であった。

前章で説明したようにアフターケアは新たに大学の設置許可・届けがなされた場合，設置計画通りに履行されているかどうかについて調査することを目的としている。調査結果によっては助言や指導が入るわけであるが，同調査によ

って新設の3大学が指導を受けているという報道がマスコミによって公表された。これにより千葉科学大学, つくば国際大学, 東京福祉大学の3校が社会から非難を受けた。

　千葉科学大学の場合は英語と数学の科目内容についてであった。同大学の「英語I」のシラバスにおいてbe動詞や一般動詞の過去形といった中学1年生レベルの学習項目が記載されており, 大学の講義内容としてふさわしくないと指摘された。また,「基礎数学」においても分数表現や不等式, 比例・反比例等が記載されており, 文科省から中学レベルの教育内容だという意見が出された。

　なお, 同大学は今回の騒動となったシラバスは習熟度別に編成した中で最もレベルの低いクラスのものであり, すべてのクラスで同様の講義を行っていたわけではないと反論した。しかしその後同省の指摘を受け入れ, 改善する姿勢を示した。

　つくば国際大学も千葉科学大学と同様に, 一部の基礎科目の授業について「大学教育水準とは見受けられない授業科目がある」と指摘された。具体的には, 医療保健学部での物理や化学, 生物の基礎授業について「大学教育の質の担保の観点から, 学士課程に相応しい授業内容となるよう見直すか, 正課外授業のリメディアル教育（補修）で補完すること」と指導されている。

　東京福祉大学は留学生向けの科目に日本語学校と同等の授業があるとして「学士（教育学）を授与するにふさわしい教育課程となっているかどうかについて疑義がある」と指摘され, 上記2校とは異なり, 留学生に関わる問題が露呈した。なお, 2019年に同大学は700人近い留学生の所在が分からず, マスコミで大々的に取り上げられた大学としても記憶に新しいであろう（『朝日新聞』「留学生約700人所在不明　東京福祉大, 国が実地調査」2019年3月26日付）。

　これらの大学における教育内容は高等教育機関として不適切であると指摘されたが, 学生の基礎的学力の不足は今や多くの大学の共通の課題となっている。初等教育での積み残しが中等教育に回され, その積み残しが大学に回されるという悪循環に陥っており, 特に私立大学ではその対応に苦慮している。

　十分な学力を持たない学生に補習の機会を与えながら, それと同時に大学レ

ベルの正課クラスを履修させることは容易なことではない。千葉科学大学の英語のクラスを例に取ると，指導の難しさが理解できるであろう。be動詞と一般動詞の違いが理解できない学生に対し補習授業を行うことはできるが，複雑な文構造が多用される正課クラスのテキストを同時に当該学生が使いこなせるのかについては疑問が残る。

　良心的な教員であるほど，分かるレベルから教えなければならないという使命感に駆られる。そして，行政からの指摘と教育現場とのギャップに悩みながら指導に当たることとなる。千葉科学大学等のケースもこうした教員の姿勢が事態を引き起こしたとも解釈できる。学力や勉学意欲の低い学生を相手に日々格闘する大学教員が存在することも事実である。

　ただし，日本のすべての大学でこうした問題が生じているわけではない。データとしては古いが，石井・椎名・前田・柳井（2007: 66-77）は国公私立大学の

教員に学生の学力低下についての意識調査を実施している。石井らは調査を主に論理的思考力や外国語能力といった基礎的学力と主体性（学修意欲）に区分し，設置機関別・学部別に報告している。その結果，教員歴，設置機関，学部，教員が抱く学生の学力低下についての意識などに違いがあると説明している。

　石井らは，より長い教員歴の教員または私立大学の教員は，学生の基礎的学力の低下を懸念する傾向があると指摘している。また，社会学部，体育学部，家政・生活学部でも基礎的学力の低下への懸念が強く，理学部では主体性の低下が懸念され，情報学部，経済・商学部，工学部，薬学部では基礎的学力と主体性の両方の低下が強く懸念されるとしている。国公立大学よりも私立大学，そして学生が専攻する分野によって学力差があることは，大学受験で求められる科目の違いを考慮すれば首肯できる結果であろう。

4-6　学力が低下する学生たち(2)

　学力が低い学生と向き合っているのは教員だけではない。出版社も同様である。近年の大学生向けの英語テキストをみると，その状況がよく分かる。英語関連のテキストを手がける出版では基礎英語を教えるテキストが定番となっており，実際によく売れるといわれている。

　ある大手出版社の2018年度用大学教英語教科書カタログで一例を挙げると，リメディアル[2]というジャンルがカタログ内に設けられている。リメディアル教材欄で紹介されている教科書のうち全体の約46％の教科書がTEOIC®でスコア300以下のレベル用となっている。その他のレベルのテキストに関しては，51％のテキストが400以下，わずかに3％の教科書だけが500程度を学修目標とするテキストである。リメディアルというジャンルであるため，全体的に低

2）　日本リメディアル教育学会はリメディアル教育を次のように定義している。
　　(1)　学習・学修支援
　　(2)　大学院生を含む高等教育機関に学ぶすべての学生と入学を予定している高校生や
　　　　学修者に対して，必要に応じてカレッジワークに係る支援を高等教育機関側が組
　　　　織的・個別に提供する営み，またその科目・プログラム・サービスの総称
　　詳細は同学会のホームページを参照のこと。

いスコアを目標としていることは当然であると指摘されるかもしれない。

しかし，TOEIC®でのスコアはリスニング495とリーディング495の計990で構成されていることを忘れてはならない。テキストが想定する最大値を300とする場合，そのモデル的な学生のリスニングスコアを150，リーディングスコアも150と仮定し考えてみよう。すると，これらの各スコアの正答率はリスニングが17〜18％程度，リーディングでも25〜26％程度となる。TOEIC®では3択形式の問題も一部存在するが，大半の問題は4択形式である。そのため，単純な理屈でいえば同じ選択肢にマークを付けておけば25％程度の正答率が得られることになる。

TOEIC®換算で300レベルのテキストとは，偶発的にでも取得できるスコアすら学修目標に置いていない教科書だということになる。TOEIC®で300というスコアは，実用英語技能検定（通称：英検）の3級から準2級程度の実力であり，いずれにしても中学生レベルの英語力であることに違いはない。

こうした基礎的学力の底上げに力を入れる教科書が大学でよく売れていることの意味を行政も社会も認識する必要がある。学力の低い学生たちへの対応に苦慮しているのは報道された一部の大学だけではない。

4-7　学力が低下する学生たち(3)

学生の学力低下に関してさらに深刻な問題がある。それは，国語力（日本語力）の問題である。国立情報学研究所は「リーディングスキルテスト」（RST）というテストを開発しており，それを使い日本人の国語能力を調査している。同研究所によると，RSTは事前知識に頼らず文法から文章を理解する国語力を以下のような観点で測るテストであると説明している。

(1)　文節に正しく区切る。（例：私は学校に行く。→私は／学校に／行く。）

(2)　係り受けの構造を正しく認識する。（例：美しい水車小屋の乙女。→美しいのは「乙女」である）

(3)　述語項構造や接続詞を正しく解析する。（「誰が」「何を」「どうした」のよ

うな構造を正しく認識する）

(4)　照応関係を正しく認識する。（例：私はハンカチを落とした。それを彼は拾った。→「それ」は「ハンカチ」である）

(5)　日常生活での経験や伝聞から得られる常識と，小学校における学び等から得た知識と，簡単な論理推論によって，未知の用語の意味を実世界に関する知識の中に位置付ける。（語レベルのマッピング）

(6)　日常生活での経験や伝聞から得られる常識と，小学校における学び等から得た知識と，簡単な論理推論によって，未知の関係や概念の意味を実世界に関する知識の中に位置付ける。（文構造レベルのマッピング）

(7)　既存の知識と新たに得られた知識に対して，論理推論を働かすことにより，実世界に関するさらなる知識を獲得する。

(8)　得られた多くの情報間の重要度を適切に付与する。特に，与えられた観点において，また問題解決の上で必要な情報を適切に取捨選択する。

(9)　同様のことを，図表やグラフ等，ほかの論理的表象手段についても実行できる。

(10)　テキストと図表やグラフで表していることの同一性を実世界の意味を介してチェックすることができる。

(11)　以上の各処理において誤りがないかをメタな視点からモニタリングして修正する。

（「リーディングスキルテストで測る読解力とは」別紙資料1）

　これら11の観点から小中高校生の国語力を測っているのだが，近年ではどのような点で問題が確認されているのだろうか。以下は，これに関して『朝日新聞』の記事（「中高生，読解力ピンチ！？　教科書レベルの文章，理解できず　2万4千人調査」2017年11月7日付）が掲載した具体例である。

「幕府は，1639年，ポルトガル人を追放し，大名には沿岸の警備を命じた。」
「1639年，ポルトガル人は追放され，幕府は大名から沿岸の警備を命じられた。」

　同報道によると，RSTではこれらの2文が同じ意味かどうかを尋ねている。その結果，中学生の42%，高校生の27％が「同じだ」と誤答した。第1文と第2文は共通して「幕府は」という言葉を使っているが，「命じた」側と「命じられた」側が逆転していることに気づかない生徒が多くいたことになる。なお，同調査は2016年4月から7月にかけて，全国の中高生計2万4,000人を対象とした大規模調査である。文構造が理解できない生徒が多い現状を示す貴重な資料である。

　国語力が低いということは他教科の教科書・参考書の理解度へも影響する事柄である。特に外国語教員にとっては不安材料となる。学生が自身の母語である日本語の構造そのものを把握する力が欠如している場合，外国語の修得ではよりいっそう深刻な問題となる可能性があるからである。こうした問題は英語に限らず，どの外国語を教える場合も同様であろう。

　RSTのデータは初等・中等教育で学習する児童・生徒を対象にした調査結果であるが，既に指摘したように，小学校で培われるべき基礎的学力が中学までに培われず，同様のことが高校そして大学へと先送りされているのが現状である。大学への進学が誰でも可能になったといわれて久しいが，行政や社会そして大学自身も，すべての大学で同じ教育レベルで講義を行うことには限界があると理解する必要がある。

4-8 コミュニケーション能力を重視する若者たち

　学力問題とは直接関係のない事柄であるが，外国語教員にとっては関心を寄せたくなる事柄がある。それは近年の学生のコミュニケーションスタイルについてである。

　文化庁は毎年全国の16歳以上の男女を対象に「国語に関する意識調査」を行っている。2016年度の同調査結果によると，「コミュニケーションは重要だと思うか」という質問に対し，若い人ほど「そう思う」という割合が高かった。16〜19歳では約91％の回答者が「そう思う」と答えており，20歳代で約88％，30代で約84％という結果であった。若者がコミュニケーション能力の重要性を強く感じているのは，周囲からそのようにいわれていることや就職にはこうした能力が重要だと指導されていることに関係しているかもしれない。

　文化庁の同調査によると，年代別の集計ではないものの，コミュニケーション能力の定義としては「言葉に関する能力」と答えた者が60％以上と最も多く，若者たちはコミュニケーション能力の向上には言語の習得が重要だと認識していることが分かる。

　さらに，別の質問では，「言葉に出して意思疎通を行う必要がある」と答えた者が50％以上もいる（2008年度の調査では約38％）。その反面，「全てを口に出さなくてもお互いに察し合うことが重要」と答えた者は30％（2008年度の調査では34％）であった。こうした結果から近年の若者は，道具としての言葉，特に口頭でのコミュニケーションを意思疎通のための重要な手段と感じていることが分かる。

　しかしその一方で，他者と意見が異なった場合の態度としては，「なるべく事を荒立てず収めた方がよい」と回答した者が約62％となっており，2008年度の調査よりも10ポイント以上高くなっている。他者とのコミュニケーションには敏感であるが，一旦もめ事が起こった際は言葉によるコミュニケーションを回避しようとする傾向が読み取れる。

　厚生労働省が2016年10月に発表した「新規学卒者の離職状況（平成25年3月卒業者の状況）」によると，卒業後3年以内の離職率は大学生の場合，31.9％と

●コラム15　離職代行業者

　今日ネット上で話題になっているのが，離職代行業者である。辞職したいが自身で辞表を出せない20〜30代の若者の間で好評らしい。企業側にも問題はあると思われるが，自身の意思を直接伝えられない若者の姿を垣間みる気分である。

　大学関係者の間でも，講義に対する苦情を教員ではなく，匿名者として事務局に報告する者が増えていると囁かれている。これは教員からの報復を恐れてのことらしい。威嚇する教員がいるならば，教員側に大いに問題がある。しかし，そうでないケースでも教員と対峙することを避けようとする学生がいる。利害関係が反する場合にこそ，真のコミュニケーション力が求められるのだが，現在の若者はそのチャンスを大学においても逃しているのではないだろうか。

なっており，3人に1人は就職して3年以内に会社を辞めていることが分かる。その中でも2年以内に離職する者の割合が最も高い。

　また，同省が公表した「平成25年若年者雇用実態調査の概況」によると，大卒者の離職理由においては「労働時間・休日・休暇の条件がよくなかった」が全体の25.3％，次いで「仕事が自分に合わない」が19.7％，「賃金がよくなかった」が16.4％となっており，労働条件に不満があるため退職する大卒者が多いことが分かる。しかし，これら以外の理由として「人間関係がよくなかった」が15.5％と第4位の理由として挙げられていることに注意を払う必要がある。

　労働条件が合わず退職する者の中にはキャリアアップの一環として離職するケースも考えられるが，人間関係がうまくいかず退職するという場合では職場でのコミュニケーションがうまく取れなかったことと関連しているのではないだろうか。

　既述したように若者は他者とのコミュニケーションに積極てあるべきだと認識している一方で，意見の相違等が生じた場合，積極的に意見の交換をすることよりも自分の気持ちを抑えることを選ぼうとする傾向が推察できる。しかし，その感情を抑えきれなかった時，離職に気持ちが傾く構図がみえてくる。

　コミュニケーション能力の真価が問われるのは，他者との価値観や判断が異なる場合である。昨今の外国語教育では頻繁にディベートやディスカッション

が授業で導入されているが，馴れ合いの練習ではなく，社会に出てから役に立つ練習方法や内容にも留意し，外国語教育の利点を活かす工夫が求められる。他者との関係が良好な状況では目標言語の母語話者とうまく意思疎通できるが，関係が悪化した時は言葉によるコミュニケーションを避けるようであれば，真のコミュニケーション力が付いたとは評価できない。

4-9　学生とPC

　2002年度に小・中学校，2003年度に高等学校の学習指導要領がそれぞれ改訂された。これにより初等中等教育において情報教育が本格的に開始したことは記憶に新しいところであろう。その後も学習指導要領は改訂され，最近の動向としては小・中学校が2016年度（小学校においては2020年全面実施，中学校においては2021年度全面実施）に再度改訂され，また高等学校においても2017年度（2022年度より年次進行で実施予定）に再び改訂された。直近の改訂では，これまでの情報教育を引き継ぎつつも，加速度的に進む情報社会に対応するため，情報科目のみに情報教育を集中することなく，例えば「コンピュータ等を活用した学習活動」を各教科で導入することや，「コンピュータでの文字入力等の習得」，「プログラミング的思考の育成」が改訂ポイントとして挙げられており，教育活動全般において学修者がコンピュータの世界を体感し，学習できるよう指導される予定である。[3]

　このように，今日の若者たちは現在の大学教員が過ごした初等・中等教育の時代からは想像できないほど幼少の頃からコンピュータに接してきている。現在の大学生の多くは1990年代後半から2000年あたりに生まれていることを考えると，まさにデジタル・ネイティブそのものである。

---

3)　こうした情報教育に関する指針はSociety 5.0を目指す政府の政策と関連している（「society 5.0に向けた学校ver. 3.0」）。なお，内閣府は狩猟社会をsociety 1.0，農耕社会をsociety 2.0，工業社会をsociety 3.0，そして情報社会をsociety 4.0と定義付けている。Society 5.0とは仮想空間と現実空間を融合した社会であると定義されている。Society 5.0についての詳細は内閣府HPを参照のこと。
　また，「society 5.0に向けた学校 ver. 3.0」についての詳細は文科省のHPを参照のこと。

●コラム16　大学にキャンパスや建物は必要か

　2018年3月より日本においても教育用の廉価なiPadが登場した。またこれと並行し，廉価版でもApple Pencilが使えるようになった。今後こうした機器の利用が初等，中等教育で広がれば，将来的には生徒は教科書やノート等を学校に持っていく必要が全くなくなるかもしれない。そうなれば，もはやPC教室も不要になる。

　そして同様のことが大学でも起こることになる。紙媒体のテキストは姿を消し，PC教室に縛られることもなく，いつでもどこでもより気軽に外国語教育を受けられる時代になる。こうした時代背景のもと，海外の研究者たちと国際会議で交流すると，少なくとも人文社会科学系領域に限ればキャンパスは不要ではないかという意見が出てくることがある。

　2020年の新型コロナ禍により，大学生たちの中には授業料の一部返還を求める者が現れた。大学に入構できない以上，教員からの直接指導や，クラブ活動などの学生間交流の場，あるいは図書館や食堂などの学内施設が利用できないことは避けがたいことであった。しかし，学生たちが授業料の対価として求める大学とは，こうした環境を含むすべての要素だということが分かる。その意味で，大学が果たすべき役割は講義や研究施設の提供だけではないことが再認識された。

　一方，利用できないキャンパス施設や環境に対する学生・保護者たちの不満も理解されるべきであろう。アメリカの大学では，授業料を含めた学費の提示方法は多様である。日本の大学のように学期ごとに学費を納付しなければならない大学だけでなく，フルタイムの学生であっても1単位あたりの単価で学費を納めることができる大学，あるいは一定の単位数までは定額で，それを超える場合は1単位ごとに単価が決まっている大学など学費のありようは様々である。

　コロナ禍で経済活動が未曾有のダメージを受けた昨今においては，学生と大学側が納得できる学費納入のあり方も視野に入れながら，キャンパスの整備計画をを考える必要がある。そのため，大学によってはICTをフル活用し，より効率的でコンパクトなキャンパスでありながら学生の活動をさらに充実させるケースもみられるかもしれない。広大なキャンパスや高層ビルが建ち並ぶキャンパスこそが理想のキャンパスなのか，今後の大学はこうした点についても大学運営の一環として検証が求められるであろう。

　したがって，今日の学生は大半の教員よりもコンピュータ操作に長けている。SNSの活用等についてはもはや教員は学生の足元にも及ばないのであり，学生の中にはプログラミングに熟知した者も存在する。2018年1月，国産仮想通貨「モナコイン」に不正アクセスできるプログラムをネット上で公開したとして，大阪府貝塚市在住の男子高校生が逮捕されるという事件も発生した（『朝日新

聞』「仮想通貨の不正プログラム　公開容疑で高3逮捕　愛知県警」2018年1月31日付）。
これも今日の情報教育の負の側面かもしれない。

　こうした事件や，あるいは全国で盛んに開催されるプログラミング大会で活躍する若者の報道を聞く限り，学生はPCの操作に問題がないと教員は考えがちである。ところが，デジタル・ネイティブである今日の学生たちは，スマートフォン（スマホ）が急速に発達した時代に中学・高校時代を過ごしており，義務教育での情報教育の努力にもかかわらず，一般社会人が使用するキーボード付きの箱型コンピュータに不慣れであるという事態が発生している。

　IT機器の操作における教員と学生とのジェネレーション・ギャップについては，e-learningを指導の中に取り入れている外国語教員の間ではよく知られた話である。筆者もここ数年間，PC教室で同様の問題に直面している。新学期が始まって1カ月ほど過ぎたタイミングでe-learning教材を導入しているが，学生たちはPCを使うのに慣れておらず，スマホで同じ教材を利用できないのかという問合せを受けることがある。

　ただし，学生がPCを使えないことを理由に，若者が時代の流れに乗り遅れていると錯覚してはならない。既述したように，今日の学生たちは幼少の頃から情報社会に生きている。PCの基本動作しか知らない教員のほうがむしろ問題である。教員もこれまでのPCに固執せず，どのような機器を利用すれば，学生たちがより積極的に外国語の授業に興味を持ち，学修を進めることができるかについて考える必要がある。

4-10　学生が直面する経済問題

　今日の学生もかつての大学生と同様にアルバイトに精を出しているが，昔と事情が異なるケースが散見される。かつての大学生の中にも苦学生はいたが，多くは交遊費を稼ぐ手段としてのアルバイトであった。しかし，最近では生活費や学費等の支払いや，家族を養うための手段であると聞くことがある。

　国税庁の民間給与実態統計調査によると，**図表4-1**が示すように1997年度の約467万円をピークに平均年間給与額は下落傾向にあった。同図表には記さ

図表4-1　過去20年間の国民の平均年間給与額と大学授業料の推移

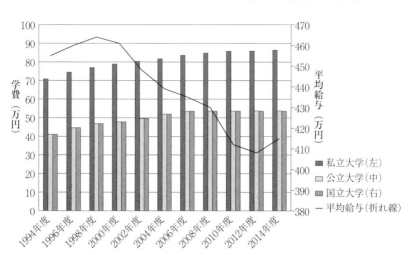

（出典）　文部科学省「平成27年度私立大学等入学者に係る初年度学生納付金平均額（定員1人当たり）」の調査結果について」および国税庁「民間給与実態統計調査」(1994～2014年度)をもとに筆者作成。

　れていないが2017年度現在では441万円まで回復したものの，それでもなおピーク年度との年収差は約26万円の開きがある。また，2020年度以降は新型コロナ禍により多くの業種で業績が悪化しているため，平均年収は再び下降傾向になっていると考えられる。

　一方，同図表が示すように大学の授業料は一貫して上がり続けている。2015年度現在の国立大学の授業料は約53万円（標準額），私立大学が約86万円であった。仮に世帯収入が415万円の家庭において2人の子どもが私立大学に進学した場合，授業料だけでも年間172万円が必要であり，収入の40％以上が授業料として消費されることになる。平均的な所得の家庭では，2人の子どもを私立大学に進学させることの難しさが浮き彫りになっている。文科省のデータにおいても，家庭の年間収入が低いほど学生生活をする上で家庭からの経済的支援の割合は低いことが示されている（詳細は，「学生支援の在り方に関する論点整理（参考データ集）」大学教育の検討に関する作業部会　学生支援検討ワーキンググループ

（第7回）配付資料を参照のこと）。

　なお，同図表には2014年度までの授業料しか表示されていないが，私立大学においては2015年度以降も授業料は上がり続けている。文科省の資料によると，2015年度の私立大学の授業料の平均は約86.8万円，2016年度は約87.7万円であった（「私立大学等の平成28年度入学者に係る学生納付金等調査結果について　資料1」）。

　また，全国大学生活協同組合連合（2018）が2017年4月から5月にかけて2万1,310名の保護者（回収率30％）を対象に調査した「2017年度保護者に聞く新入生調査」概要報告によると，大学受験から入学までにかかった費用の平均額は，自宅生の場合，国公立大学で127万8,400円（文系：128万2,600円，理工系：127万8,800円，医歯薬系：125万6,100円），私立大学では148万4,800円（文系：136万600円，理工系：172万1,100円，医歯薬系：234万6,100円）となっている。

　一方，下宿生の場合，国公立大学で198万9,000円（文系：197万300円，理工系：197万6,100円，医歯薬：212万9,500円），私立大学で223万5,400円（文系：214万4,500円，理工系：242万9,500円，医歯薬系：316万7,600円）となっている。

　なお，同データには初年度に必要なすべての経費が含まれているわけではない。後期分の授業料，教科書代，実験費用等が既述した費用以外に必要であり，教員が想像する以上に保護者や学生自身に大きな経済的負担がかかっている。

　したがって，学生の経済問題は私立大学生だけが直面する問題ではなく，すべての学生が直面する問題であると理解すべきである。学生がアルバイトに精を出せば，生活に無理が生じ，学業への影響が懸念される。アルバイトによって出席が不安定な学生が担当クラスにいる場合，経済的困難な状況に学生が直面していないかチェックする必要がある。

4-11　学生のアルバイト事情

　次に全国大学生協（2017）の調査結果をもとに学生のアルバイトの実態について考えてみたい。学生がアルバイトで得る収入額についてであるが，自宅生および下宿生の両方において2010年から2016年まで増加傾向にある。自宅生

図表4-2　都市部と地方における最低賃金の推移（単位：円）

年度	東京都	愛知県	大阪府	青森県	島根県	佐賀県	沖縄県
2002年度	719	681	703	605	609	605	604
2003年度	734	681	703	605	609	605	605
2004年度	748	683	704	606	610	606	606
2005年度	764	688	708	608	612	608	608
2006年度	786	694	712	610	614	611	610
2007年度	739	714	731	619	621	619	618
2008年度	766	731	748	630	629	628	627
2009年度	791	732	762	633	630	629	629
2010年度	821	745	779	645	642	642	642
2011年度	837	750	786	647	646	646	645
2012年度	850	758	800	654	652	653	653
2013年度	869	780	819	665	664	664	664
2014年度	888	800	838	679	679	678	677
2015年度	907	820	858	695	696	694	693
2016年度	932	845	883	716	718	715	714
2017年度	958	871	909	738	740	737	737
2018年度	985	898	936	762	764	762	762
2019年度	1,013	926	964	790	790	790	790

（出典）　厚生労働省平成14年度から令和元年度までの「地域別最低賃金改訂状況」をもとに筆者作成。

の場合，2010年における1カ月のアルバイト収入は29,690円だったが，2016年には35,770円となっている。また下宿生の場合は，21,900円から27,120円となっている。

　自宅生の場合は，食事や洗濯等の身の回りのことをすべて自分でする必要がない学生も多くいるため，下宿生よりも自由な時間が多く，そのことが自宅生のアルバイト収入の多い理由の1つと考えられる。

　いずれにしても，2010年から2016年の間にアルバイトによる収入額が増加しているわけであるが，大学生協の同調査によると使用目的としては「旅行・レジャー」24.3％，「生活費のゆとり」22.3％，「生活費の維持」19.2％のほか「貯金」も17.7％（自宅生22.6％・下宿生13.5％）となっている。つまり，生活費の維持とゆとりをその理由と挙げた回答者数の合計は40％を超えており，アルバイトの主要な目的が生活のためであることがこのデータからも理解できる。

図表4-2は，日本の都市部を代表する東京都，愛知県，大阪府と，都市部から離れた場所に位置する青森県，島根県，佐賀県，沖縄県を例に取り，それらの自治体の2002年度から2019年度までの18年間の最低賃金の推移を示している。同図表で分かるように，東京都や大阪府などの都市部での伸び率が高い一方，佐賀県や沖縄県などの地方都市では伸び率が低い。特に東京都の最低賃金は最も高く，2019年度現在では最低時給が1,000円を上回っている。都市部の大学に通えば，アルバイトの時給も良いため，地方から出てきても生活できるのではないかと考える学生もいるが，大都市での物価は高く，学生の生活は決して楽にはならない。一方，過疎化問題が深刻化している地方では，おしなべて最低賃金の推移は芳しくない。こうした地方から都市部に子どもを送り出すことには限界があり，奨学金を利用して進学させざるをえない状況にある。

4-12　奨学金問題(1)

　前節で述べたように日本の大学生の多くは教育費の捻出に煩わされている。OECD (2017: 2) の資料「日本に関する分析　カントリーノート（日本語）」によると，日本の高等教育機関に対する総教育支出に占める公財政支出の割合は34%である。この割合はOECD加盟国の平均値である70%の半分程度に過ぎないということになる。

　その一方，既述したように1990年代後半をピークに家庭収入は減少傾向にある。そのため学生は主な解決策として奨学金を借りるということになる。特にJASSOが提供する奨学金への依存が最も高いことはよく知られている。

　2012年6月に文科省が作成した「（独）日本学生支援機構（JASSO）奨学金貸与事業の概要」によると，2010年現在で同機構から奨学金を借りている学生数（短期大学生を含む）は全学生の35.9％にも上っており，学生の3人に1人はJASSOの奨学金を利用していることになる。これは，大学卒業後の見通しが明確でないまま多くの未成年者が多額のローンを借用しなければならないという厳しい現実の表れである。

　JASSOが提供する奨学金は大きく分けて3種類ある。1つは給付型奨学金で

●コラム17　無利子の貸与型奨学金に関わる申請条件（2018年度現在）

　JASSOの貸与型奨学金には第一種奨学金（無利子）と第二種奨学金（有利子）がある。大学へ進学するために借りる第一種奨学金の場合は，高校2～3年生時の成績が5段階評価で3.5以上が必要で，かつ給与所得世帯では742万円程度（国立大学への進学者）あるいは約900万円（私立大学への進学者）が所得制限となっている。なお，給与以外の所得世帯では，約345万円（国立大学への進学者）あるいは約392万円（私立大学への進学者）となっている。[4]

あり，他の2種類は貸与型奨学金である。給付奨学金は，経済的理由により進学がきわめて困難な者を対象としており，月額2万円から4万円が給付される。

　貸与型奨学金には第一種奨学金（無利息）と第二種奨学金（有利息）がある。いずれの貸与型奨学金においても，学生が卒業後に返済しなければならないローンであることに違いはない。そして，学生が卒業後に返済を遅延した場合には以下のような重いペナルティが科せられるとJASSOは説明している。[5]

● 年5％の割合で延滞金が賦課されます。[6]

● 返還の督促が行われます（文書・電話等）。

● 返還開始から6ヶ月以上経過した時点で3ヶ月以上延滞した場合は，個人信用情報機関に延滞者として登録されます。登録情報は返還完了まで更新され，返還完了の5年後に抹消されます。登録されると，多重債務防止のため，クレジットカードの発行および利用の停止，住宅ローン等を組めなくなる場合があります。（「2019年度奨学金ガイド」：2）

　高校教諭は生徒が奨学金の申し込みをする場合，大学入学後にどのような困難に直面するのかについて理解している。山梨県の元高校教諭は「返す額がい

4）　給与所得の上限は，世帯者数や世帯構成者等により異なる。

5）　奨学金の返済が困難な場合は，JASSOに相談することができる。詳細は，JASSOの以下を参照のこと。https://www.jasso.go.jp/shogakukin/henkan_konnan/index.html（最終閲覧日：2020年10月11日）。

6）　2020年4月以降に発生した延滞金の賦課率は年3％に引き下げられた。

くらになるのか。働きながら返すのがどれだけ大変か。もっと伝えた方がよかったかもしれない。ただ，受験を控えた18歳前後の生徒にどこまで届いただろう，とも思う」と述べ，生徒にローンの返済の過酷さを認識させるのは難しいという見解を示している（『朝日新聞』「『あくまで借金』認識は」2018年3月31日付）。労働者福祉中央協議会（2016: i）も，34歳以下の奨学金利用者の場合，奨学金制度の返還条件や滞納リスクを理解せずに借入する割合は4割強もいると指摘している。

　アメリカにおいても学資ローンは社会問題となっている。みずほ総合研究所（2015: 1-2）によると，2014年末時点での学資ローンの残高は，自動車ローン（約1兆ドル）やクレジットローン（約0.7兆ドル）を上回る1.2兆ドルにまで膨らんでいる。そして中途退学をする学生の債務残高は少ないものの，デフォルト（債務不履行）になる割合が高いと報告している。さらに，大学を卒業した者でも，就職難により返済能力が低下しているとも指摘している。

　2020年のアメリカ大統領選挙では，共和党と民主党のそれぞれの党内候補者の発言が多く報道された。その中で左派勢力として注目されたのが民主党のウォーレン上院議員であった。同氏は選挙の争点として学生ローン問題を挙げ，学生の経済的負担が個人だけでなくアメリカ社会へいかに悪影響を与えているかについて，自身のホームページで次のように述べた。

（前略）The result is a huge student loan debt burden that's crushing millions of families and acting as an anchor on our economy. It's reducing home ownership rates. It's leading fewer people to start businesses. It's forcing students to drop out of school before getting a degree. It's a problem for all of us. (Elizabeth Warren HP: "Cancellation of Student Loan Debt and Universal Free Public College." 2019年6月)

　教育への投資は国家の未来への投資と同義である。加速度的に情報化が進む社会に今日の若者は生きている。若者が情報社会に順応し，職を得るために高等教育が果たさなければならない役割はますます大きくなる。若者が多額の負

債を抱えることなく大学を卒業し，学位を取得できることはアメリカのみならず日本においても重要な課題である。

4-13　奨学金問題(2)

　既述したように，日本の奨学金の大半は学生が返済しなければならないローンである。卒業後にはそれまで猶予されていた社会保障費の納付も同時に発生する。社会人になりたての若者は果たして学生ローンの返済ができるのだろうか。

　この点について**図表4-3**で確認しておきたい。同図表は木村（2018: 25）がJASSO公開のデータをもとに，設置期間別に遅延率をまとめたものである。なお，同図表中の(b)欄が3カ月以上の滞納者を対象としている理由は，前節**4-12**でも触れたように，3カ月以上の滞納者については個人情報機関に遅延情報が送られ，社会生活に必要な信用が得られなくなるタイミングだからである。

　図表4-3内の(c)欄によると，国立大学を卒業した者の3カ月以上の遅延率は約0.7％，公立大学卒生では約0.8％，私立大学卒生は約1.7％である。パーセンテージだけをみれば，設置機関別にかかわらず98％以上の卒業生が遅延することなく，返済を続けている様子がうかがえる。しかし，遅延者の数で考えれば，当該調査期間の5年間に国公私立大卒生の約1万8,000人が支払滞納者となっており，これらの中から自己破産者が出る可能性は否定できない。

　特に元私立大学生の遅延率が顕著であり，国公立大学の卒業生の遅延率よりも2倍程度高い。元私立大学生の遅延率が高い理由の1つとしては借入金の総額の違いが挙げられる。一般的に私立大学生は国公立大学生よりも多くの納付金を支払っており，返済金額と利子を合わせた総額が大きくなる。それに応じて卒業後の返済額が大きくなることが遅延率の高さの理由の1つなのであろう。

　さらに，家庭の経済力の差も考えられる。小林（2018）によると，2006年の時点では1,000万円以上の所得層と400万円以下の所得層間での国立大学への進学率は大きな差はなかった。しかし，リーマンショック後の2012年以降はその差が3倍近く開いたと報告している。経済的に豊かな家庭出身者は低所得

図表4-3　設置機関別にみた奨学金の返済遅延者数等

	2015年度末における過去5年間の貸与終了者数 (a)	(a)のうち延滞3ヵ月以上の人数 (b)	2015年度末での延滞率 (b/a) % (c)
国立大学	255,480	1,613	0.6831
公立大学	80,852	739	0.8425
私立大学	1,031,089	15,662	1.7162

（出典）　木村正則「奨学金の返済における遅延率についての考察」(2018)をもとに作成。

者層出身の学生よりも奨学金を利用する機会も減り，卒業後の返済リスクも低いと考えられる。

4-14　国公立大学への進学率と地域格差

　奨学金の問題は世帯年収とも密接な関係にある。そして世帯年収の問題は，地域格差と関連する。**図表4-4**は首都圏，京阪神地区，およびその他の地方という区分で世帯年収と国立大学への進学率の関係を示したものである。

　同図表によると，首都圏や京阪神地区といった経済活動が活発な地域では世帯年収と国立大学への進学率は比例関係にあることが分かる。特に首都圏や京阪神地区では，1,050万円以上の年収のある世帯からの国立大学への進学率が際立って高い。

　一方，その他の地方では世帯年収が最も低い家庭での国立大学への進学率が最も高い。地方から都市部に進学できない優秀な生徒たちが，経済的に進学が可能でかつ優良な教育機関として地元の国立大学を選んでいるものと理解できる。

　同様のことが**図表4-5**からも読み取れる。同図表は公立大学への進学率を表しているが，首都圏や京阪神地区ほど経済活動が活発でない地方では，年収が低い世帯での公立大学への進学率が高い傾向を示している。**第1章**の「**1-3 地区別にみた大学数**」でも述べたように，公立大学は首都圏ではなく地方に多く設置されている。経済的に苦しい地方では，高校生の主要な進学先として地

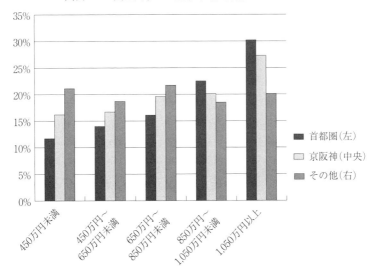

図表4-4　国立大学への進学率（経済格差×地域格差）

（出典）　日本学生支援機構「平成28年度　学生生活調査結果」28頁をもとに筆者作成。

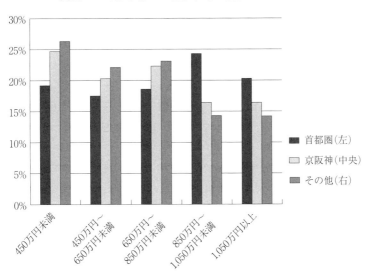

図表4-5　公立大学への進学率（経済格差×地域格差）

（出典）　**図表4-4**と同じ。

元あるいは隣接する地方の優良な公立大学を選ぶ傾向が強いことを物語るものである。

したがって，前節で指摘した奨学金問題を解決するには，世帯別の格差問題以外に地域格差も念頭に置いた政策が求められる。特に私立大学数が地元に少ない場合，国公立大学への進学が叶わない生徒が，親元を離れて暮らすことになるため，大学への納付金以外に生活費等が大きな負担となる。地方に住む高校生等への奨学金制度をより充実させなければ，高等教育への公平なアクセス権を担保できない可能性がある。

4-15　障がい学生(1)

大学への進学率が高まるにつれ，多様な学生が大学に在籍するようになった。いわゆる障がい学生と定義付けされる学生たちもその1つである。[7] 障がい学生に対し不当な差別取扱いの禁止ならび合理的配慮の提供を目的とした障がい者差別解消法（正式名称「障がいを理由とする差別の解消の推進に関する法律」）が2016年4月に施行されたのもそのためである。

文科省（「障害学生支援関係資料」2016: 1）は障がい学生を，「身体障がい手者手帳，精神障がい者保健福祉手帳および療育手帳を有している学生又は健康診断等において障がいがあることが明らかになった学生」と定義している。同省によると，障がい学生の数は年々増え続け，2005年度の5,444人から2014年度には13,045人と，約10年間で2.4倍の増加と報告している。

しかし，学生あるいはその保護者等から大学に相談がなければ，障がい学生と気づかないケースもある。あるいは大学が学生の障がいに気づき，医師の診断を受けることを保護者等に勧めても拒絶される場合もある。こうした事情から障がい学生数を正確に把握することは難しく，このため実際には文科省が発表する統計値よりも多くいるともいわれている。JASSOが発表する統計が文科省の数値よりも高いのはそのためかもしれない。同機構の調査によると，

---

7)　一般的には「障害」と表記されているが，本書では「障がい」と表現している。ただし，引用した資料等に「障害」と表記されている場合は，表現を変更していない。

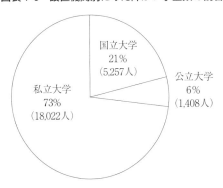

図表4-6　設置機関別にみた障がい学生数の割合

国立大学
21%
(5,257人)

公立大学
6%
(1,408人)

私立大学
73%
(18,022人)

（出典）　日本学生支援機構「平成28年度（2016年
度）大学，短期大学および高等専門学校に
おける障害のある学生の修学支援に関する
実態調査分析報告（改訂版）」9頁をもとに
筆者作成。

2016年度現在での障がい学生数は24,687人であり，全大学学生数の0.83％を占めると報告している。

　また，**図表4-6**が示すように，障がい学生の多くが私立大学で修学している。さらに学科（専攻）別では，当該学科（専攻）での構成比において10％を超えるトップ3の中で最も構成比が高いのは「社会科学」（構成比約23％：5,649人）であり，次いで「人文科学」（約19％：4,628人），そして「工学」（約18％：4,402人）の順となっている（同資料11頁）。

　大学における障がい別のトップ3は，最多が病弱・虚弱（8,286人で前年度比約149％増）で，次いで精神障がい（6,393人で前年度比約116％増），そして発達障がい（3,519人で前年度比119％増）の順となっている（同資料10頁）。病弱・虚弱は内部疾患等とその他の疾患に分けられているが，比率的にはやや内部疾患等を抱える学生が多い。特に病弱・虚弱を理由として学生が欠席する場合は，その妥当性を現場の教員が判断するのはいっそう困難になる。大学内に医師や看護師といった医療従事者がいるのであれば，緊密に連絡を取り，対応すべきである。

　いずれにしても法的に障がい者を支援するガイドラインに沿って学生を支援

図表4-7　障がい者差別解消法の要点[8)]

	不当な差別的取扱いの禁止	合理的配慮	職員対応要領
国の行政機関	義務 （第7条1項）	義務 （第7条2項）	義務 （第9条1項）
国立学校法人	義務 （第7条1項）	義務 （第7条2項）	義務 （第9条1項）
地方公共団体 （公立大学等）	義務 （第7条1項）	義務 （第7条2項）	努力義務 （第10条1項）
学校法人	義務 （第8条1項）	努力義務 （第8条2項）	―

（出典）　日本学生支援機構「平成30年度 障害学生支援 理解・啓発セミナー障害のある学生の修学支援」5頁より転載。

しなければならないが，教員として判断が難しいのは**図表4-7**に明記されている「合理的配慮」の内容についてである。「合理的配慮」とは何かついては，石川・大越（2017: 7）の会談による説明が分かりやすい。

　　合理的配慮というのは，障がい者が社会的障壁に直面して，その解決を本人が求めたときに，過重な負担にならない範囲で，行政機関や事業者が負う解決のための作業義務のことです。（中略）。内閣の基本方針では，合理的配慮を提供する側と受ける側が建設的な対話を行い，可能な方法・良い方法を一緒に考え発見することが重要だとしています。（「障害者支援のパラダイムシフトが共生社会実現に向けた未来を拓く」）

　つまり，合理的配慮の具体的な内容についてはシステマティックに定義することができず，症状や状態に応じて個別対応しなければならないということになる。これは，合理的配慮に対応しなければならない学校や教員が漫然とした考えで対応してはならないことを警告するものであり，そうした配慮を必要とする学生から常に学び続ける姿勢が求められることを意味する。

---

8)　当該図表はJASSOの表の一部を省略している。

特に国公立大学については，**図表4-7**が示す通り合理的配慮は「義務」とされており，障がい学生への対応がいっそう強く求められている。しかしながら，私立大学の教員にも「努力義務」が求められている。私立大学も公共的な性格を有する機関であるため，合理的配慮をできるだけ遂行することが期待されることを教員は理解しておくべきである。

　なお，**図表4-7**の表中に使われている「職員」という言葉であるが，これは事務職員という意味ではなく，教育職員，つまり教員も含めた広い意味での職員である。また，同表中の「職員対応要領」とは障がい学生に対して職員が対応するために作成しなければならないマニュアルのことである。

4-16　障がい学生(2)

　それではどのような支援が合理的配慮となるのであろうか。一例として内閣府が挙げている事例をいくつか列挙しておきたい。

〈教育関連での提供例〉

（視覚障がい）

- 通常のテスト問題用紙では，印刷された文字が小さくて，弱視なので読むことができない。

　　⇨拡大文字を使ってテスト問題用紙を作成した。また，拡大鏡等の補助具を使用できることとした。

---

9)　学校教育法第92条1項および2項は次の通りである。
　　　1項　大学には，学長，教授，准教授，助教，助手および事務職員を置かなければならない。ただし，教育研究上の組織編制として適切と認められる場合には，准教授，助教又は助手を置かないことができる。
　　　2項　大学には，前項のほか，副学長，学部長，講師，技術職員その他必要な職員を置くことができる。（下線筆者）
　　第2項で使われている「職員」を事務職員と限定するならば，第2項全体と第1項の整合性が取れなくなる。矛盾なく解釈するためには，「職員」という言葉に事務職員だけでなく教育職に就く職員等も含まれなければならない。

（聴覚障がい）

● 難聴がある影響で，授業を聞くこととノートを書くことの両立が難しいときがある。

　　⇨授業の撮影は禁止されているが，障がいの状況から合理的配慮の提供に当たると判断し，黒板の撮影を認めることとした。

● 英語の試験にリスニングがあるが，聴覚障がいにより受験することができない。

　　⇨代替試験を設けて点数を補えるようにした。

（肢体不自由）

● 教室移動に時間を要すること等による遅刻を認めてほしい。

　　⇨ 障がいに起因する遅刻を認めることとし，成績評価においては，出席基準の緩和やレポート提出等の代替手段を設けた。

（知的障がい）

● 学修活動の内容や流れを理解することが難しく，何をやるのか，いつ終わるのかが明確に示されていないと，不安定になってしまい，学修活動への参加が難しくなる。

　　⇨本人の理解度に合わせて，実物や写真，シンボルや絵等で活動予定を示した。

（精神障がい）

● 障がいの状況によっては，授業中に情緒不安定になってしまうことがある。

　　⇨情緒不安定になったときには，落ち着くまで一人になれる場所へ移動して休むことができるようにした。

（発達障がい）

● マークシート選択式の試験は通常どおりに受けられるのだが，自由記述式の試験では書字が乱れてしまう。

●コラム18　タバコがキャンパスから消える日

　2018年7月18日に「改正健康増進法」(平成30年法律第30号) が参院本会議で可決,成立した。この改正では「望まない受動喫煙」に力を入れている点に特徴がある。受動喫煙への対策および施行期日については,業種,施設規模等によって異なるが,大学を含む学校については2019年7月1日から施行された。これにより,原則,敷地内禁煙となった。アメリカの大学では当然視されていることがようやく日本の大学においても動き出すことになった。ただし,同改正では,次のような但し書きが付されている。

　　ただし,屋外で受動喫煙を防止るために必要な措置がとられた場所には,喫煙所を設けることができる。

上記の但し書きが付されている限り,学内から喫煙所を完全に撤去することは難しい。『日本経済新聞』によると,長崎大学は今後教職員の募集要項には喫煙者を採用しないと明記することになった (「長崎大,喫煙者不採用へ　『学生らの健康守る』」2019年4月19日付)。大学から喫煙場所がなくなるようにするためには,こうした取り組みも必要なのかもしれない。

　　　⇨自由記述式の試験では罫線のある解答用紙を使うようにした。
●周囲の物音に敏感なため気が散ってしまい,集中して学修に取り組むことができない。
　　　⇨教室内での耳栓使用や,別室への移動により,静かな環境で課題に取り組めるようにした。
●パニックを起こしてしまうことがあるので,授業中に問題の回答者として指名しないでほしい。また,指名しないことを他の生徒には伝えないでほしい。
　　　⇨各授業の担当教員が事前に情報共有しておき,他の生徒は気づかないように指名対象から外す配慮を行った。
●時間の見通しが持てず,活動の切替え時に混乱してしまうことがある。
　　　⇨時計やタイマー等を使って時間の見通しを持てるようにした。

（内閣府「合理的配慮の提供等事例集」より一部抜粋）

特に外国語教育では一定回数以上の出席が厳しく求められることもあるため，障がい学生による出席不良への理解が教員には必要となる。その場合，保護者・学生本人はもとより，学生が所属する学科等の担当者，事務職員および医師・カウンセラー等と密に連携し，どの程度の出席が可能であるのか，あるいは自宅等での自主学修が可能なのか等について事前に協議しておく必要がある。

　クラスでペアワーク・グループワークを行う場合は，肢体不自由の学生がクラス活動に参加できるよう配慮が求められる。加えて，継続的に授業に参加できない学生について，どのような方法で当該学生に外国語のスキルを身に付けさせることができるのか考える必要がある。

　学期末間近に学生本人から体調についての相談があった場合は，対応がさらに難しくなる。学生の出席率が低い場合は，単に怠惰なために授業に出席していないのか，あるいは何か病気のため登校が難しいのか，教員から事務局や部局の担当者に尋ねる姿勢も求められる。

　こうした出席や授業内での活動に特別な配慮が必要な場合は，個別指導での対応も検討されなければならない。そのため，非常勤講師が担当するクラスで特別な配慮が必要な学生がいる場合は，専任教員との連携も必要になる。

　JASSO（前掲2016: 35）によると，授業以外での配慮として実施されているものとしては，「専門家によるカウンセリング」（328校）が最も多く，次いで「対人関係配慮」（266校），「休憩室・治療室等の確保」（214校），「就職支援情報の提供，支援機関の紹介」（204校），「通学支援」（200校）の順となっている。

　就職活動についての支援では，特に発達障がいを持つ学生の場合，その特性に合わせた対応が取れれば，学生が持つ能力を引き出すことができるといわれている。例えば，『朝日新聞』の記事（「発達障がい　大学が就職支援」2018年3月24日付）によると，大阪大学では，発達障がいがある学生がインターンシップに参加する際，その最終日に大学職員が同席し，学生と企業を挟んで仕事ぶりを振り返り，学生の課題や成果を就職に活かそうと取り組んでいる。富山大学では，障がいを持つ人の職業訓練および就職支援を目的とした就労移行支援事業所と連携し，学生への就労機会の提供および卒業後の定期面談を実施している。また，私立大学の関西学院大学では，発達障がいを持つ学生に特化した就

職支援プログラムを開発していると紹介されている。

　他者とのコミュニケーションが得意でないケースが顕著にみられる発達障がい者への支援問題は就職活動に限られたものではないが，特にこの点での支援が強く求められる。

　このようにさまざまな観点から障がい学生を支援することが大学は期待されているのであるが，既述したように全大学生数に占める割合はわずか0.83％である。その一方，JASSO（前掲2016: 15）によると，障がい学生を受け入れている大学数は，2016年度現在で607校にも上る。これは，1校あたりの障がい学生数の多寡にかかわらず，そうした学生に対する施設面での取り組みや授業内外での支援体制が等しく必要になっているということを意味する。そのため，こうした複雑な事情に対処できるのはスケールメリットを活かせる大規模大学であり，規模が小さな大学になればなるほど財政的には厳しいということになる。

　大学単体の資料ではないが，JASSOが発表する大学・短期大学および高等専門学校の資料（前掲2016: 17-19）によると，学校の規模別にみた授業内での支援の実施率は，499人までの規模の学校で31.1％，500〜999人規模の学校で54.9％，1,000〜1,999人規模で71.8％，2,000〜4,999人規模で87.4％，5,000〜9,999人規模では96.1％，そして1万人以上の規模の学校では98.5％となっている。特に1,000人未満の学校と1,000人以上の学校との間で統計上の有意差が報告されている。

　障がい学生への支援には教員が対処しなければならないことも多くあるが，それと同時に事務職員からの支援も必要である。そのため，「大学設置基準等の一部を改正する省令」（平成28年文科省令第18号）により2017年度から施行が義務化されたSD（Staff Development）においても特に障がい者への支援についての訓練がなされるべきであると文科省は指導している。

4-17　性的マイノリティ(1)

　2017年9月28日に放送されたあるテレビ番組が社会的な騒動を引き起こし

た。問題の番組はフジテレビ系列で放送された「とんねるずのみなさんのおかげでした」の30周年のスペシャルである。同番組には数十年前に人気を博したキャラクター「保毛尾田保毛男」が再登場した。お笑い芸人がこの保毛尾田保毛男を演じるのであるが，濃いひげを剃った青白い顔が誇張されており，その一方で話し方は女性のような振る舞いである。このキャラクターが同性愛者としていじられ，爆笑を誘うという作りになっていた。

　しかし，昔を懐かしみこうした性的表現を面白いと感じる教員がいるならば，教室での自身の発言には注意を払う必要がある。かつてはお笑いの「ネタ」として容認されていたこのキャラクターも，ダイバーシティ（多様性）のある社会の実現が必要と謳われる今日においては不適切である。

　社会の認識を理解せぬままキャラクターを再登場させたフジテレビには抗議が殺到した。これにより同社は公式サイトで以下の謝罪を表明するに至った。

　（前略）番組は，LGBT等性的少数者の方々を揶揄する意図を持って制作はしておりませんでしたが，「ホモ」という言葉は男性同性愛者に対する蔑称であるとのご指摘を頂きました。そのような単語を安易に使用し，男性同性愛者を嘲笑すると誤解されかねない表現をしたことで，性的少数者の方々をはじめ沢山の視聴者の皆様がご不快になったことに関して，深くお詫び致します。またこのキャラクターが長年に渡り与えていた印象，子供たちへの影響，およびLGBT等をとりまく制度改正や社会状況について私共の認識が極めて不十分であったことを深く反省しております。

　今回頂戴した様々なお叱りやご意見を真摯に受け止め，多様性（ダイバーシティ）のある社会の実現のために正しい知識を身に着け，より良い番組作りを進めて参りたいと考えております。（フジテレビHP　最終閲覧日：2017年10月16日）

ところで，社会では性的マイノリティをLGBTと表現することが一般的である。LGBTとは，Lesbian, Gay, Bisexual, Transgenderのそれぞれの最初の文字を取って組み合わせた言葉である。しかし，前田（2017）によるとLGBT

という言葉には問題があるという。

　Lesbianとは心の性が女性で，好きになる対象が女性であり，Gayの場合は心の性が男性で，好きになる対象が男性を指している。Bisexualでは好きになる性が異性の場合も同性の場合もあり，本人もそのことに気づいていない場合があるという。そしてTransgenderは体に割り当てられた性別（外性器）と自分の性自認が一致しない場合だとされる。

　つまり，LGBTという言葉には性的嗜好を表すLGBと，性自認を表すTransgenderという異なる位相が混同して使用されており，なおかつLGBTは一部の人間の性的特徴しか表現しておらず，LGBTのカテゴリーに押し込められる人々への差別を助長する人権侵害に関わる言葉だと前田（前掲2017）は主張している。そしてLGBTに代わる世界標準の言葉であるSOGIの使用を提案している。同氏によると，SOGIのSOはSexual Orientation（性的嗜好）の略であり，誰を好きになるのかを表す。一方，GIはGender Identity（性自認）の略であり，自分の性の認識を表す言葉であり，LGBTと異なり，すべての人の性的特性を理解できると説明している。

　具体的には，SOについては，Heterosexual（異性愛），Lesbian（同性愛，女性），Gay（同性愛　男性），Bisexual（両性愛），Pansexual（全性愛），Asexual（無性愛）に区別することができるという。一方，GIについてはCisgender（体の性と性自認が同じ状態），Transgender（体の性と性自認が同じでない状態，性別違和），Xgender（男性あるいは女性に分けきれない状態），Questioning（自分のセクシュアリティを決められない，決めない，あるいは分からない状態），そしてIntersexual（生物学的性が男女どちらとも言い切れない性分化疾患）としている。前田はこうした性嗜好と性自認の区分を明確にすることにより，普通の人と特別な人という2項対立構造や，あるいは性的マイノリティを理解するという優劣構造の問題についても気づきを喚起でき，すべての人に関わる人権問題と捉えなすことができると説明している。

4-18 性的マイノリティ(2)

　日本学術会議（2017: ii）はその提言の中で日本における性的マイノリティの対人口比は7.6％に上ると指摘している。この数字が意味することは非常に大きい。この割合を現在の大学生人口に置き換えてみるならば，国公私立大学を合わせて約286万人（2016年度現在）の学生うちの22万人近い学生が性的マイノリティであることになる。

　さらに，この7.6％という数字を教員や事務職員に当てはめて考えるとどうなるであろうか。専任教員と事務職員の数は，国公私立大学合せてそれぞれ18万人強と23万人強である。つまり，理論上は約1万4,000人の教員と1万8,000人の事務職員の，合わせて3万2,000人近い教職員が性的マイノリティであることになる。

　このように考えるならば，性的マイノリティの問題は大学全体で議論しなければならない重要事項であることが分かる。しかし，日本の大学では性的マイノリティに関する議論は始まったに過ぎない。文科省も性的マイノリティについての議論はまず小学校からだとしている。そして，中学校，高等学校へと拡充していくことが「性同一性障がいに係る児童生徒に対するきめ細かな対応の実施等について」（2015年4月30日付）で確認されている。

　それでは，文科省はなぜ初等・中等教育機関への対応を急ぐのだろうか。その理由は先に挙げた日本学術会議の資料（前掲日本学術会議: 21）から読み取れる。すなわち，性的マイノリティが自身に違和感を抱いた時期は小学校入学前が最も多く，次いで小学校低学年，そして小学校高学年および中学校となっているからである。そのため，最も対応が急がれるのが小学校や中学校ということになる。

　しかしそのことは，大学は何もしなくてもよいということを意味するものではない。むしろ，初等・中等教育で対応が進む中，大学の教職員が性的マイノリティについて無知であれば，大学に進学してきた性的マイノリティが受けるストレスは更に増幅する。

　現在，大学における性的マイノリティへの対応として取り組む典型的な事例

●コラム19　LGBTという言葉をめぐって

『広辞苑』は，1955年に初版を発刊して以来，国語辞典と百科事典の両機能を備えた書物として信頼されてきた日本を代表する辞典の1つである。また，『広辞苑』は時代を映し出す辞書でもあり，改訂版が発刊されるたびに新たな言葉が盛り込まれる。

直近の改訂版は2018年1月12日に発売された第7版であるが，この版にはLGBTという言葉が盛り込まれた。しかし，販売してすぐにその定義に問題があることが外部から指摘されることになった。『広辞苑』はLGBTをどのように定義したのだろうか。その定義が次の文言である。

LGBT（レズビアン・ゲイ・バイセクシャル・トランスジェンダーの頭文字）
多数派とは異なる性的指向を持つ人々

本節で既述したように，トランスジェンダーは性自認を表す言葉であり，最初の3つの概念とは全く異なる視点から事象を表している。
『広辞苑』を発行している岩波書店は定義の修正を検討すると発表したが，国語学者以外にも多くの専門家が編集に携わるこうした辞典でも性的マイノリティへの理解は容易に進まないことを示す騒動であった。

としては，学籍簿や学位記等に記載する通称名を使用することが挙げられる。この他にも更衣室，トイレ，クラブ活動，あるいはゼミ旅行等の宿泊を伴う場合の部屋割りの問題等さまざまな事柄に大学は対応しなければならない状況となっている。

また，施設補強以外でも教職員そして学生たちの理解が不可欠となる。例えば，鹿児島大学では，学生を巻き込んで性的マイノリティへの理解を深めようとしている（『朝日新聞』「（フォーラム）性的少数者の授業」2017年6月5日付）。学内での啓蒙活動はハード面での充実以上に重要なことであり，大学に属するコミュニティメンバー間でいかにコンセンサスを得られるかが鍵になる。そして，もし学内での啓蒙活動が成功すれば，大学が核となりその周辺地域への情報発信源ともなりうる。

大学業界全体としては性的マイノリティへの対応が進む方向にあるが，女子大学にとっては大学の根幹に関わる課題だけに性的マイノリティの受け入れに

は慎重にならざるをえない。これまでこの問題に取り組むことを避けてきた女子大学であるが，お茶の水女子大学は2020年度より戸籍上は男性でも性自認が女性の学生を受け入れると発表した（お茶の水女子大学HP）。また，奈良女子大学も2020年度より受け入れを決定した（奈良女子大学HP）。日本を代表する2つの国立女子大学がトランスジェンダーの学生へ門戸を開けることになれば，公立・私立大学の女子大学もその動きに今後追随することになるであろう。

　しかし，経営的に苦しい立場にある地方の小規模女子大学では財政支援がなければ容易に進められない。性的マイノリティの受け入れに積極的な大学を増やすには，そうした大学に政府が支援することも1つの手段となるであろう。

第5章

学内業務

5-1　二重のメンタリティが必要な外国語教員

　本来，大学教員は専門分野の講義を担当し，ゼミ生を持ち，大学生・大学院生とともに知の共同体を築くことを生業とする集団である。しかし，今日の大学で外国語教員として働く者の多くはそうしたことが期待できない。それは専門領域の違いにかかわらず主たる業務内容が外国語科目の担当であり，自身の研究と授業を直接的に関連付けることができないケースが多いからである。

　国立研究開発法人科学技術振興機構が運営する研究者人材データベースのJREC-IN Portalサイトには毎年多くの求人情報が掲載されている。同サイトで紹介される外国語教育関連の公募の対象は，⑴言語学や文学等の専門教員，⑵語学教員，の2種類に大きく分類できる。前者の場合は，専門領域関連の学部・学科等に所属し，そこに在籍する学生や大学院生に自身が専門とする科目を教授しながら，外国語科目も一部分担するというパターンが一般的である。しかし，これに該当する公募件数自体は多くない。

　一方，後者のポストは多く掲載されている。ただし語学教員として働く場合，自身の専門領域とは全く異なる学部・学科あるいは語学センター等の組織に所属することになる。そのため，学生と外国語教員の関心事項が大きく異なることが多い。荒井（2007: 4）は戦後の高等教育において2種類の教員が作られたと説明し，「大学によって教養部の教員の置かれた学内的な位置，処遇は異なりますが，大規模大学では一般教養の教員は不利な状況に置かれた事例は多かった」と指摘している。教養部が解体されて久しいが，外国語を含めた広義での教養科目を教える教員への見方はさほど変化していないのではないだろうか。

いずれにしても，多くの外国語教員あるいはこれからそれを目指す人は，後者（語学教員）として一生涯あるいは少なくとも生涯の一時期を過ごすことになる。そして，ここで問題となるのが，語学科目のみを担当する者として就業する場合の意識の持ち方である。大学院で研究した専門知識が十分に活かせず，所属先に馴染めないことは大学だけでなく教員本人にも有益なことではない。

　そのため，正規雇用教員として雇用された場合は，二重のメンタリティを持つことが必要である。すなわち，自身の研究は個人の時間の範囲で行い，学会等での活動を通し専門家同士の横の関係を築き，研究者としての環境と，語学教員としての環境を区別する必要が生じるということである。

5-2　学内の委員会活動

　大和ハウス工業株式会社が共働き夫婦の「家事」に関する意識調査を公表している。それによると，夫は，夫対妻の家事負担は3：7程度の割合で，自ら家事には協力的であると考えている。一方，妻側の見立てはこれと異なり，夫が家事をしている負担は1割程度にしか過ぎないと回答している。共働きであるにもかかわらず，妻だけに負担を強いる夫への不満が表れている結果である。

　なぜ両者の間に意識の差が生じているのだろうか。ここで問題となるのが，夫が考える「家事」の内容である。両者の間には，どのような作業が「家事」に当たるのかについての認識のズレがある。実際の家事には，夫が気づかない，あるいは気づいていてもやりたがらない作業が多くある。そのため，妻としては家庭での夫の貢献度を1割程度にしか評価できないようである。妻が担うこうした目につきにくい作業を同調査では「名もなき家事」と呼んでいる。誰かがしなければ家の中が回らないのだが，「名もなき家事」をしたからといって夫から感謝されるものでもなく，評価されないことに妻たちは怒りを覚える。

　それでは，どのような家事を同調査では「名もなき家事」と呼んでいるのだろうか。いくつか紹介しておこう。「配偶者が脱ぎ捨てていくパジャマを畳むこと。畳んでおくよう伝えているのに，毎日脱ぎ捨ててあるのでイラっとする」（20代女性），「ゴミが床に落ちたまま誰も拾わない。片付けたところなのに，

おもちゃ等を散らかしっぱなし」(30代女性)，「マヨネーズ等の調味料を使いっぱなしで，冷蔵庫にしまわない時。要冷蔵のものを出しっぱなしにする，神経が理解できない」(40代女性)，「家族が面倒でやらなかったことが，全てこちらにまわってくる。それが当たり前と思っている」(40代女性) 等である。こうした意見に首肯する女性も多いのではないだろうか。

　実は，大学においても組織の内部関係者にしかみえない，しかも研究者の業績としては社会的に評価されず，誰もやりたがらない作業というものが存在する。こうした業務は正規雇用教員に割り当てられるもので，中には一部の教員のみが知る業務も含まれる。教育研究以外の外部にはみえにくいこうした業務は教員間で「雑務」と呼ばれることもある。

　教員が行わなければならない組織運営のための学内業務はいくつかに分類できる。大学によって事情は異なるが，入試関連業務，教務関連業務，学生指導関連業務，就職関連業務，その他の業務がある。入試関連業務には，入試問題作成業務，入試採点業務，入試監督業務 (センター入試等を含む)，高校訪問，オープンキャンパスでの学外者対応等がある。

　教務関連業務では，カリキュラム開発業務，非常勤講師対応 (苦情対応，採用，時間割調整等の業務等を含む)，学生の成績関連業務 (成績不振者やその家族への対

応業務含む）等がある。

　学生指導関連業務では，学生が起こしたトラブル対応（事故，事件等を含む）や保護者への対応等が含まれる。就職関連業務では，学生への就職指導，就職状況の把握等があり，学生を採用してもらうための企業訪問もある。

　その他の業務には，例えば学内の図書館関連の業務，ハラスメント対応，学内紀要等の出版関係業務，広報業務，その他学内の組織運営に関わる業務（部局長への就任，教授会・学科会議への出席，危機管理業務，人事関連業務等のさまざまな会合を含む）がある。

　こうした業務は，委員会と呼ばれる組織で行われることが多いため，教員は複数の委員会メンバーとなることも多々ある。どれくらいの時間を委員会活動に割かなければならないかは，大学によって事情が異なる。また，委員会の業務内容によっても異なる。例えば，教務委員会は定期的に開催され，取り扱う議題も多いため，教務委員になると多忙になることが多い。一方，学生委員会（あるいはこれに類似した委員会名）では，学生が大きな事故やトラブルに巻き込まれた場合，その対応のため急きょ多忙を極めることになる。入試問題の作成作業や採点業務の場合は委員会という形を取らないが，1年のある時期が繁忙期となる。

　委員会関連の業務を行う場合は，教員のみで行うものと事務職員と協力して行わなければならないものが2つある。特に教務関連業務や学生指導関連業務等では事務職員の助言が不可欠となる。

5-3　入試関連業務

　入試問題の作成業務は，今日の大学人にとって最も過酷な作業の1つである。この作業に関わった経験のある大学教員であれば，出題ミスの怖さを知らない者はいないであろう。ミスは誰にでも，そしてどのような職場にでも起こりうる。しかし，入試でのミスは重大な問題を引き起こす。それは，若者の人生を大きく狂わす可能性があるからである。本来であれば合格していたはずの受験生が他大学ですでに学生生活を始めている場合や予備校に通っている場合など，

　若者の人生に大きな影響を与えるのが入試である。入試の合否はわずか数点の差で大きな違いを生み出すことがあるため，1問のミスでも社会問題となるのはこのためである。

　例えば，大阪大学の出題ミスの報道は記憶にまだ新しいであろう（『朝日新聞』「指摘3回目で本格調査『組織対応，仕組みなく』阪大入試」2018年1月7日付）。2017年2月25日に実施された一般入試前期日程の物理の問題でミスは起こった。同年6月10日に開かれた「物理教育を考える会」が大阪大学の解答が間違っていると指摘したにもかかわらず，大学当局は解答に間違いはないと説明した。そして予備校からの指摘が再度8月9日にあったが，その機会にもミスはないと同大学は回答している。さらに別の外部の人物から指摘があり，ここに至ってようやく大阪大学は問題の再検討を始め，2018年1月6日に30人もの追加合格を発表した。最終的にはこのうち24名が2018年4月に大阪大学に入学することになったが，若者の人生設計を1年間狂わせたことに違いはない。

　大阪大学の対応はきわめて不適切であり，外部からの指摘が最初に報告された時点で迅速に調査すべきであったことは言を俟たない。問題作成者や大学当局が批判されても仕方ないであろう。

　さらに，2018年2月1日には京都大学の前年度の出題ミスが発覚した（『朝日新聞』「京大，17人追加合格に11人の転学科も認める入試ミス」2018年2月2日付」）。

大阪大学のケースと異なり，外部からの指摘後に元受験生への対応を迅速に試みた点で京都大学は誠実であったと考えられる。しかし，本来であれば1年前に入学できていた受験生たちの人生を狂わせたことに変わりはない。京都大学のケースにおいても入試が実施されて1年近く経った時点で，17名の追加合格を出す結果となった。

京都大学の出題ミスについては，問題作成者14名が11回もチェックをし直したと大学側が説明している。しかし，同じメンバーが11回も見直している時点で作成者は作成した問題に目が慣れていた可能性が高く，集中力に欠けていたと考えられる。作成作業に関与していない別の教員グループがチェック作業に加わっていれば，同様のミスは発生しなかったであろう。

社会問題となったこれらの銘柄国立大学2校での出題ミスを受け，文科省は外部からの情報提供を容易にするための専用窓口を設置することを発表した。大学自身による自浄作用は機能しないと文科省に見限られたと理解すべきである。

これらの銘柄国立大学の事例は深刻なケースであるが，それら以外にも**図表5-1**が示すように出題ミスを含めた入試ミスは毎年のように各地で発生している。例えば，福岡県立大学の場合も大阪大学の事例と同様に，出題ミスの存在が判明した後も真相を明らかにせず，その1年後に事件が発覚し，ようやくミスを認めた。また，福島大学のケースに至っては学生が出入りするコピー室に入試問題の原本の一部を入学試験の前に置き忘れるという初歩的なミスであり，入試業務への緊張感が欠如しているといわざるをえない事例である。

このように，入試ミスに関しては一方的に攻められる立場にある大学教員だが，今日の大学教員が直面する過重労働についても報道を願う教員も多いのではないだろうか。入試問題の作成は想像以上に精神的に負担の大きい業務だからである。

そのため，過去に出題した問題を再利用しようとする計画が岐阜大学を中心に立ち上がった。連絡委員会の幹事校でもある岐阜大学が中心となり運営する「大学入試過去問題活用宣言」（「入試過去問題活用宣言」共同提案大学）というWebサイトがあるが，2019年7月現在，参加校は国立大学31校，公立大学25

図表5-1　2004~16年に『朝日新聞』で報道されたその他の主な大学入試ミス一覧

設置機関	大学名	年　月	ミスの種類	備　考
国立大学	長崎大学	2016年11月	出題ミス	受験者に対して再試験実施
国立大学	東京農工大学　大学院	2016年8月	出題ミス	
私立大学	酪農大学	2016年2月	出題ミス	5カ月後に5名の追加合格者発表
国立大学	福岡教育大学	2015年9月	異なる問題を配布	
私立大学	南山大学	2015年2月	出題ミス	5カ月後に追加合格者発表
私立大学	北海学園大学	2015年2月	採点ミス	2カ月後に2名の追加合格者発表
国立大学	長崎大学	2014年10月	正答を配布	解答を配られた受験生に再試験実施
公立大学	高崎経済大学	2013年2月	出題ミス	1年後に3名の追加合格者発表
私立大学	武蔵大学	2013年2月	出題ミス	7カ月後に5名の追加合格者発表
私立大学	広島国際大学	2012年12月	出題ミス	1カ月後に2名の追加合格者発表
国立大学	鹿児島大学　大学院	2012年10月	出題ミス	
国立大学	静岡大学	2012年9月	正解例を配布	
国立大学	大阪大学　大学院	2012年8月	出題ミス	
国立大学	京都大学　大学院	2012年2月	出題ミス	
国立大学	九州大学	2012年2月	出題ミス	
私立大学	東海学園大学	2011年2月	出題ミス	3カ月後に2名の追加合格者発表
私立大学	創価大学	2011年2月	出題ミス	
国立大学	茨城大学	2010年3月	出題ミス	5カ月後に7名の追加合格者発表
公立大学	福岡女子大学	2010年2月	出題ミス	
私立大学	西南大学	2010年2月	出題ミス	
国立大学	東北大学　法科大学院	2009年11月	出題ミス	
国立大学	九州工業大学　大学院	2009年8月	出題ミス	留学生1名の追加合格者発表
国立大学	長崎大学	2009年2月	出題ミス	
私立大学	広島女学院大学	2009年1月	出題および採点ミス	6ヵ月後に11名の追加合格者発表
国立大学	福島大学　編入試験	2008年9月	入試実施前に入試問題の一部がコピー室に放置される	該当部分を一律満点とした場合に合格圏内となる受験生を合格とする

私立大学	関西学院大学 法科大学院	2008年9月	出題ミス	
国立大学	富山大学	2008年2月	出題ミス	
公立大学	京都府立医科大学	2008年2月	出題ミス	
私立大学	青山学院大学	2008年2月	出題ミス	
私立大学	法政大学	2008年2月	出題ミス	
私立大学	慶應義塾大学	2008年2月	出題ミス	
私立大学	龍谷大学	2008年1月	出題ミス	2カ月後に91名の追加合格者発表
公立大学	高崎経済大学 留学生試験	2007年11月	解答用紙の配布ミス	
国立大学	大阪大学 大学院	2007年8月	出題ミス	
国立大学	岡山大学	2007年2月	出題ミス	
私立大学	立命館大学，立命館アジア太平洋大学	2007年2月	出題ミス	1カ月後に107名の追加合格者発表
国立大学	東京学芸大学	2007年2月	不適切な解答時間	
私立大学	甲南大学	2007年2月	出題ミス	
私立大学	龍谷大学	2007年1月・同年2月	出題ミス	
国立大学	鳥取大学 大学院	2006年12月	出題ミス	
国立大学	京都大学 大学院	2006年8月	出題ミス	
国立大学	福島大学	2006年3月	出題ミス	
公立大学	兵庫県立大学	2006年3月	出題ミス	
公立大学	福岡県立大学	2004年，2005年	募集区分の振り分けミスによる不合格	2004年，2005年の入試において募集区分の振り分けミスによる不合格の存在を2005年12月時点で気づいていたにもかかわらず，2006年11月に発覚するまで1年間事態を放置

（出典）　朝日新聞記事データベース「聞蔵II」より筆者が一部抜粋。

校，私立大学76校に及んでいる（**図表5-2**から**図表5-4**）。

　これらの参加校をみると，地方の大学あるいは単科大学が多いことが分かる。また，私立大学については，東日本に参加校が多いことが分かる。こうした参加校が国公私立大学の多くに広がっていることから，良質の問題を作りつつも教員への負担軽減を図ろうとしていることが読み取れる。

図表 5-2　過去の入試問題の相互利用に参加する国立大学 31 校 (2019 年度現在)

室蘭工業大学	山梨大学
旭川医科大学	信州大学
北見工業大学	岐阜大学◎
弘前大学	静岡大学
岩手大学	滋賀医科大学
秋田大学	兵庫教育大学
山形大学	奈良教育大学
福島大学	鳥取大学
茨城大学	徳島大学
宇都宮大学	愛媛大学
群馬大学	高知大学
埼玉大学	九州工業大学
東京学芸大学	熊本大学
お茶の水女子大学◎	大分大学
横浜国立大学	宮崎大学
金沢大学	

(注)　◎は連絡委員会大学。
(出典)　「入試過去問題活用宣言」サイトの「参加大学一覧」。

図表 5-3　過去の入試問題の相互利用に参加する公立大学 25 校 (2019 年度現在)

札幌医科大学	山梨県立大学
公立千歳科学技術大学	公立諏訪東京理科大学
青森県立保健大学	岐阜薬科大学
宮城大学　食産学部	静岡県立大学
山形県立保健医療大学	静岡文化芸術大学
茨城県立医療大学	名古屋市立大学◎
群馬県立県民健康科学大学	三重県立看護大学
高崎経済大学	滋賀県立大学
前橋工科大学	高知工科大学
埼玉県立大学	岡山県立大学 　　保健福祉学部，デザイン学部
石川県立大学	北九州市立大学　国際環境工学部
石川県立看護大学	長崎県立大学　看護栄養学部
福井県立大学	

(注)　◎は連絡委員会大学。
(出典)　**図表 5-2**と同じ。

図表5-4　過去の入試問題の相互利用に参加する私立大学76校（2019年度現在）

札幌大学	玉川大学	大阪経済法科大学
札幌学院大学	帝京科学大学	大阪工業大学
酪農学園大学	東京慈恵会医科大学	大阪産業大学
青森大学　薬学部	東京成徳大学	大阪樟蔭女子大学
盛岡大学	東京農業大学	関西医科大学
石巻専修大学	東京富士大学	関西福祉科学大学
いわき明星大学	東邦大学	四天王寺大学
尚絅学院大学	日本医科大学	摂南大学
跡見学園女子大学	日本社会事業大学	千里金蘭大学
茨城キリスト教大学	日本獣医生命科学大学	阪南大学
共愛学園前橋国際大学	日本女子大学	神戸学院大学
上武大学	ルーテル学院大学	神戸国際大学
高崎健康福祉大学	関東学院大学	兵庫医療大学
女子栄養大学	相模女子大学	帝塚山大学
東京国際大学	湘南工科大学	奈良大学
城西国際大学	東洋英和女学院大学	岡山商科大学
聖学院大学	横浜美術大学	倉敷芸術科学大学
聖徳大学	新潟薬科大学	くらしき作陽大学
中央学院大学	健康科学大学	広島経済大学
麗澤大学	愛知大学	広島工業大学
和洋女子大学	愛知淑徳大学	徳島文理大学
桜美林大学◎	中部大学	筑紫女学園大学
順天堂大学◎	藤田医科大学	福岡工業大学
昭和大学	皇學館大學	宮崎国際大学
昭和女子大学	京都女子大学	
創価大学	龍谷大学	

（注）　◎は連絡委員会大学。
（出典）　**図表5-2**と同じ。

　同サイトでは2019年度までに過去問題が利用された状況が確認できる。教育的観点からすると，先人たちが努力し作成した良質の問題を大学間で共有し，再利用することは歓迎されるべきものである。また，そのことは重大な出題ミスを避けるための手段の1つともいえる。

5-4　学生指導関連業務⑴：SNS対応

　学生指導関連業務に従事する教員は，学生の犯罪，事故，消費者問題，カルト宗教による勧誘，ハラスメント問題など多岐にわたって対応しなければならないわけであるが，ここではSNS関連の指導の重要さについて指摘しておきたい。

　総務省（2016: 170-171）は「2016年度版　情報通信白書」において日本人のSNS利用状況を報告している。それによると，日本では20代の利用率が高いとしている。特にLine®の利用度が高く，全体の73％が同アプリケーションを利用していると回答している。次いでYouTube®の61.5％，そしてTwitter®の53.5％となっている。しかし，これが50代になるとSNSの利用は低調で，最も利用率が高いLine®でも全体の39％となっている。さらに60代の回答者となるとTwitter®ではなくFacebook®が主流を占め，全体の26％がこれを利用していると回答している。

　これらの結果から2つのことが分かる。1つは，若者は中高年者とは異なり，積極的にSNSを日常生活の中に取り入れているということである。2つ目は，年代によって利用するアプリケーションが異なる傾向があるということである。

　これらの2点を大学での状況に置き換えて考えれば，いくつかの深刻な問題に気づくであろう。1つは，大学教員が想像する以上に，学生はSNSに依存しているということであり，もう1つは学生が利用するアプリケーションの中には大学教員には不慣れなものが含まれている可能性があるということである。教員が想像する以上にSNSの利用方法に熟知した学生が存在しており，学生がネット上で暴走しないように指導するためにも教員も若者が好むアプリケーションについてある程度の知識が必要だということになる。

　ただし，SNS問題の発信源が学生だけとは限らない。教員の不用意な言動が学生の「つぶやき」で拡散されることもあるからである。当該教員の意図とは関係なく拡散した発言によって大学を含め職場の同僚や学生そしてその保護者等に多大な迷惑をかけることも起こりうる。教室や研究室は密閉された空間であるが，どのような形で教員の発言が外部に流出するか分からない時代に大学

人は置かれていることを忘れてはならない。大学の名誉を著しく損じる行為であると大学から判断された場合は，懲戒処分の対象ともなりうる。

　SNSに関して『朝日新聞』の記事（「ネット炎上　大学が予防策」2013年1月19日付）は，興味深い調査を記事にまとめている。それは，若者が各種アプリケーションを利用する際にどのような内容をプロファイルとして登録しているのかというものである。同記事によると，登録情報で最も多いのは「大学名の記載」，2位が「出身高校名の記載」，そして次に多いのが「大学の学部・学科名の記載」や「本人と確認できる最近の顔写真の記載」となっている。

　危機管理の視点から考えれば，こうした行動は大学ならびに学生本人に大きなリスクを負わせることにつながるといえよう。SNS上での不祥事は大学にブランド・クライシス（brand crisis）をもたらすことになる。ブランド・クライシスとは危機管理専門会社で使用される言葉である。大学の場合，ブランドとはその大学の社会的名声・信用のことであり，長年積み上げてきた名声がスキャンダル等の事件・事故により喪失しかねない事態をブランド・クライシスと呼ぶ。

　マスコミにとって大学のスキャンダルは「うま味」のある記事である。在学

生はもとより，その保護者や卒業生等の関係者が雑誌等を購買する可能性が高まるからである。

　一旦大学のスキャンダルが社会に発信されると，そのことが受験者の減少につながることはこれまでも多々みられた。一方，学生本人には社会的制裁のみならず生命身体への危険をもたらすことにもつながる可能性がある。SNS上の情報流出は，完全に回収される（消される）ことがないためデジタルタトゥー（電子刺青）とも呼ばれている。SNSに上げられた学生の過去の素行が，就職活動に影響を及ぼす可能性があることに気づかない学生もいるため，SNSの使用については頻繁に注意を促す必要がある。

5-5　学生指導関連業務⑵：学生の薬物乱用対応

　警視庁が発表した「平成28年における組織犯罪の情勢（確定値版）」（2017: 46-51）によると，2012年から2016年における覚せい剤，大麻，麻薬および向精神薬剤，あへん事犯における総検挙件数は，それぞれ19,116件，18,191件，18,378件，19,463件，19,453件である。

　このうち，覚せい剤事犯における大学生の検挙人数は，上記の期間にそれぞれ18人，22人，11人，18人，8人となっており，減少傾向にあるとしている。しかし，その一方で大麻事犯による大学生の検挙件数は，それぞれ23人，23人，27人，31人，40人と増加傾向にあるとも報告している。つまり，これら両事犯を合わせると毎年40～50名程度の大学生がこうした事件のため逮捕されていることになる。

　大学生が関与した薬物事犯の検挙数は全体からすると大きな割合を占めるものではない。しかし，全国にわずか780校程度しかない大学における学生の検挙数であることを考えると深刻な問題であると判断すべきである。

　薬物乱用による肉体的・精神的被害は深刻で，学業の継続が困難になるばかりでなく，社会人になってからも依存症に苦しむことにもなるため，本人だけでなく家族や周囲の人間の社会生活までも一変させることになる。

　こうした事態を受け，文科省は啓発用パンフレットを公開し，学生の薬物被

害を抑制しようと努めている。それと同時に，大学では学生へのオリエンテーション等の機会を利用し，薬物の危険性についての説明を所轄の警察署からの指導で実施しているケースもある。

　しかし，外部からの支援の有無にかかわらず，学年の担当教員，ゼミ指導教員等はこうした薬物事案に敏感になっておくべきであろう。特に医歯薬系学部やその他の理系学部では部局内の実験室等に薬品が保管されており，学生は薬物にアクセスする機会が多い。そのため，教員の指導が不可欠となる。外国語教員の大半は薬物やメンタルヘルスの専門家ではないため，啓蒙運動以外にできることは限られているが，こうした事案に対応するための人的リソースが学内のどこにあるのかについて理解しておく必要がある。

　大学のグローバル化を受け，近年では海外からの留学生を積極的に受け入れる大学も増えている。そうした事情もあり，留学生による麻薬事件も発生している。最近では東北大学の留学生6人が麻薬取締法違反（譲り受け）の疑いで逮捕された（『朝日新聞』「東北大留学生6人逮捕　コカイン譲り受けた疑い」2018年1月30日付）。立命館大学でも留学生が麻薬取締法違反（所持）の疑いで逮捕されている（同紙「麻薬所持した疑い，ロシア留学生逮捕」2017年6月20日付）。こうした学生への対応は，言葉の問題もあるため外国語教員の支援も必要になる。

　最近の10代若者の傾向として，違法薬物の代替品として咳止め等の市販薬を大量に摂取することも報道されている（『毎日新聞』「市販薬乱用の10代が急増　危険ドラッグ取り締まり強化の影響か」2019年9月16日付）。

5-6　学生指導関連業務(3)：飲酒問題対応

　大学生の急性アルコール中毒による死亡事故のニュースが後を絶たない。イッキ飲みで子どもを亡くした保護者が中心に作った「イッキ飲み防止連絡協議会」は，2016年に全国のアルコールハラスメント（アルハラ）に関するアンケート結果「イッキ飲み防止キャンペーンアルハラWEBアンケート2016年度集計」をWEB上に掲載した。アンケートには高知県を除く全国46都道府県の大学生から519件の有効回答が寄せられた。

●コラム23　イッキ飲み防止連絡協議会

　イッキ飲み防止連絡協議会サイトには「イッキ飲ませで失われた若い命」というページがある。そこには若くして急性アルコール中毒で亡くなった尊い11名の命がどのように消えてしまったのか掲載されている。紹介されている記事の1つひとつが痛ましく，飲酒事故の怖さを物語っている。
　イッキ飲み防止連絡協議会は公的な組織ではないが，大学教員もご覧になることをお勧めする。もしクラブやサークルの顧問をご担当されている場合は，学生たちにもご紹介していただきたいと願う。イッキ飲み防止連絡協議会に関する情報はFacebook®やTwitter®で検索し，閲覧できる。

　その結果によると，「1年以内にアルハラ被害にあったことがあるか」という質問に対して「ある」と答えた人数は132人で全体の約25％にも上った。また，アルハラ被害にあった会合の種類として最も多かったのは，クラブやサークル活動での飲み会で188人（複数回答可），2位は友達との飲み会の72人であった。1位と2位の差は歴然としており，これまで過去に発生した学生による急性アルコール中毒の発生状況と全く変わっていないことが分かる。

　そして「アルハラを断ることができるか」という質問に，「断れない」と回答した者が157人と全体の約30％にも上った。クラスやサークルの上級生からのプレッシャーは社会人が想像する以上に大きい。特に新入生は大学生活に慣れておらず，上級生の言葉に抗う術を持たないからである。そうした学生は自身が未成年であり，未成年者の飲酒は法律で禁止されていると理解しているはずだが，飲酒してしまうケースが後を絶たない。加えて，これまで飲酒経験がないため，自身にとって危険な飲酒量がどれくらいなのかについて無知な者も多い。

　こうしたことから大学関係者は，特に4月は危険な月であるということをよく承知しており，学生へのオリエンテーションでも必ず飲酒の危険性について説明している。しかし，いざ飲み会が始まると説明された情報が活かされない。

　かつては大学教員が進んで未成年の学生にお酒を勧める場合もあったが，今日ではそうしたことはいかなる理由であろうとも許されない。もしクラブやサ

ークルの顧問であるならば，学生のアルコールの摂取について特に注意を払う必要がある。

5-7　学生の繊細な対人関係への理解

　学生たちの中には修学上の問題や経済的な問題以外に対人関係で悩む者も多い。JASSOが実施した「大学等における学生支援の取組状況に関する調査（平成29年度）」（対象大学782校，回答大学数763校）によると，その2年前の2015年度の同調査に比べ「学生の悩み等」で増えた項目の1つとして37％の大学が，学生の対人関係問題が増えたと回答している。これは「修学上の問題」（37.5％）に次いで2番目に高い増加率であった。設置機関別では，43.0％の国立大学，30.7％の公立大学，37.0％の私立大学が，対人関係問題が増加していると回答している。設置機関の違いに関わりなく，**第4章4-8「コミュニケーション能力を重視する若者たち」**でも述べたように他者との付き合い方に悩む学生がいる。

　以前にマスコミで取り上げられた「便所めし」もその現象の1つであろう。「便所めし」とは文字通り，学生がトイレにこもって1人で昼食を取るというものである。社会人にとってトイレは不浄の場所であり，食欲が湧く場所とはいい難い。しかし，今日の大学のトイレは非常にきれいになっている。中には高級ホテル並みのトイレもあり，快適に過ごせる空間となっているため，トイレで昼食を取ることにさほど抵抗がないのかもしれない。

　では，なぜトイレでご飯を食べるのかといえば，「ぼっちごはん」をみられたくないという心理が働いているようである。「ぼっちごはん」とは，独りぼっちのごはんという意味である。友人がいない学生は，「痛い学生」であると解釈されるため，そうした姿を他の学生にみられたくないという心理が働いている。

　心理学者のアロン（Aron, 2017）は，他者に対して繊細すぎるほど細やかな配慮ができる一方，周囲からの何気ない言葉や反応に傷つきやすい人のことをHighly Sensitive Person（HSP）と定義している。同氏によると，これは病気に

よるものではなく生まれ持った気質によるものである。教員が複数の学生に対し同じように注意しても，学生によっては受け止め方が異なることは多くの教員が経験していることであろう。精神疾患者ではないが，周囲へうまく溶け込めない学生の場合，こうした気質の持ち主であるかもしれない。その場合，保護者，カウンセラー，事務局（特に教務・学生担当課）と協力し，学生へ対応することが望ましい。

5-8　危機管理意識とコンプライアンス

　これまで説明してきたように，大学教員を取り巻く労働環境は厳しさを増すばかりである。かつての大学教員のように自身の研究だけ考えていればよい時代ではもはやなくなっている。

　それでは，大学教員はどのような社会的リスクにさらされているのだろうか。**図表5-5**は2016年に日本私立大学協会が大学とそこに働く教職員が今日直面している危険因子を図で表現し，まとめたものである。重要度を縦軸に，発生頻度を横軸に表し，どのような危機事象を認識しておかなければならないのか一目で分かるように工夫されている。同図表からも分かるように，大学や教職員が直面している危機事象は多種多様であり，どの事象によっても被害者にも加害者にもなりうる危険性がある。一旦，大学の不祥事がマスコミ等に報道されると，その名は全国に広まり，受験生，在学生，在学生の保護者，地域住民等からの信用を失ってしまう。

　教員が大学や社会に対して加害者になる典型的な問題の1つが研究費の不正利用である。不正利用を防ぐためには，教員自身のモラルに頼るだけでなく，啓発意識を高めるためのプログラムを利用している大学もある。例えば，一般財団法人公正研究推進協会（APRIN／エイプリン）が提供する「APRIN eラーニングプログラム（eAPRIN）」（イー・エイプリン）というプログラムである。同プログラムでは，日本語と英語の2言語で教材が提供されており，研究者の母語を問わず，重要ポイントをレッスン形式で学習できるように工夫されている。

　レッスン内容は，例えば「責任ある研究行為について」，「研究における不正

図表5-5 大学と教職員が直面する今日の危機事象

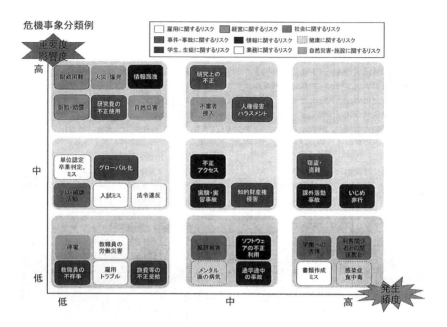

（出典） 日本私立大学協会「戦略的な危機管理体制の整備に向けて——私立大学危機管理ハンドブック——（第2版）」（2016年）10頁より転載。

行為」，「公的研究費の取り扱い」，「盗用」，「オーサーシップ」等，多岐にわたっている。各レッスンの最後には確認テストが用意されており，その採点結果は，受講者に瞬時に表示される。また，誤答についての解説も付されているため，研究者としての行動規範について自ら理解を深めることに役立つものと考えられる。

研究や学内業務で多忙ではあるものの，今日の教員は危機管理に対する高い意識が求められている。危機管理への意識は自身が所属する組織のブランド・クライシスを回避させるためだけではない。それは教員自身の身を守るためでもあり，さらには自身に付加価値を付ける方策でもあることを理解しておく必要がある。

●コラム24 「いまさら博士になっても」といわれるが

第1章「1-1 大学ビッグバン」で述べたように，大学院生の数は1990年から2018年までの30年近くの間に2.5倍にも増加している。こうした世情を受け，『朝日新聞』の記事（「変わりゆく『博士』事情」2018年4月23日付）は博士号を「足の裏の米粒」と揶揄している。その心は，「取らないと気持ち悪いが，取ったところで食べられない」という見立てらしい。いいえて妙である。

しかしそれにもかかわらず，人文社会科学系で博士の学位を取得することは今日でもいまだ容易でない。中央教育審議会大学院部会分科会・大学院分科会第87回資料「大学院教育の在り方についての論点（図16）」によると，2016年度現在，人文社会科学系の課程博士において標準修業年で博士号を授与された者の割合はわずか27.6%でしかない。標準修業年限後1年以内を含めても41%と狭き門である。

今では社会経験を経て博士後期課程に入学してくる者もいるが，仮に大学入試，大学院入試で浪人経験をせず，また博士前期・後期課程も最短で終えた場合でも，学位を取得する頃にはすでに27歳になっている。しかし，27歳という若さで博士号を取得できるケースは人文社会科学系ではまれである。そのため，一部の教員間ではこうしたケースに該当する人をストレート・ドクターと呼んでいる。この言葉は英語母語話者には分かりづらい表現ではあるが，日本人には感覚的に理解しやすいであろう。

人文社会科学系で博士号を取得する頃には30歳を超える場合が多い。それでも博士号を取得できた者は幸運であろう。博士号が取れずじまいの者もいれば，取得できたとしても大学での就職口がない者も多くいる。また，年齢を重ねた人文社会科学系の博士号取得者を好意的に迎える企業は少ない。このように，人文社会科学系の大学院生は人生でのリスクを取りながら研究することになる。

これとは対照的なのが，理系分野である。課程博士の学位を標準修業年（あるいは標準修業年よりも早期）で授与された者の割合は，理学70.1%，工学70.4 %，農学69.5%となっている。これに標準修業年限後1年以内の授与者を含めれば，それぞれ85.5%，85.6 %，87％となる。理系の場合，博士後期課程に入学できた時点で博士号の取得はほぼ手に入れたと考えてもよい数字である。

「足の裏の米粒」ほどの価値しかないと揶揄される博士号であるが，人文社会科学系の学生にとっては博士号取得までの道のりはいまだに容易ではない。

5-9 教育力と研究能力

外国語教員を含む大学教員は，通常，教育と研究の両方において成果を出すことが期待されている。しかし，当の本人はどう考えているのだろうか。おそらく今でも多くの教員は研究こそが最も重要な仕事と考えているのではないか。

調査データとしては古くなるが，有本・江原（1996：60）はカーネギー財団による大学教授職に就く教員の国際的な意識調査の比較において，日本の大学教員の意識調査を発表している。それによると，日本の教員は，オランダ，スウェーデン，ドイツ，イスラエルと並び，教育活動よりも研究活動に強い関心を寄せており，「自分の望んでいる以上に研究しなければならないと脅迫観念を抱いている大学教員も多く存在している」と指摘している。

読売新聞教育取材班が著した『教育ルネサンス　大学の実力』（2009: 332）によると，FD（Faculty Development）推進の主要な阻害要因の1つとして「教育業績よりも研究業績重視という風土が社会全体にある」と回答した教員が回答者全体の3割に上っている。あるいは「教育改革の必要性や危機感がない」「現状を変えたくないと考える教員が多い」も2割もいると報告している（いずれも複数回答可）。

日本の大学教員は研究活動を強く意識せざるをえないのかもしれない。いわゆるフンボルト理念¹⁾と呼ばれる思想が大学教員間で共有されているだけでなく，教員採用選考あるいは昇任人事の際に最も重要なファクターとして研究業績が挙げられているからである。それは大学設置基準が以下のように変わった今日においても同様である。

> 教授の資格　第14条（1999年度）
>
> 　教授となることのできる者は，次の各号の一に該当し，<u>教育研究上の能力</u>があると認められる者とする。（下線筆者）（以下省略）

---

1)　フンボルト理念については潮木守一を挙げなければならない。同氏はフンボルト理念を私立大学協会が発行する『アルカディア学報（教育学術新聞掲載コラム）』の中で次のように説明している。

　　　フンボルト理念の中核は研究中心主義にある。つまり，大学は教育の場である以上に研究の場であるという考え方は，このフンボルトから始まった。これがドイツばかりでなく，世界の大学を変えた。（No.246「『フンボルト理念』とは神話だったのか？——自己理解の"進歩"と"後退"」2006年6月）

　こうした思想のもと，日本の大学では研究を通じて教育を行うことの正当性が強調されてきたと考えられる。

教授の資格　第14条（2001年度以降）

　教授となることのできる者は，次のいずれかに該当し，かつ，<u>大学</u>
<u>における教育を担当するにふさわしい教育上の能力</u>を有すると認めら
れる者とする。（下線筆者）（以下省略）

　これら2つを比べて分かるように，2001年以降では，14条から「研究」とい
う言葉が削除されている。大学教授になるには研究能力は絶対不可欠な要素と
して含まれなくなっている。その一方で，「教育」という言葉は残されている。
したがって，敢えて極論的に解釈すれば，「教育をする力」こそが最も教授に
求められている実力だということになる。これにより，今日の大学教員の本務
は教育であることが理解できるあろう。同文言は准教授や講師等についても使
用されている。

　企業から即戦力を大学に求める動きや，経済のグローバル化による産業構造
の劇的な変化，あるいは高騰する授業料に対して高い見返りを求める保護者な
ど，さまざまな要因が重なり，大学教員としての力量が研究から教育へとシフ
トする動向の中で大学設置基準も変化をみせている。

　しかし，前述したように研究を推し進めることへの教員に対するプレッシャ
ーは実在する。それどころか，日本の大学教員は研究力が落ちているとさえ批
判され，研究により力を入れるよう二律背反とも解釈できる暗黙の力が教員に
働いている。

　ただし，外国語教員の場合は，若干事情が異なる。外国語学教員の中には元
通訳者や翻訳者など研究論文は持たないが「言語使用」の専門家としての実績
によって教授として採用される事例がこれまで以上に出現している。大学業界
では「実践的な外国語教育」の中身が明確に定義されないまま今日に至ってい
るが，外国語の4技能（聞く，読む，話す，書く）に長けた指導者に研究をさせる
ことが本当に必要なのかを大学業界は再確認しなければならない。

　また，専門職大学においても研究業績に力を入れない現象が今後発生する可
能性がある。専門職大学は，従来の大学とは異なる設置基準で設けられている

からである。専門職大学での専任教員の資格は「専門職大学設置基準」第36条によると，次のように定められている。

　　おおむね四割以上は，専攻分野におけるおおむね五年以上の実務の経験を有
　　し，かつ，高度の実務の能力を有する者

　従来の大学のように「教育」と「研究」が一体となった表現ではなく，「教育」と「職業」がキーワードとして強調されていることに留意が必要である。専門職大学ではその性質上，研究能力をほとんど考慮せず大学教員を採用することも可能である。今後こうした専門職大学で教壇に立つ外国語教員も存在するであろう。研究能力がなければ大学教員ではないという意識にも変化の兆しがみられるようになるかもしれない。

5-10　外部競争資金

　毎年10月のニュースで注目を集めるのがノーベル賞の発表である。大学関係者だけでなく，多くの人が受賞の瞬間を見守る。
　近年では，2010年の鈴木章，根岸英一，2012年の山中伸弥，2014年の赤崎勇，天野浩，中村修二，2015年の大村智，梶田隆章，2016年の大隅良典，2018年の本庶佑，そして2019年の吉野彰と日本人が理系分野で多くの偉業を成し遂げている。
　こうした受賞歴から日本の研究者のレベルの高さはこれからも続くと思われがちだが，研究者の多くは将来に楽観的ではない。特に基礎研究と呼ばれる領域に従事する研究者からの不満は大きい。目にみえる形で社会に役立つ応用研究は評価される一方，研究が社会にもたらす恩恵がすぐに出にくい，あるいは分かりにくい基礎研究には研究資金が回りにくい現状に対しノーベル受賞者たちも警鐘を鳴らしている（『毎日新聞』「走り続けて基礎研究，環境厳しく増えぬ国からの費用助成」2017年9月14日付）。また，2016年10月31日には，「国立大学法人理学部長会議声明──未来への投資──」という声明文を全国34人の国立

大学理学部長が発表し，(1)基礎科学への理解と推進への支援，(2)運営費交付金等のこれ以上の削減の中止，(3)教員数の維持の3点を求めている。

　このように理系学部，特に基礎研究分野の研究者たちの惨状はマスコミの報道によって周知されつつあるが，研究費にまつわる国立大学の問題は理系教員だけの問題ではない。新潟大学現代社会文化研究科准教授の平野 (2016: 165) は，同大学における英語教育プログラムにも参画している教員であるが，地方国立大学の現状の一例として新潟大学での個人研究費がどのように減っていったのかを説明している。

　同氏によると，大学が独法化されるまでは個人研究費に加え旅費を別途請求できたとのことである。しかし，2004年度の独法化以降は会計制度が変わったことで，旅費という勘定科目が廃止され，それによって学会出張等に支障をきたすようになったと述べている。2011年度には基盤研究経費15万円と基盤教育経費15万円の計30万円があったとのことであるが，国立大学への運営費交付金等の削減は徐々に教員への経費配分に影響し始め，2015年度にはその額が30万円から10万円となり，2016年度には「高校生の小遣い並みの3万円」まで激減したと説明している。

　実験系の理系教員ほど経費が必要でないといわれる文系教員でも，大学から支給される年間の活動費がわずか3万円では研究活動が継続できないことは明らかである。人文社会科学系教員の場合，理系教員の研究内容よりもいっそう社会の関心は低くなる。また，企業からの支援も限られている。そのため，今日の人文社会科学系教員が資金を得るためには，研究内容の見せ方への工夫も求められると考えるべきではないだろうか。

　このことを磯田道史の例で考えてみよう。同氏は『武士の家計簿』の著者として知られている。社会が抱く武士のイメージは，武士道や封建主義といった堅苦しいイメージなのだが，磯田は自身の専門分野の視点からこれまでと異なる切り口で武士の姿を描いている。ただし，磯田は作家ではない。日本文化を研究する機関としては最高峰の1つである国際日本文化研究センター（日文研）の教授であり，日本近世・近代史・社会経済史の専門家である。

　磯田の研究そのものは必ずしも現代日本人の興味を引くものではないかもし

れない。しかし，研究成果の見せ方の1つとして江戸時代の武士の懐事情を分かりやすく一般人に紹介したところに斬新さがある。ご本人が自身の研究の一部をそのように紹介しようとしたか，あるいは第3者のアドバイスによるものだったかは定かでないが，外国語教員を含めた人文社会科学系教員も研究成果の見せ方によっては社会の注目度を高められるという好例なのではないだろうか。

　研究は見世物ではない。しかし，どのような形であれ，社会に還元してこその研究である。特に外国語教育に従事する教員の場合は，研究を通して得た知見を還元しやすい領域だと考えられる。研究のための研究ではなく，社会に還元できる研究を目指すことによって外部からの資金調達も期待できるのではないだろうか。

5-11　CAN-DO リスト

　今日の大学ではシラバスをしっかり作ることが授業を担当する前提となっている。シラバスとは講義概要や成績評価の基準等を明記する目的で作成される簡易情報である。シラバス作成の義務化は2008年度から始まっており，すでに10年以上が経過している。[2)]

　シラバス作成の義務化は，大学の設置基準大綱化とも関連する事柄であるが，それまでは教員が自身の興味のあるがままに授業を進めていた。それを改めさせ，学生の視点で，かつ部局内の教育目標との関連性を持たせる意味も含め，シラバスを作成することが求められている。したがって，ナンバリング制度もシラバス作成と深い関係にある。

　これまでのシラバスは，教える内容・教授方法といった外形的な手続きに重点が置かれてきたのであるが，近年ではこれらに加え，当該講義を通してどのようなことができるようになるのかといった学修成果まで盛り込まれるようになってきた。この学修成果一覧はCAN-DOリストと呼ばれる。このように，

---

2)　大学院でのシラバス作成の義務化は，それよりも1年早い2007（平成19）年度から始まった。

シラバスは教える側の理論に立脚したものから学修者の利益に重きを置いたものへと変化を遂げてきた。

　当該科目の受講後に学生は何ができるようになるのかといった詳細までシラバスで説明しなければならないことは，大学教員にとってハードルの高い作業となる。なぜならば，学修は本来主体的に行われるべきものであり，必ずしも教員が学修者の学修到達度まで担保できないからである。

　こうした事情もあり，外国語を教える教員はCAN-DOリストに特に敏感になることが期待されている。それはまた世界的に広がりをみせる**図表5-6**のCEFR (Common European Framework of Reference for Language) との関係性においても語られている。

　CEFRはその正式名称から分かるように欧州圏内での外国語のコミュニケーション能力を示す基準として作られたものである。しかし，現在では日本語，英語，仏語，ドイツ語等を含む多くの言語がこの基準を参照しており，国際基準となっている。[3] 同図表が示すようにコミュニケーション能力は初心者レベルのA1からネイティブ話者に近いC2までの6段階評価で表示される。またCEFRは知識量を測ることを目的としておらず，実際にどれくらい「読む」「書く」「聞く」「話す」ことができるのかを示す技能基準である点に特徴がある。

　日本の大学での外国語教育においてもCEFRを基準として学修到達度を考える傾向が強まっている。特に英語教育ではその傾向が顕著である。近年では授業で使用されるテキストにもCEFRでどのレベルに相当するかを記載することが一般的になりつつある。

---

3)　北米ではACTFL (American Council on Teaching of Foreign Languages：全米外国語教育協会) が主催するOPI® (The Oral Proficiency Interview®)，OPIc® (The Oral Proficiency Interview‐computer®)，RPT® (ACTFL Reading Proficiency Test®)，WPT® (ACTFL Writing Proficiency Test®) 等も言語運用能力を測る指標として利用されている。

図表5-6　CEFRと英語の資格・検定試験（2018年3月現在）

CEFR	ケンブリッジ英語検定	実用英語技能検定 1級-3級	GTEC Advanced Basic Core CBT	IELTS	TEAP	TEAP CBT	TOEFL iBT	TOEIC L&R/ TOEIC S&W
C2	230–200 (230) (210) C2 Proficiency	各級CEFR算出範囲	各試験CEFR算出範囲	9.0–8.5				
C1	199–180 (190) C1 Advanced (180)	3299–2600 (3299) 2630 1級	1400–1350 (1400)	8.0–7.0	400–375	800	120–95	1990–1845
B2	179–160 (170) B2 First / for Schools (160)	2599–2300 (2599) 2304 準1級 (2304)	1349–1190 (1280)	6.5–5.5	374–309	795–600	94–72	1840–1560
B1	159–140 (150) B1 Preliminary / for Schools (140)	2299–1950 (2299) 1980 2級 (1980)	1189–960 (1080) CBT	5.0–4.0	308–225	595–420	71–42	1555–1150
A2	139–120 A2 Key / for Schools (120)	1949–1700 (1949) 1728 準2級 (1728)	959–690 (840) Advanced		224–135	415–235		1145–625
A1	119–100 各試験CEFR算出範囲 (100)	1699–1400 (1699) 1456 3級 (1400)	689–270 Core Basic (270)					620–320

（出典）　文部科学省「各資格・検定試験とCEFRとの対照表」より転載。

5-12　外国語教員の専門外業務

　外国語教員の主たる業務が外国語を教えることであることは自明の理であるが，所属する部局等によって従事しなければならないその他の業務内容は異なる。ここでは，当該外国語科目の担当以外に期待されるユニークな業務を若干挙げておきたい。

　1つは乗船業務である。これは関東地区のある大学が英語教員の公募情報に記載した業務内容の一部である。そこには，教養科目としての英語や学部の専門英語以外に練習船に学生と同乗し，安全運航に必要な英語を教えることが業務の一部として挙げられている。外国語を教える場所は教室しかないという既成概念を持ってはならない一例である。

　また，薬学部所属の外国語教員の場合，学生のインターンシップ先に打ち合せのために出掛けなければならない場合もある。薬剤についての知識を持ち合わせなければ，薬局や病院での打ち合わせができないため，外国語教員も病院・調剤薬局・薬剤等の基礎知識が求められる。

　乗船業務や病院実習等での付き添い業務は外国語とは全く関係ない事柄であるが，正規雇用教員として大学で働く場合，外国語を教える教員であると同時に，当該部局の一員であるという自覚が求められる。

　あるいは，教員が担当する主たる外国語以外の言語についても，科目担当が求められることがある。英語とフランス語，ドイツ語と英語，留学生対象の日本語と日本人学生対象の英語等，大学で担当する外国語を複数教えることが採用条件となっていることがその典型例である。大学の人事計画や予算配分の問題等で複数の教員の雇用が難しい場合にこうした公募が出現することがある。多くの外国語教員は大学院時代まで専攻言語以外の外国語を学修しているはずであるが，複数言語において学生に指導できるレベルまで修得している教員はどの程度存在するのであろうか。

　公募情報の中には外国語の指定が明確でないケースも見受けられる。担当科目が南アジア・南アジアの諸言語等と記載されている公募がその例である。具体的にどの言語という指定はなく，あるいは何カ国語を教えなければならない

のかについても詳細は記載されていないわけであるが，日本では学修の機会が限定された言語であるため，応募資格に該当する候補者は限定的であろう。

5-13　学修者としての留学生・社会人

　これまでのように18歳の新入生を確保できなくなる大学は，今後どのようにして収容定員数を満たすことができるのであろうか。その問いに対する現時点での選択肢は2つしかない。1つは留学生による補填であり，もう1つは社会人や定年退職者によるものである。もしこれらの選択肢のいずれか（あるいは両方）を選択しなければ，大学の規模を縮小せざるをえないであろう。

　留学生を迎えるには学生寮の完備や奨学金の充実等に多額の費用となる。また，入国までの手続や生活への手助けなどの手間がかかる。大学経営という視点でみれば，留学生の受け入れは容易ではないということになる。

　また，教学面では論文指導のため，日本人学生以上に時間を割かなければならない。日本留学試験で高得点を取り入学する留学生とはいえ，英語での論文指導が可能な場合は別として，日本語での指導では留学生への支援が必要となる。

　教学以外の問題としては，対人関係問題，経済的な問題，健康上の問題に対処しなければならないことがある。特に日本語担当教員は，日本語の指導だけでなく，カウンセラーとしての役割も担うことになる。

　しかし，大学はこうした課題やリスクを抱えながらも留学生の受け入れをせずにはいられない。受験生確保が目的の場合もあるが，それ以外のメリットも考えられる。1つは優秀な学生の確保である。人口減少が続く中，収容定員を確保するだけでなく，学生の質を一定以上保つあるいは向上させるには，優秀な留学生は不可欠である。それはまた他の在学生たちの活力を刺激することにもつながる。1人の留学生が研究室に入ってくるだけで雰囲気が変わることを経験者であれば理解できるであろう。

　それでは，現役の企業人や退職後の高齢者への勧誘はどうであろうか。その一例として高齢者を例に考えてみよう。総務省統計局が発表した「1. 高齢者

●コラム 25　留学生の信仰

　ハラル・ジャパン協会のホームページによると，アジア圏においても多くのイスラム教徒が暮らしている。インドネシア（約2.1億人），パキスタン（約1.9億人），インド（約1.6億人），バングラデッシュ（約1.5億人），中国（約2,200万人），マレーシア（約2,000万人）等がその例である。また，同協会によると，日本にも約20万人のイスラム教徒が暮らしている。

　日本の大学においてもイスラム教圏からの留学生が増加している。これに対し，例えばキリスト教の教義を前面に出している上智大学においてもイスラム教徒への配慮のためハラルフードの提供をしているという状況である。また，国立大学の中には金沢大学のように祈りのスペースやウドゥ用施設を設ける大学もある。同様の措置が他の宗教を信仰する留学生に対しても求められる。

　日本で暮らす限りは日本の文化や生活スタイルへの順応も期待されるが，留学生が持つ信仰へは敬意を払うべきであり，対応には慎重さが求められる。

の人口」（2020年度現在）によると，65歳以上の高齢者人口は日本全体の約29％を占めるに至っている。今後はさらに高齢者の割合が高くなり，30％台で高止まりすると予測されている。

　内閣府がまとめた「平成29年度版高齢社会白書」によると，世帯主が60歳では貯蓄残高の中央値が約1,600万円であるのに対し，全世帯の中央値は1,054万円と報告されている。高齢者の場合，留学生と異なり，経済的支援や法律上の煩雑な手続きは不要である。また，学修意欲が高いことも期待できる。さらに，今後の高齢者は現役時代にPCに親しんできた世代へと変化していく。したがって，通学が困難な高齢者であっても，オンライン授業は十分に可能なはずである。しかし，教員と同年齢あるいは高い年齢層の学生を教えるには，これまで以上に神経を使うことになる。特に外国語科目に関しては，教員よりも海外経験の豊富な学生が出現する可能性もある。学生の健康面への配慮も必要になる。

　留学生を受け入れる場合，あるいは現役社会人・高齢者を受け入れる場合，もしくはその両方を併用したいずれの場合でも，現状とは大きく異なる教育研究環境に次世代の教員は直面することになる。

5-14　AIと外国語教員

オックスフォード大学のフレイとオズボーン（2013: 38）は "The Future of Employment: How Susceptible Are Jobs to Computerisation?" という working paper の中で，2010年現在と比べた場合，今後10〜20年以内にアメリカで確認されている職業のうち約47％がコンピュータに取って代わられる危機にさらされていると報告している。

同報告でさらに重要なのは，コンピュータが対応する職業はすでに人類が経験したロボットによる単純肉体労働作業の代替ではなく，ルーティン化が困難な職種まで代替できると指摘している点である。そのため，知的労働者もまた人口知能（AI）を搭載したロボットによって失職してしまう可能性があると指摘している。

野村総合研究所（2015: 1-2）は前述したイギリスの研究者2名が同じ調査方法で日本の将来をシミュレーションし，その結果を2015年に公開している。それによると，日本で調査した601の業種のうち代替が可能なのは49％であると試算している，これは同研究者たちがイギリスおよびアメリカを対象にした予想よりも高い数値である（イギリス32%，アメリカ47%）。

それでは，知的労働者でもある外国語教員の場合はどうであろうか。これまでの外国語教員は，学修者に文法を教え，語彙を説明し，そして発音の練習を促し，外国語でのコミュニケーションスキル向上のファシリテーターとなることや，特定の語学テストのノウハウを教えたりすることに余念がなかった。

しかし，こうした作業は知的作業ではあるがルーティン化しやすい作業でもある。そのため，やがてAIのほうが効率よく学修者の相手になれる日が来るかもしれない。それは日本語を母語とする教員だけでなく，いわゆるネイティブ教員と称せられる教員も不要になることを意味する。何度同じ質問を尋ねられても，機械は疲れることはない。学修者が満足いくまで機械は教授する。

かつての大学教員は海外を視察することで，日本国内では得られない知識や知見を獲得し，そうした情報を持たない学修者に提供することで自身の価値を高めていた。しかし，今日ではネット上であらゆる情報の取得が可能となって

いる。AIはそれらの情報をさらに峻別し、学修者に必要な世界の情報をリアルタイムで提供できる。つまり、情報の提供者としての教員の役割は減少していくと考えられる。

　それでは、こうした時代に生きる外国語教員に残された需要はどこにあるのだろうか。そのヒントとなるのは、e-learning教材に対する学生たちの反応である。一見すると、e-learning教材も便利な教材のように思われる。学修者自身が何度も同じ手順で作業しなければならないという問題はあるが、何度同じことを質問しても丁寧に説明してくれ、情報も正確に伝えてくれる。

　しかし、学生の反応は決して良いわけではない。その理由は退屈だからである。むしろe-learning教材を利用することに対し苦痛を感じている学修者さえもいる。それは、そうした教材は決して間違わないプログラムだからである。

　スポーツを例に取ると分かりやすいであろう。プロスポーツでので審判作業をすべて機械化すべきだという世論は現在のところ確認できない。ゲームの面白さの要素として正確さも重要であるが、それ以上に人による判断が予想不能な展開を引き起こし、結果的にゲームを面白くすると人間は考えるからである。ミスを犯さないAIが、人間が好むようなミスを故意に起こす日が来れば話は別であるが、それまで人間は不完全な人間と対話をすることに面白さを感じ続けるであろう。

　将来に期待される外国語教員とは、単なる情報の提供者ではなく、学習の困難さに共感できる生きた教材としての役割を果たし、他者との関わりによって知識が「社会的に意味を作る」ことを学修者に理解させることができる教員である。

第6章

教員の雇用環境

6-1　変化する大学教員のキャリアパス

　日本における戦後の雇用は，終身雇用，年功序列，企業別組合等を長らく特徴としていた。これらの恩恵により就労に安定感が増し加えられた。しかし，今日の雇用状況は一変している。

　バブル経済が崩壊した1991年以降は，企業のグローバル化による他国との競争ともあいまって，リストラを含めた人件費の削減が加速し，日本的雇用慣行は減退した。その結果，**図表6-1**が示すように，不足する人材を埋める方法として非正規雇用職のポジションが社会で増加した。

　それでは，大学の世界はどうだったであろうか。独法化以前の国公立大学では定年退職年齢が現在の65歳よりも低かったものの，退職後の私立大学への移籍も比較的スムーズに実現されていた。特に銘柄国立大学を「退官」した教授は，行き先に困らないとまでいわれていた。

　一方，私立大学では退職年齢は高かった。これには2つの理由があった。1つは退職年齢を高く設定することで，国公立大学を退官した教員を獲得できるということである。もう1つは国公立大学にはないメリット，つまりより長く働けるという点を強調し，優秀な若手教員をリクルートするという理由である。かつての私立大学の中には退職年齢を設けない大学もあった。これは海外のテニュアポジションと実質的に同じ待遇を与えていたことになる。

　しかし，1990年代に始まった大学・学部等の設置基準の緩和の時期から就職状況に変化が現れた。設置基準の緩和により大学数が急増するにつれ，私立大学に勤める専任の教員数もそれに比例して急増した。そのため，国立大学を

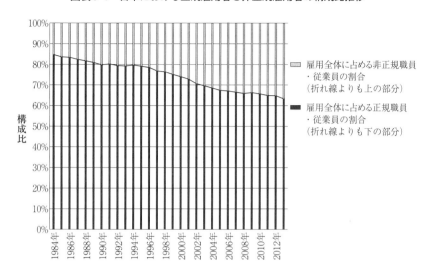

図表6-1　日本における正規雇用者と非正規雇用者の構成比推移

（出典）　厚生労働省「雇用形態別雇用者の推移と近年の特徴」労働市場分析レポート第47号中の
　　　　　表1「雇用形態別雇用者の推移」をもとに筆者作成。

退職後に私立大学で再就職するというこれまでのシナリオが成立しにくくなっ
た。

　また，私立大学ではそれまで事実上のテニュア制度を敷いていた大学も退職
年齢（例えば70歳や68歳等）を設定し，その後は退職年齢がさらに引き下げられ
た。1997年になると特任法（正式名称「大学の教員等の任期に関する法律」）が施行
され，その本来の趣旨とは異なる経営上の理由で任期付の専任教員が増え始め
た。

6-2　雇用形態等からみた大学教員の職名

　大学運営を経営の視点から取り入れる工夫が施されるに従い，従来の職名だ
けで教員を区分することが困難になった。ここでは**図表6-2**を用い，大学で使
用される職名について2つの視点で説明したい。本節で使用する2つの視点と

図表6-2 雇用形態等からみた大学教員の呼称

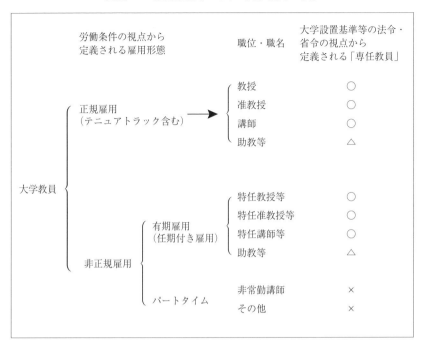

（注）「助教等」の場合は，正規職と非正規職が混在している。

は，労働条件からみた雇用形態と大学設置基準等の法律や省令からみた職名である。

　労働条件の視点からみた職名は大きく2つに分けられる。1つは正規雇用教員であり，もう1つは非正規雇用教員である。

　正規雇用教員とはいわゆる伝統的な「専任教員」を指し，大学設置基準等の法令・省令によって職名が職位とともに定められているポジションである。具体的には教授，准教授，講師等の職位から構成される教員集団である。

　正規雇用教員は，懲戒等の処分で解雇される場合を除き，入職後は任期期間を設けず雇用される。「正規雇用職」を敢えて英語に訳せば"tenured position"になるが，周知のようにアメリカの大学のように退職年齢がないということではないため，定義が完全に一致するものではない。また，日本の大学で

はテニュアトラックも正規雇用教員と定義しているため，この点においてもアメリカの大学とは言葉の意味が異なる[1]。正規雇用教員は学内で定まれている福利厚生もすべて利用可能で，収入も安定している。ただし，教育研究以外にもさまざまな学内業務をこなすことが求められる。

　一方，非正規雇用に関わる職名としては有期雇用職とパートタイム職によってさらに細分される。前者に関わる呼称は大学によって異なる。例えば，有期雇用の教授の場合は特任教授と称されることが多いが，その他にも特定教授，特命教授等の呼称が使われる場合もある。

　これに対し，専任職 (full-time position) の教員か否かという視点は大学設置基準等の法令・省令上で用いられる定義である。同法律等の定義で重要なポイントは，1つの大学に専属し，大学業務に当たる教員か否かである。近年では労働条件としては「任期付」であるが「専任」である非正規雇用職 (non-tenured full-time) の教員も多くみられるようになった。業務内容は正規雇用教員と変わらないものから特定の業務のみに従事する教員までさまざまであるが，原則，当該大学専属の教員となるため外部からは違いが分かりにくい点に特徴がある。

　「任期付」で雇用される専任教員は通常1年ごとの契約教員であり，一定回数まで契約が更新されることが多い。外国語教員の公募における有期雇用では，1年契約で更新は3回あるいは5回までといったケースが目立つのであるが，最近では1年契約ではなく，半年契約やそれよりも更に短い月数での契約更新を行う大学も散見される。

　「任期付」教員の報酬については，正規雇用教員と同等の場合から別の報酬体系で支給されるものまでさまざまである。特に私立大学においては**図表6-2**とは異なる呼称や待遇で採用する場合がある。

　次に非正規雇用職の中でも特に多いパートタイムの職名について説明しておきたい。パートタイム職で雇用される形態には，TA (Teaching Assistant) や

---

1)　文部科学省はテニュアトラックを「公正で透明性の高い選考により採用された若手研究者が，審査を経てより安定的な職を得る前に，任期付の雇用形態で自立した研究者として経験を積むことができる仕組み」と説明している。詳細は文科省HP「科学技術人材育成補助金　テニュアトラック普及・定着事業」を参照のこと。

RA（Research Assistant）も含まれるが，最も代表的なものは非常勤講師の職であろう。通常，非常勤講師は1時間単位で報酬が定められており，雇用契約も半年から1年である場合が多い。ただし，医学部医学科や保健医療関係の学部では医師に講義を依頼することもあるため，1〜数回限りの授業回数で担当することもあり，専攻分野によって雇用期間のイメージは異なる。

　非常勤講師は原則時間給で働くため，業務内容は有期雇用で働く教員よりもさらに限定的であり，外国語教員に限れば授業で外国語を教えること，学生からの質問に回答すること，学修者に学修の助言をすること，そして期末試験等の作成，および成績を付ける等に限られる。

　大学関係者以外の中には，非常勤講師も多くの収入を得ていると考える人もいる。しかし，実際には部外者が想像するほど高収入を得ているわけではない。都市部の大学で非常勤講師として働いている場合でも，1カ月の報酬は約2万数千円から3万数千円であろう。つまり，同じクラスを週1回のペースで月に合計4回教えたとした場合，1回の授業（90分）で得られる報酬は6,000〜9,000円程度となる。

　非常勤講師の労働価値を時間給に換算すると，他の職種でのパートタイムよりも厚遇に思われるかもしれない。しかし，講義を行うためには準備が必要であり，学生に課題を課せば，その採点作業も自宅で行うことになる。複数の大学を同日に移動することもあるため，その時間的ロスも勘案されなければならない。

　さらに，非常勤講師とはいえ大学院まで進学する必要がある場合が多い。このため，大学院を修了するまでにかかる時間と支出を考えれば，決して厚遇を受けているということにはならない。外国語を教える非常勤講師の中には複数の大学を掛け持ち，1週間に20クラスも担当する者もいるが，そうした非常勤講師でも1カ月で得られる収入は40〜50万円程度である。ここから税金や社会保障費等を支払うことになるため，実質的な収入はさらに少なくなる。また，研究費については勤務先の大学から支給されないため，個人での持ち出しとなる。独身であれば十分に生活できるであろうが，扶養家族がいれば過密なスケジュールを組み，多くのクラスを担当しても生活は楽にならない。

最後に職名に関わるその他の事柄に2点述べておきたい。1つは，時折テレビで見かける「客員教授（客員准教授・客員講師）」の肩書である。これらの名称をどのような場合に使うのかについては大学によって状況が異なるが，収入という意味ではあまり魅力はないと一般的にいわれている。非常勤職待遇での処遇もあれば，無報酬のケースもあるなどさまざまである。

　英語圏の大学では客員教授を visiting professor と表現していることから分かるように，「客員」とは原則大学にとって「訪問者」であり「客人」である。客員教授等の場合は大学設置基準等の法律で定められた資格要件を満たす必要はない。

　退職後に別の大学で客員教授等となる教員もいるが，通常の大学教員としてのキャリアパスを持たず就任するケースもある。この場合，大学が当該者を雇うメリットがあると判断すれば，客員教授等の職名で受け入れることになる。例としては，マスコミでの知名度が高く，大学の宣伝効果につながる人材を招き入れるケースが挙げられる。一方，客員教授となる当事者の立場でいえば，たとえ無報酬・薄給であっても社会的に名誉なことであるため引き受けることになる。こうして両者にとって win-win の関係が成り立てば，契約は成立する。

　職名に関わるもう1つの事柄は「名誉教授」についてである。名誉教授は客員教授とは全く異なり，過去に当該大学で正規雇用職に就いていた教授のうち，当該大学に多大なる貢献をした者に贈られる称号である。どのような基準によって定められるかは大学によって異なるが，一般的には長年教授の職位にあって，質の高い研究業績が多数あり，所属した大学・部局等への貢献が認められた者ということになる。

　ただし，名誉教授の場合も経済的なメリットはほとんどあるいは全くない。大学によってその処遇は異なるものの，名誉教授に付与されるものは，例えば，大学の付属図書館の利用，大学のメールアドレスの継続利用，あるいは名誉教授室（ただし，個室ではない）の利用程度に限られている。

6-3　大学教員が消耗される時代(1)

　すでにみたように大学教員は多様な雇用環境に置かれているわけであるが，特に今日では非正規雇用教員（有期雇用・非常勤講師等）の割合が増加傾向にある。

　例えば，岡本・岡本（2015: 6）による調査結果である。当該調査は，日本を代表する研究機関である11の大学（北海道大学，東北大学，筑波大学，東京大学，早稲田大学，慶應義塾大学，東京工業大学，名古屋大学，京都大学，大阪大学，九州大学）での雇用状況を調べている。

　それによると，2007年度では，これら11大学で26,518人の教員が在職していた。そのうち全体の27.2％に当たる7,214名が有期雇用者（任期付教員）であり，残りの72.8％に当たる19,304人が正規雇用教員（ただし，テニュアトラック教員69名を含む）となっていた。ところが，同調査によると，2013年度では，それぞれの割合は39.2％と60.8％になっており，有期雇用職の立場で働く教員の数が12ポイントも上昇したと指摘している。

　なぜ有期雇用職で働く教員が増えたのであろうか。その契機となったのが1997年に施行された「特任法」である。特任法は教員の流動性を高め，教育研究の活性化を図るために作られた法律である。任期を定めることができるのは「①多様な人材の確保が特に求められる教育研究組織に就けるとき，②助教の職に就けるとき，③特定の計画に基づき期間を定めて教育研究を行う職に就けるとき」に限定されるとしている[2]。

　ところが，2004年に国立大学が独法化された後，運営費交付金等が毎年1％程度ずつ削減され，人件費の削減が重要な課題となった。例えば，新潟大学では2016年から概ね2年間を目途に教員人事を凍結すると発表し，新規教員募集や内部昇任を控えるとしている。新潟大学学長の高橋は「教員の給与を減らすわけにはいかないので，退職者の補充を控える形とした。苦渋の選択」と話し

---

　2)　詳細については，一般社団法人国立大学協会経営運営委員会委員長有川節夫が当時の文部科学大臣の平野博文に宛てた要望書「改正労働法の適切な運用に向けた支援について（要望）」（2012年9月19日付）を参照のこと。

ている（『朝日新聞』「新潟大が人事凍結　財政難，昇任等2年間」2006年2月4日付）。

　こうした人事凍結を実施することは今日の大学ではみかけることであるが，人事凍結の代わりに任期付教員を雇用することによって人件費を削減する手法も採られている。特任法の本来の趣旨とは異なる理由，つまり人件費カットのために特任法が利用されているのではないかと考えられるのである。

　蒲田（2012: 57）によると，「特任法」が施行された翌年の1998年時点では任期付教員は非常に少なかったが，10年後の2008年には国立大学で1万4,000人余り，公立大学はで3,000人余り，私立大学では1万8,000人近くの者が任期付教員になっていると説明している。経費削減の手段として「特任法」が利用され，結果的には任期付教員の増加を助長することになったのである。

6-4　大学教員が消耗される時代(2)

　次に非常勤講師への依存状況について俯瞰してみる。**図表6-3**は学校基本調査「大学の学校数，在籍者数，教職員数」中のデータから，国公私立大学の本務教員数と兼務教員数の推移をまとめたものである。当該データ中に使用されている本務教員数の中には正規雇用と有期雇用の教員が含まれているため，それぞれの割合がどう推移しているのか把握できないが，注目すべきは兼務教員数の変化である。

　学校基本調査の手引きによると，兼務者とは「非常勤講師，非常勤（パート）の者，日々雇用の非常勤職員，再任用制度の者（短時間勤務）」と定義されている。その定義を「大学の学校数，在籍者数，教職員数」のデータに当てはめて考えた場合，当該データにおける「兼務教員数」と表現されている数値は，ほぼ非常勤講師の数と理解できる。同図表が示すように，兼務教員数が2007年から本務教員数を上回っている。また，本務教員数を示す実線よりも兼務教員を示す点線のほうが急カーブで伸びていることが分かるであろう。

　本章ですでに説明したように，非常勤講師の処遇は決して良好ではない。非常勤講師の契約期間は通常1年以下であり，出講先の大学のカリキュラムが変更されれば，人員整理の対象になる立場である。改正労働法により，5年を超

図表6-3　大学における本務教員数と兼務教員数の推移

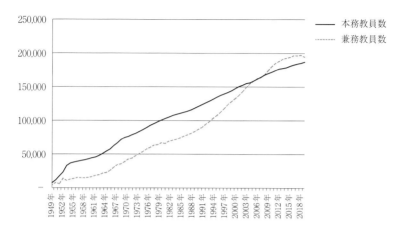

（出典）　文部科学省「学校基本調査年次統計」中の「大学の学校数，在籍者数，教職員数（昭和23
年〜）」をもとに筆者作成。

えて継続的に雇用されている非常勤講師については雇用が守られるようになっ
たが，新規の非常勤講師の募集では，5年未満の契約しか結ばないと予防線を
張る大学も出現しており，改正労働法の副作用も起きている。外国語教育につ
いては，多くの大学が非常勤講師に大きく依存している。非常勤講師がいなけ
れば外国語教育が全く成立しない大学も多いであろう。そのことを考えれば，
非常勤講師を大切にしなければならないことは明白である。

　しかし，学内には非常勤講師よりも更に厳しい立場で教育現場に立つ教員が
いる。それは大学が直接雇用する非常勤講師ではなく，人材サービス会社から
派遣される派遣教員たちである。理系学部ではあまりみられないが，外国語教
員の場合はこうしたケースがまれに発生する。典型的な例は，外国語を母語と
するいわゆるネイティブ教員が不足する場合に人材派遣会社に依頼するケース
である。あるいは卒業要件単位の対象ではない放課後や夏休み等の期間にキャ
ンパス内で開催される有料のTOEIC®，TOEFL®等の対策講座に関わる教員
もこうした企業が用意する場合がある。

　派遣教員の場合，派遣企業との雇用契約であるため，大学から支払われる派

遣講師への報酬の一部は派遣会社が徴収する仕組みになっている。したがって，通常の非常勤講師よりも収入はさらに少ない。派遣会社の求人に応じる講師の中には，それまで大学での教授歴が無く，非常勤講師の公募で採用されにくい者やあるいは1年のうち数カ月のみの仕事を求める者などがいる。ただし，一旦大学での教授歴を持つと，大学に直接雇用を求め，通常の非常勤講師に転じる者も多い。

6-5　改正労働契約法

これまでも説明してきたように，大学を含め日本社会全体の雇用形態が多様化してきたわけであるが，それにより個々の労働者が異なる雇用条件を提示されるという問題が増加している。特に正規雇用者と非正規雇用者間の処遇の差が社会で問題視されている。

そうした社会格差を是正する方策の1つとして，2012年8月10日に「労働契約法の一部を改正する法律」いわゆる「改正労働契約法」が公布された。改正ポイントは3つあるといわれている。すなわち，(1)無期労働契約への転換，(2)「雇い止め法理」の法定化，(3)不合理な労働条件の禁止である。(1)と(3)とについては2013年4月1日より，(2)については2012年8月10日より施行されている。

このうち，大学において最も注目されているのが(1)の無期労働契約への転換である。すなわち，厚生労働省により「同一使用者との間で，有期労働契約が通算で5年を超えて繰り返し更新される場合は，労働者の申し込みにより，無期雇用労働に転換します」と説明されている点である[3]。

以下，無期労働契約へ転換するための5つの条件を外国語科目担当の非常勤講師を想定し，説明したい。第1の条件は「同一使用者」のもとで就労しているということである。例えば，雇用者が学長となっている場合，当該大学のI学部で2年間非常勤講師を勤めた後，配置転換のためJ学部で3年間非常勤講師を勤めたとしても，雇用者が同じであるため，合算して通算5年間働いたこ

---

3)　詳細については，厚生労働省都道府県労働局労働基準監督署HP「労働契約法のあらまし　改正労働契約法のポイント」3〜14頁を参照のこと。

とになる。そのため，教務関係の担当者は改正労働契約法に該当しないと思われる非常勤講師についても，学内の他部局で雇用歴がないか慎重に確認する必要がある。

第2の条件は，「有期労働契約が通算で5年を超えていなければならない」ということである。外国語科目は半期完結科目である場合が大半であるが，通常は前期科目と後期科目は連続性をもって開講されるため，非常勤講師の契約は1年であることが多い。改正労働契約法の(1)は2013年4月1日に施行されたため，それまでの職歴とは無関係にすべての非常勤講師はこの施行日を起点として5年を超えた場合，無期雇用への転換の対象者となる。したがって，12年の改正では，計算上は2018年3月31日をもって満5年となるため，その翌日，つまり2018年4月1日以降も引き続き非常勤講師として雇用されている場合，無期労働契約への転換が申請できることになった。非常勤講師から申請があった場合，大学は申請の受け取りを拒否することはできない。

第3の条件は，「繰り返し更新している」ということである。見方を変えれば，更新がない有期雇用契約の場合は，5年を超えても無期雇用への転換の対象とはならないということになる。非常勤講師の場合では適切な事例がないため，特任教授の例で説明すると，例えば「任期10年で再任無し」という条件で雇用契約を結んだ場合，非常勤講師のように毎年度雇用契約が更新されるわけではないため，当該特任教授は雇用されて5年を超えた時点においても無期雇用への転換の申請はできない。しかも，「再任無し」という条件が付いているため，10年間の雇用契約が終了した時点で，予定通り職を失うことになる。

第4の条件は，いわゆる「クーリングオフの対象者ではない者」ということである。例えば，雇用契約期間が通年担当で毎年度更新されている場合は問題ないが，現在の契約と次の契約の間に6カ月以上の空白期間がある場合，通算の職歴とはみなされず，契約期間の起点がゼロにリセットされる。前期のみの科目を担当する場合，次年度の前期に再度雇用契約を結ぶまで6カ月以上の空白が生じ，「クーリングオフ」の対象となってしまい，連続してその大学で働いているとはみなされないということである。

なお，「クーリングオフ」は一律に6カ月と固定されているわけではない。

野田（2012: 422）によれば，その理由は「空白期間の直前に満了した有期労働契約はその契約期間の2分の1の期間であることを基礎に，厚生労働省令で定められている」からである。したがって，例えば1年契約の場合は「クーリングオフ」の期間は6カ月となり，半年契約の場合は，3カ月ということになる。

　第5の条件は，「労働者の申し込みによる」ということである。無期雇用への転換は，あくまでも当該講師自身が申請しなければならず，雇用主である大学側が申請者の申請を待たずに無期雇用へ転換することはない。非常勤講師は無期動労契約への転換条件が整ったと判断した場合は，自ら大学へ申し出なければならないということである。自動的に転換されるわけではないため，その点には注意が必要である。

6-6　改正労働契約法の特例措置

　改正労働契約法は有期雇用契約で働く労働者の雇用の安定を図る目的で実施されたものであるが，大学に勤務する非常勤講師や特任教員の場合は事情が異なる。

　既述したように，5年を超える期間に複数回の契約更新をもって雇用される非常勤講師については，無期雇用への転換が可能となった。しかし，これについて国公私立大学から要望の声が上がった。2012年9月19日付で国立大学協会，続いて2013年6月26日付で日本私立大学団体連合会，そして同年9月26日付で公立大学協会が，大学教員は一般労働者と性質を異にし，大学特有の事情があることを理由に改正労働契約法の適用除外を当時の平野博文文部科学大臣に要望した。

　また，大学教員の雇用に関係する法律として「研究開発システムの改革の推進等による研究開発能力の強化および研究開発等の効率的推進等に関する法律および大学の教員等の任期に関する法律」（以下「強化法」という）も存在する。「強化法」はアメリカや中国等と競合するために，科学技術を強化する目的で整備された法律である。具体的には人事交流の活性化などを含む人材の活躍環境の整備等の強化が盛り込まれており，その対象となる機関として大学も含ま

れている。

　こうした状況下，国公私立大学等からの要望を背景に，改正労働契約法および強化法の一部改正が行われ，大学および大学共同利用機関における有期雇用契約は適用除外の対象となった。その結果，無期雇用転換のための「有期労働契約が通算で5年を超えていなければならない」が「10年」に変更可能となったのである。

　ただし，厚生労働省および文科省（2014: 4）が「大学等および研究開発法人の研究者，教員等に対する労働契約法の特例について」という通知において，「本特例は，通算契約期間が10年に満たない場合に無期転換ができないこととするものではありません」と説明しており，大学が改正労働法の特別措置や強化法を根拠とし被雇用者による申請権を先延ばしできると確約したものではないとしている。したがって，今後もし大学が有期雇用職に就く者に対し特例措置を適用する場合は，個別の事案ごとに司法判断を求めなくてはならなくなる。

6-7　大学専任教員の給与

　これまで大学教員の雇用形態およびそれに関わる事項について説明してきたわけであるが，本節では専任教員の収入について説明しておきたい。まず国公立大学であるが，これらの大学についてはWEB上で給与表が公開されているため，容易に確認できる。例えば東京大学の場合，「東京大学教職員給与規則」という言葉で検索すれば，俸給表を含めた情報が閲覧でき，同大学に勤める教職員の給与が分かる。

　一方，私立大学は教員の給与については公開していないため，情報入手が困難である。関東地区や近畿地区では，当該地区の私立大学労働組合が非公式な形で教職員の収入について資料を公開しているが，組合員以外の者はその情報にアクセスできない。

　以上のような理由で，日本の大学全般における給与水準を示す詳細な資料はみつからない。そこで，厚生労働省が作成した「平成28年賃金構造基本統計調査」のデータをもとに**図表6-4**を作成した。同図表は，大学の規模別に教員

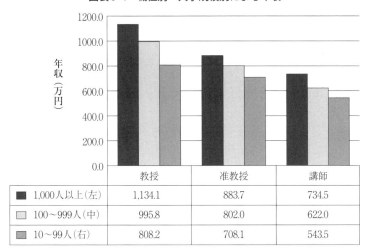

図表6-4　職位別・大学規模別による年収

	教授	准教授	講師
■ 1,000人以上（左）	1,134.1	883.7	734.5
□ 100～999人（中）	995.8	802.0	622.0
▨ 10～99人（右）	808.2	708.1	543.5

（出典）　厚生労働省「平成28年賃金構造基本統計調査」中より「職種別第2表　職種
　　　　・性，年齢階級別にきまって支給する現金給与額，所得内給与額および年間賞
　　　　与その他特別給与額」をもとに筆者作成。

の年収を試算したものである。ここから大学の規模と年収，そして職位と年収
の間にはそれぞれ比例関係にあることが分かる。

　具体的には大規模大学の教授の平均年収は1,134.1万円，准教授は883.7万円，
講師は734.5万円であり，中規模大学の場合はそれぞれ995.8万円，802万円，
622万円，小規模大学の場合は808.2万円，708.1万円，543.5万円となっている。
これらの年収には給与のほかに賞与，交通費等のその他が含まれている。なお，
同図表内での大学規模というのは大学教員数ではなく，事務職員等も含めた職
員数を示している。

　また，「賃金構造基本統計調査」を利用した**図表6-4**には次の点に留意して
いただきたい。第1点目は，同調査の対象は国立大学法人ならびに学校法人で
あり，公立大学は含まれていないということである。

　第2点目は，同調査が扱うデータ中の「大学」という言葉には短期大学も含
まれているという点である。一般的に短期大学での年収は大学よりも低いと考

えられる。

　第3点目は，同調査における教授等の職位の区分は，雇用形態ではなく，あくまでも職位による区分であるということである。つまり，厚生労働省の説明によると，この統計には1カ月以上継続して雇用されている，いわゆる常勤労働者がすべて含まれている。そのため，特任教授や任期付教授もこの教授という区分に含まれている。さらに講師という分類には，専任講師や任期付講師等以外にも非常勤講師が含まれているという点で注意が必要である。

　したがって，上記留意点の第2点目および第3点目を考慮すると，正規雇用教員の年収は**図表6-4**が示す額よりも高いと考えられる。

　国税庁が発表した「平成29年分民間給与実態統計調査結果について」（2018年9月付）によると，2017年度の給与所得者（サラリーマン）の平均年収は432万円で，性別では男性が532万円，女性が287万円である。同庁が発表した資料およびこれまでの説明を合わせると，大学教員の給与水準が非常に高いと感じられることであろう。それでは，大学教員は本当に高額所得者なのだろうか。

　この問いには慎重でなければならず，一般の給与所得者と単純に比較することは難しい。例えば，大学教員の教育歴を考えてみる。大学教員になるためには大学院での課程を修了することが今日では一般的であり，高校あるいは大学を卒業し，就職する者よりも労働年数が短いという事実がある。

　大学を4年で卒業し，博士前期課程を2年，博士後期課程を3年で修了する者が文系でも出現することがあるが，その場合でさえも本格的に就職活動を始められるのは27歳以降である。しかし実際には，博士後期課程を終え，スムーズに専任教員のポジションに就けることができる者の数はさらに限定される**（コラム24「「いまさら博士になっても」といわれるが」参照）**。

　その一方，多くの大学では退職年齢を65歳に設定している。仮に30歳で専任講師になれたとしても退職年齢までは35年程度であり，大学卒業後に一般企業に勤める労働者より就労できる期間は短い。あるいは専任教員も希望しながらも，生涯を通してこれを実現できない者も多く存在する。大学教員の給与を考える場合は年単位の収入ではなく，生涯獲得賃金ベースで議論されるべきである。また就職できないリスクの高さも賃金問題と併せて考慮されるべきで

あろう。

6-8　銘柄大規模国立大学における教員の給与

　日本の国公立大学の給与は海外の銘柄大学より低いといわれている。これについて**図表6-5**を参考に考えてみよう。

　同図表は，運営費交付金等の3区分で，主として卓越した成果を創出している海外大学と伍して，全学的に世界で卓越した教育研究を推進する大学（世界レベルを目指す大学）に認定された16大学における2016年度の平均年間給与（賞与，交通費含む）を表したものである。それぞれの大学教員の平均年齢や大学規模の差異にも注意を払う必要があるが，同図表が示す通り，これらの大学の中で平均年間給与が1,000万円を超える大学は見当たらない。

　世界大学ランキングにおいて常に日本の大学のトップにある東京大学においても平均年間給与は993万円である[4]。これらの大学は世界でもきわめて優秀な大学群であり，日本を代表する一線級の研究者を多く抱えている。大学評価は年収だけで決まるものではないが，ここでは世界のトップクラスの大学と比較してみたい。例えば，東京大学における職位別給与とスタンフォード大学ならびにカリフォルニア大学バークレー校における給与を比較してみよう。

　まず，東京大学であるが，2016年度における教授の平均年間給与は1,185万5,000円（平均年齢56.4歳：1,177人），准教授では945万7,000円（平均年齢46.2歳：836人），講師が853万2,000円（平均年齢43.3歳：219人）となっている。

　一方，アメリカの大学はどうであろうか。これをCHRONICL DATAで調べてみた。これによると，2016年におけるスタンフォード大学で教授職に就く教員の平均年収は約23.4万ドル程度である。これは日本円で約2,480万円（1米ドル＝106円）となり，東京大学における教授の2.5倍ほどの収入があることになる。准教授の場合は，約15万ドル（約1,590万円），日本の講師に当たるassistant professorにおいても約12.6万ドル（約1,340万円）であり，いずれの職位

---

4)　この平均年収額には教育研究連携手当（地域手当に相当）は含まれていない。

図表6-5　2016年度銘柄国立大学教員 平均年間給与一覧

大　学	平均年間給与	平均年齢	教員数
北海道大学	848万2,000円	47.6歳	1,317人
東北大学	867万4,000円	48.0歳	1,876人
東京大学	993万3,000円	48.7歳	2,961人
東京農工大学	937万8,000円	49.0歳	322人
東京工業大学	963万8,000円	48.1歳	916人
一橋大学	957万0,000円	50.6歳	333人
筑波大学	957万3,000円	49.8歳	1,313人
千葉大学	930万8,000円	50.0歳	923人
金沢大学	832万2,000円	48.7歳	814人
名古屋大学	969万9,000円	48.9歳	1,314人
京都大学	916万8,000円	48.4歳	2,317人
大阪大学	931万7,000円	48.3歳	1,944人
神戸大学	929万3,000円	47.8歳	1,012人
岡山大学	850万8,000円	49.0歳	812人
広島大学	897万9,000円	50.8歳	1,203人
九州大学	865万9,000円	46.6歳	1,459人

（出典）　文科省「国立大学法人等および特殊法人の役員の報酬等および職員の給与
　　　　　の水準（平成28年度）」中の「2　職員給与の支給状況」より教育職種（大学
　　　　　教員）をもとに筆者作成。

においても，日本とは大きな隔たりがあることが分かる。

　それでは，州立大学を代表するカリフォルニア大学バークレー校はどうであ
ろうか。上記同サイトによると，2016年現在で教授職に就く教員の平均年収
は約18.2万米ドル（約1,930万円），准教授で約12.4万米ドル（約1,310万円），日本
の講師相当者で約10.6万米ドル（約1,120万円）である。日本と同様に，アメリ
カにおいても私立大学の給与が公的機関によって運営される州立大学の給与よ
り高い点は日本と共通なのであるが，世界のトップランキングに位置するアメ
リカの大学と比較すると，日本を代表するトップレベルの大学の給与は見劣り
する。

　このように，日本のトップクラスの国立大学に勤務する教授の給与は州立大
学のUCバークレー校と比較しても半分程度の収入でしかない。つまり，日本
のトップクラスの国立大学における教授の給与は，世界のトップランキングが

居並ぶアメリカの大学の給与水準からみれば，講師レベルかせいぜい准教授レベル止まりということになる。

　日本の大学と海外の銘柄大学の年収を比較することには理由がある。第1の理由は，海外から優秀な研究者を招聘することが容易ではないということである。一部例外的な給与体系が国立大学[5]でも認められるようになったため，以前に比べると海外から優秀な研究者を招聘しやすくなっているが，財政的な問題で招聘できる人数には限界がある。

　第2の理由は，日本の優秀な研究者が海外に引き抜かれる可能性があるということである。つまり，頭脳流出の問題である。大学人の中には，研究者たるもの清貧でなければならないと主張する者もいる。現世的な富に心を奪われてはならず，研究に没頭するためには財に執着すべきでないという立場である。その一方で，大学で同期だった友人たちが社会に巣立った後もなお大学院に留まり，多くの時間と出費を重ねたとしても，大学教員への道が不透明な立場にある若手研究者たちが将来に不安を抱くことも共鳴できよう。教育研究分野のプロとして生計を立てる以上，その見返りを求めても不思議ではない。

6-9　地方国立大学における教員給与

　国立大学の場合，給与水準の差は国際的に知名度が高い海外の大学との差だけではない。都市部の国立大学と地方都市の小・中規模国立大学との格差もある。**図表6-6**は国立大学の中でも平均年収額が800万円未満の大学を一部リストアップしたものである。

　これらの大学名から分かることは，給与が低い国立大学が東北，山陰，九州といった地方に集中しているということである。例えば鹿児島大学と東京大学を比較してみよう。両者とも資料中の平均年齢が48.7歳と同じであるが，平均

5）　**コラム1**で説明した指定国立大学がその一例である。指定国立大学法人に関する特例によると，「役職員の報酬・給与等の基準の設定における国際的に卓越した人材確保の必要性の考慮」することが明記されている。詳細については文科省HP内の「指定国立大学法人制度について」を参照のこと。

図表6-6　2016年度地方国立大学教員平均年間給与一覧

大　学	平均年間給与	平均年齢	教員数
弘前大学	794万6,000円	48.2歳	610人
秋田大学	797万9,000円	49.0歳	442人
鳥取大学	783万8,000円	47.1歳	582人
大分大学	792万3,000円	49.0歳	477人
鹿児島大学	796万8,000円	48.7歳	899人

（出典）　**図表6-5**と同じ。

年収差は約200万円もある。これには，住居費を含む生活費の差を勘案しなければならないことは事実であろう。

　しかし，地方の国立大学に勤めているほうが収入に比して出費も少なく済むという考え方は適切ではない。例えば，地方から都市部へ出かける出張費を考えてみよう。大規模な国際大会やシンポジウムあるいは講演会は東京，名古屋，京都・大阪，博多などの都市部で開催されることが多い。こうした催しがあるたびに地方の国立大学に勤める教員は多額の出費を覚悟しなければならない。既述したように，現在多くの国立大学では十分な個人研究費が支給されていない。外部資金を獲得できなければ，都市部への大会や講演会には自費で参加するほかない状況である。

　近年では，理系教員だけでなく人文社会科学系の教員も大規模調査を目的とし，他大学の教員とプロジェクトを組むことがある。その際，プロジェクトメンバーが近隣大学の教員ばかりで構成されていればよいが，そうでない場合は，たとえIT技術を使い遠隔コミュニケーションで済ませられる部分があるとしても，やはり出張費が大きな足かせとなる。

　世界ランキングに食い込もうとする国立大学の教員の処遇にも問題はあるが，地方の国立大学に勤務する場合，研究者はそれ以上に厳しい状況に直面している。

6-10　大学規模と年収

　次に大学の規模と年収について説明しておきたい。両者の関係は正の相関関

●コラム26　国立大学における年俸制時代の幕開け

　2018年6月22日付の文科省の資料「人事給与マネジメント改革の動向および今後の方向性」は，今後の国立大学における給与のあり方を予測するうえで重要な資料である。

　特に同資料の中で注目されるのが年俸制に関する記述である。国立大学における年俸制の導入は第2期中期計画（2010〜2015年）において1万人の適用者を目指した経緯がある。そして，2015年度には実際にその目標は達成されている。

　その後の第3期中期計画（2016〜2020年）においては「更なる改革」が求められ，運営交付金等に反映されることになった。「更なる改革」にはテニュアトラック制度，クロスアポイントメント制度等5つの事項が含まれているが，中でも年俸制については多くの教員が注視している。なぜならば年俸制は文字通り，教員の実績をベースに年度ごとの給与を査定するシステムだからである。査定による変動部分は給与全体の一部ではあるものの，研究業績等の成果を積み上げられない教員には厳しい未来が待っていると考えるべきである。また，研究業績以外にも授業評価やその他の学内業務についてもこれまで以上に神経を使う必要があり，私立大学並みに多忙になることも予想される。

　現在，国立大学は新規採用者を中心に年俸制に順次転換を進めている。これに反対する教員も多いが，この流れを変えることは困難である。今後，国立大学での就職を検討する際は，WEB上でもアクセスが可能な同資料を熟読することをお勧めする。

係になる傾向が強い。では，なぜ大学の規模によって年収が異なるのであろうか。大学間における基本給等の差異もあるが，その他に勤続年数の問題もある。例えば，**図表6-7**では国公私立大学の区別はされていないが，一般的な傾向として規模の大きな大学ほど教員の勤続年数が長くなる傾向を示唆している。

　大学の規模が大きいほど，そのスケールメリットも活かせることになる。教職員数が多い大学では福利厚生も整っており，また異なる学部間での学術交流も盛んである。そのため，他大学へ移籍する理由は少なくなる。大学の給与は職位だけでなく，勤続年数が大きなファクターとなる。そのため，長く働ける

6）　経済産業省はクロスアポイントメント制度を「研究者等が大学，公的研究機関，企業の中で，2つ以上の機関に雇用されつつ，一定のエフォート管理のもとで，それぞれの機関における役割に応じて研究・開発及び教育に従事することを可能にする制度」と定義している。詳細については経済産業省HP「クロスアポイントメント制度について」を参照のこと。

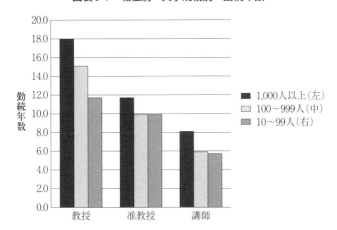

図表6-7　職位別・大学規模別・勤続年数

（出典）　文部科学省「国立大学法人等および特殊法人の役員の報酬等および職員の給
　　　　　与の水準（平成28年度）」中の「国立大学法（86法人）」をもとに筆者作成。

環境にある場合のほうが，平均年収は高くなると考えられる。

　さらに，大規模私立大学の中には定年退職年齢が65歳以上で設定されてい
るケースもあり，勤続年数が長くなる可能性がある。こうしたことから，日本
の大学では大規模大学に勤務する教員の平均年収が高くなるのであろう。

6-11　女性大学教員の給与

　それでは，大学教員の年収における男女差はどうなのであろうか。**図表6-8**
から**図表6-10**で確認しておきたい。社会の一般的な現象として女性の進出が
目覚ましくなっており，日本の大学においても同様の傾向がある。しかし以下
の図表から分かるように，男性教員のほうが女性教員よりも多くの収入を得て
いることが分かる。それは学校規模に関わりなく，共通の現象としてみられる。

　では，なぜ男性のほうが女性よりも年収が高いのであろうか。男性も女性も
同じ職位であれば，年収は同じはずである。これについても勤続年数の差が要
因の1つであると考えられる。例えば，大規模大学における男女の平均勤続年

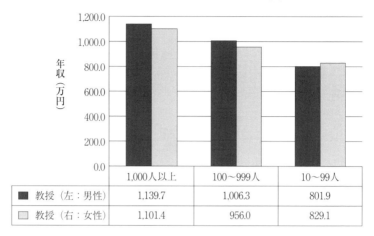

図表6-8　教授・性別・大学規模による年収

	1,000人以上	100〜999人	10〜99人
■ 教授（左：男性）	1,139.7	1,006.3	801.9
□ 教授（右：女性）	1,101.4	956.0	829.1

（出典）　**図表6-7**と同じ。

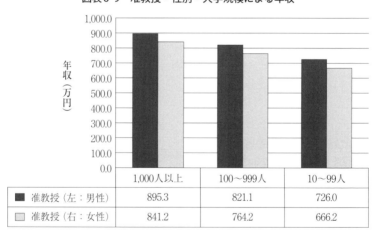

図表6-9　准教授・性別・大学規模による年収

	1,000人以上	100〜999人	10〜99人
■ 准教授（左：男性）	895.3	821.1	726.0
□ 准教授（右：女性）	841.2	764.2	666.2

（出典）　**図表6-7**と同じ。

数をみると，男性教授は18.5年であるのに対し，女性教授は14.9年であること
が分かる。同様の傾向は他の職位でも同じである。そのため，女性教員の採用
数は増加傾向にあるが，男性と比べると女性のキャリア期間がまだ十分でない

図表6-10　講師・性別・大学規模による年収

	1,000人以上	100～999人	10～99人
■ 講師（左：男性）	751.8	639.0	546.7
□ 講師（右：女性）	688.1	604.0	539.6

（出典）　**図表6-7**と同じ。

図表6-11　大学で女性教員（教授・准（助）教授・講師）が占める合の推移[7]

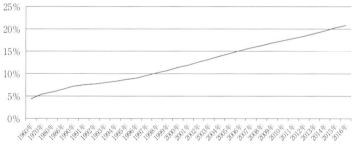

（出典）　文部科学省「学校基本調査年次統計」中の「大学の学校数，在籍者数，教職員数
（昭和23年～）」をもとに筆者作成。

ことが影響しているものと思われる。

　図表6-11で分かるように，大学における女性教員（教授，准（助）教授，講師）
の割合は1960年度ではわずか4.4％であった。それが，男女雇用機会均等法が
施行された1986年度に6.5％となり，全面改訂された1997年度には9.6％とな

7）　学長，副学長は含まれない。

った。そして再改訂された2007年度は15.8％と伸び率が上がり，2016年度現在での女性教員が占める割合はついに20％の壁を越えた。この半世紀の間に女性教員の割合は実に4.7倍以上増えたわけだが，それでもなお80％近くの教員が男性であるという現実がある。中野（2015: 41）によると，特に理学，工学，農学の分野での女性教員の割合は非常に低く，これら理系3分野において教授職に就いている女性はそれぞれ4.9％，3.5％，4.0％となっており，5％にも満たない状況である。

6-12　さまざまな働き方

　既述したように教育研究に関心を持ち，同じように大学で働く教員間においても，雇用形態はさまざまである。そして，一般的には正規雇用教員が幸運で，非正規雇用教員はそうではないという見方が社会にはあるのではないだろうか。特に収入面においては，そうであろう。

　個人的な話ではあるが，これに関して考えさせられたエピソードがある。2017年夏，筆者はパリで開かれたある国際会議において教育関係のセクションの座長を拝した。その際，コロラド州立大学の教授に副座長として補佐していただいた。すべての日程が終了した後，ご協力いただいた先生方へのお礼の気持ちを込め，ささやかな茶話会を開いた。

　その席でそれぞれの国での大学事情の話になったのだが，正規雇用教員がいかに多忙をきわめているかという話を口々に始めた。すると，その茶話会に参加していた副座長の同僚の教員は非正規雇用職で働いていたほうが自分のライフスタイルに合っていると話し始めた。正規雇用教員は運が良く，非正規雇用教員はそうでないというステレオタイプを筆者自身が無意識に感じていたことを強く反省させられる茶話会であった。

　正規雇用教員として教育研究に携わる教員にはさまざまな特典が付与されていることは万国共通である。しかし，すべての教員がそれを望んでいるわけではない。あるいは家庭の事情等で件のアメリカ人教員のように好きな時だけ好きな研究ができる立場を望む者もいる。

多様な働き方に関してもう1つのケースを紹介しておきたい。**6-2「雇用形態等からみた大学教員の職名」**において，非正規雇用職には任期付専任教員と非常勤講師等の区分があることを説明したわけだが，任期付とはいえ，そうした教員も専任教員であることに違いはない。研究室や研究費も支給されるため，非常勤講師よりも厚遇だという考え方もある。

　これについて，かつて国立大学で任期付教員として働いた経験を持つK先生のケースをご紹介したい。K先生はかつて地方国立大学で5年任期の講師として採用され，業務をこなしておられた。しかし，現在は非常勤講師として生計を立てられておられる。K先生としては任期期間中にその大学で成果を出せば，正規雇用への道も開けるのではないかと期待されていたようである。しかし採用されて5年目の年度初めに，次年度以降の雇用はないと告げられたという。以前に勤めた非常勤講師先の大学にはすでに別の非常勤講師が働いており，そこに戻ることもできなかったという。そのため，また最初から非常勤講師の職を見つけなければならず，このようなことなら非常勤講師として働き続けていたほうがよかったと述懐された。

　非常勤講師として過ごしてきた教員の中には，任期付の職であっても，その後の勤務態度や研究業績によっては正規雇用職に就けるのではないかと淡い期待を持つ方もおられる。しかし，そうした考えは現実的ではない。大学は当該教員の努力とは関係なく，当初の人事計画通り物事を進めるからである。

6-13　外国語教員の需要(1)

　日本の大学における外国語教員の需要がどれくらいあるのかについて記した公式資料は存在しない。そこで本節は木村（2016: 21-43）の論文を手がかりに議論を進めていく。木村はJREC-IN Portalに掲載された外国語科目関連の求人情報をもとにこれに関わる調査を2012年4月1日から2015年10月31日までの3年6カ月の期間実施した。

　これによると，調査対象とした正雇用職および有期雇用職の求人情報2,431件のうち約25％が国立大学からのものであり，公立大学が約9％，残りの約

66％が私立大学によるものであった。公立大学からの公募件数が少ない理由としては，国立大学よりも学生数が少ないことや保健医療関係や芸術関係など直接外国語と関係がない学部が多いことなどが挙げられる。

　国立大学数と公立大学数はほぼ同じであっても，公立大学における外国語教員の需要は現状下では多くは見込めない。ただし，そのことによって公立大学がグローバル人材の育成に否定的であるということではない。限られた人材と予算の中で時代の流れに沿った努力を積み重ねてきた大学は多くある。例えば，国際教養大学（Akita International University）である。当該大学は非常に高い外国語能力を持つ学生を擁し，企業のみならず海外の有名大学院に多くの学生を送り込んでいる。

　また木村（前掲2016）の調査によると，言語別にみた場合，英語教員の公募件数が全体の約68％を占めていた。このことからも大学での外国語教育では英語教員の需要が高いことが分かる。英語はもはや世界の一地域で使用されている言語ではなく，世界各地でリンガフランカとして機能していることは事実である。

　それでは他の言語の指導は不要なのであろうか。一般的に「人材のグローバル化」という言葉からはアウトバウンドを連想しがちであるが，日本へのインバウンド対応のための人材育成も考えなければならない。日本へのインバウンド対応を考えた場合，国内で必要とされる外国語は英語以外にも多くある。

　日本政府観光局（2019）がプレスリリースした報道「訪日外客数（2018年12月および年間推計値）」によると，2018年の1年間に日本を訪れた外国人数は約3,119万人であり，そのうち中国，香港，台湾からの観光客が全体の約50％に当たる約1,535万人であった。つまり，インバウンドの約半数は中国語を母語とする人たちであったことになる。第2位は韓国からで約754万人が日本を訪れている。これらを合わせると訪日外国人の約73％が中国圏と韓国語圏からの観光客であることが分かる。これら以外では東南アジア諸国からの訪問者が多く，豪州，北米，イギリス，フランス，ドイツ，イタリア，ロシア，スペイン等欧州各国からの来訪者数は少数派となる。

　図表6-12は全国通訳案内士という国土交通省が実施する我が国で唯一の外

図表6-12　2018年度全国通訳案内士言語別合格者数

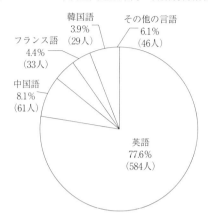

韓国語
3.9%
（29人）

その他の言語
6.1%
（46人）

フランス語
4.4%
（33人）

中国語
8.1%
（61人）

英語
77.6%
（584人）

（注）　小数点第二位以下を切り上げたため，合計は100.1％となる。
（出典）　日本政府観光局（JNTO）「平成30年度　受験者数及び合格者数」
　　　　　中の「数表　平成30年度受験者および合格者数」をもとに筆者作成。

国語に関する国家試験の合格者数を言語別に示している。同図表で分かるように，合格者の約78％が英語による合格者である。第2位である中国との差は歴然としており，内需と同試験の言語別合格者とのバランスが取れていない。中でも来日者数が急増しているタイからの観光客に対応可能なタイ語の合格者数はわずか1名であった。

　同試験は難関試験であるため，例年の合格率は約10〜20％程度である。このままでは観光立国になりえないと判断した政府は，通訳ガイド制度を改めると発表した。2018年1月4日に法改正がなされ，全国通訳案内士がこれまで業務を独占してきたが，名称独占資格に変更されるに至った。これにより，全国通訳案内士という名称で名乗るためには従来通り当該国家試験に合格しなければならないのだが，当該試験に合格しない者も合法的に有料で通訳案内業の業務を受注できるによになった。これまで白タク業務を取り締まってきた政府も白タクを認めざるをえない状況になったということである。

　さらに，当該国家資格はこれまでのような永久資格ではなくなり，5年ごとに登録研修機関が行う定期的な研修「登録研修機関研修」を受講することが義

務づけられるようになった。受講しない者はその資格が取り消されることになる。すでに免許を持つプロの通訳案内士たちはこの法律改正に反対したわけであるが，政府に押し切られる形となった。

　こうした騒動の背景には，日本の中学・高等教育が一貫して外国語教育を英語教育へ集中させたことがその一因として挙げられる。全国の中学・高等学校で教える外国語の大半は英語であり，英語以外の外国語の選択肢はほとんどない。これでは英語以外の外国語に精通した人材が日本で育成されないのも自明の理であろう。

　大学においても英語を第1外国語，その他の言語を第2外国語と位置付けている。これはあたかも英語とそれ以外の言語に優劣をつけている感さえある。こうした見方がある限り，大学においてグローバル人材の育成は英語中心とならざるをえない。大学の今後のビジョンとして真のグローバル人材の育成を謳うのであれば，英語以外の言語に力を入れる大学の出現がこれまで以上に必要である。

6-14　外国語教員の需要(2)

　それでは，実際にどれくらいの正規雇用職の公募件数があるのだろうか。これを木村（前掲2016）が提示したデータをもとに，**図表6-13**から**図表6-15**を俯瞰してみよう。

　設置機関別にみた場合，同調査期間中に正規雇用職（テニュアトラックを含む）の外国語教員を公募した割合は，国立大学が全言語の平均が約54％，公立大学が約57％，私立大学が約45％となっている。正規雇用職と非正規雇用職での割合だけをみれば，国公立大学は非正規雇用職よりも正規雇用職で外国語教員を採用しようとしていることが分かる。一方，私立大学では非正規雇用職で採る傾向が強いようである。国公立大学では研究者として，私立大学では語学教員としての役割を求める傾向が強いと仮定すれば，この差は分かりやすい。

　研究者として雇用する場合，大学が求める特定の分野を専門とする教員を必要としていることになる。それはつまり，当該大学に長期間在職してもらわな

図表6-13　国立大学における言語別にみた公募件数状況

	言語別に見た正規雇用職（テニュアトラック含む）の公募件数 (a)	言語別に見た全公募総件数 (b)	正規雇用職が占める割合 (a/b)
英　語	193	357	54%
日本語	42	88	48%
中国語	23	38	61%
フランス語	18	31	58%
ドイツ語	33	46	72%
韓国語	6	9	67%
スペイン語	5	7	71%
その他の言語	15	42	36%
計	335	618	54%（平均）

(注)　小数点以下は，四捨五入している。
(出典)　木村正則「常勤教員の公募状況からみた日本の大学の外国語教育の現状」をもとに筆者作成。

図表6-14　公立大学における言語別にみた公募件数状況

	言語別に見た正規雇用職（テニュアトラック含む）の公募件数 (c)	言語別に見た全公募総件数 (d)	正規雇用職が占める割合 (c/d)
英　語	94	167	56%
日本語	11	17	65%
中国語	6	11	55%
フランス語	5	7	71%
ドイツ語	1	4	25%
韓国語	2	2	100%
スペイン語	1	5	20%
その他の言語	4	5	80%
計	124	218	57％（平均）

(注)　小数点以下は，四捨五入している。
(出典)　図表6-13と同じ。

図表6-15　私立大学における言語別にみた公募件数状況

	言語別に見た正規雇用職 （テニュアトラック含む） の公募件数 (e)	言語別に見た 全公募総件数 (f)	正規雇用職が占める割合 (e/f)
英　語	521	1,137	46%
日本語	49	178	28%
中国語	41	84	49%
フランス語	27	52	52%
ドイツ語	29	49	59%
韓国語	13	33	39%
スペイン語	17	35	49%
その他の言語	13	27	48%
計	710	1,595	45％（平均）

（注）　小数点以下は，四捨五入している。
（出典）　**図表6-13**と同じ。

ければならない存在ということになる。

　一方，語学教員として雇用しようとする場合，採用者は特定分野における研究実績の内容よりも高い語学力と教育力が優先されるわけであり，「余人をもって替え難い人物」にはなりにくい。そのため，正規雇用職で雇用する必然性は低くなる。

　こうした傾向の違いが国公立大学と私立大学との間でみられるのではないだろうか。これに加え，特に私立大学の場合は経営問題も大きな要因となる。近年では私立大学の淘汰が厳しさを増している。正規雇用教員として採用すれば，規定の退職年齢に達するまで教員の生計を保障しなければならない。すべての正規雇用教員を保持しながら新たな教育研究分野に着することは容易ではない。時代や社会のニーズにより迅速に対応するためにも，有期雇用職員の確保を優先させたいという私立大学ならではの苦悩の表れとも読み取れる。

　ここで留学生を対象とした日本語教員について若干触れておきたい。国公立大学での正規雇用職の公募の割合はそれぞれ48％と65％である。一方，私立大学ではわずか28％である。こうした国公立大学と私立大学における差は他の外国語教員とは事情が異なるものと思われる。

留学生の場合，学部入学には私立大学が利用され，大学院レベルになると国公立大学に進学する傾向が強い。学部レベルで入学するためには，一般的には日本留学生試験に合格する必要がある。当該試験には日本語に関する試験も含まれており，学部レベルで入学する者は一定程度の日本語力を備え，大学に入学してくる。そのため，大学内で指導する日本語教員の比率を低く抑えられ，残りは非常勤講師等で調整できるのではないだろうか。

　一方，大学院レベルでは学部レベルほど日本語能力そのものは問われず，むしろ研究内容が重視される。また，大学院レベルの機関では大学院生だけでなく，日本語の知識を全く持たない研究者やその家族が来日することもめずらしくない。こうした事情から日本語教育の専門員を常駐させておかなければならず，結果的に正規雇用職の割合が高くなると考えられる。大学のグローバル化を進めるには，アウトバウンドだけではなく，インバウンドに対する環境整備は必須である。

　ただし，これまで示してきた木村（前掲2016）の調査には2つの点で注意が必要である。1つは公募件数の問題である。**図表6-13**から**図表6-15**が示すように，国公立大学においては，正規雇用職の公募の割合が高いわけであるが，公募件数の実数自体は多くない。最も多い英語の公募件数でも同調査期間の3年6カ月間に国立大学から出された公募は193件しかなく，公立大学ではわずか94件である。韓国語やスペイン語に至ってはそれぞれ10件にも満たない件数である。

　一方，私立大学では正規雇用職の公募件数割合は低いものの，公募件数そのものは710件あり，国立大学の2倍以上，公立大学の5.7倍の求人情報が出されていたことになる。したがって，国公立大学と私立大学との公募件数差は非常に大きく，推計統計学的に比較し，検証することは適切ではない。

　木村の調査におけるもう1つの注意点は，当該調査は公募件数を調査したに過ぎず，このうちどれだけの採用者が公募で求められた条件を実際に満たした人物だったかについては検証されていないということである。

　木村の調査における報告にはこうした問題点があることを理解したうえで，これに関わる調査が第三者により継続・検証されることが期待される。外国語

教員の雇用状況を正確に把握することは，日本の大学における外国語教育の行く末を予測するうえで重要な手がかりとなるであろう。

引用文献一覧

（図表を作成の際の資料を含む）

はじめに

櫻田大造『大学教員採用・人事のカラクリ』中公新書クラレ，2011年。

第1章

浅川次義『近代日本の女性と大学教育——教育機会開放をめぐる歴史』不二出版，2003年。

天野郁夫『大学の誕生（上）』中公新書，2009年。

有川恭介「大学改革を先導する評価システムの改善に向けて」大学基準協会『じゅあ』vol. 55，2015年。

石井紀子「女性宣教師と女子教育 Women Missionaries and Women's Education in Meiji Japan」『立教アメリカン・スタディーズ』第39巻，2017年。

小川洋『消えゆく限界大学』白水社，2016年。

川崎明朗『築地外国人居留地』雄松堂書店，2002年。

草原克豪『日本の大学制度——歴史と展望——』弘文社，2010年。

国際宗教研究所 HP オンライン公開情報「宗教系学校リンク集」（http://www.rirc.or.jp/xoops/modules/xlinks/index.php?start=0&&order_item=xgdb_name_kana&order=asc）（最終閲覧日：2019年7月7日）。

文教協会「平成28年度全国大学一覧」2016年。

中蔦邦「日本女子大学の創設者成瀬仁蔵の教育思想」日本女子大学女子教育研究所編『女子大学論』ドメス出版，1995年。

武庫川女子大学教育研究所 HP「女子大学・大学基礎統計」（http://www.mukogawa-u.ac.jp/~kyoken/）（最終閲覧日：2019年7月7日）。

文部科学省 HP「外国大学等の日本校の指定」中の「指定を受けた教育機関一覧」（https://www.mext.go.jp/a_menu/koutou/shitu/08052204/1417852.htm）（最終閲覧日：2020年10月10日）。

——「学校基本調査年次統計（昭和23年～）」（https://www.e-stat.go.jp/stat-search/files?page=1&layout=datalist&toukei=00400001&tstat=000001011528&tclass1=000001021812）（最終閲覧日：2020年10月10日）。

——『『公立大学法人』制度の概要」（https://www.mext.go.jp/a_menu/koutou/kouritsu/detail/1284493.htm）（最終閲覧日：2020年10月10日）。

——「平成28年度 学校基本調査」高等教育機関《報告書掲載集計》（https://www.e-stat.go.jp/stat-search/files?page=1&layout=datalist&toukei=00400001&tstat=000001011528&cycle=0&tclass1=000001091455&tclass2=000001091481&tclass3=000001091482&tclass4=000001091484）（最終閲覧日：2020年10月10日）。

——「平成29年度 学校基本調査」高等教育機関《報告書掲載集計》（https://www.e-stat.

go.jp/stat-search/files?page=1&layout=datalist&toukei=00400001&tstat=0000010115 28&cycle=0&tclass1=000001110643&tclass2=000001110730&tclass3=000001110731&t class4=000001110733)（最終閲覧日：2020年10月10日）。

——「平成30年度 学校基本調査」高等教育機関《報告書掲載集計》(https://www.e-stat. go.jp/stat-search/files?page=1&layout=datalist&toukei=00400001&tstat=0000010115 28&cycle=0&tclass1=000001123176&tclass2=000001123203&tclass3=000001123204&t class4=000001123206)（最終閲覧日：2020年10月10日）。

——「平成28年度以降の定員管理に係る私立大学等経常費補助金の取扱いついて（通知）」別紙3「不交付となる入学定員超過率に関する取扱い」27文科高361号私振補第 30号(https://www.mext.go.jp/a_menu/koutou/shinkou/07021403/002/002/__ics Files/afieldfile/2015/07/13/1360007_2.pdf)（最終閲覧日：2020年10月10日）。

——「平成31年度以降の定員管理に係る私立大学等経常費補助金の取扱について（通知）」30文科高第454号私振補第49号(https://www.mext.go.jp/a_menu/koutou/ shinkou/07021403/002/002/__icsFiles/afieldfile/2018/09/19/1409177.pdf)（最終閲覧日：2020年10月10日）。

吉住英和「川口居留地のキリスト教と学校」堀田暁生・西口忠編『大阪川口居留地の研究』思文閣出版，1995年。

The Carnegie Classification of Institutions of Higher Education® HP "2018 Update Facts & Figures"(https://carnegieclassifications.iu.edu/downloads/CCIHE2018- FactsFigures.pdf)（最終閲覧日：2019年7月7日）。

第2章

首相官邸HP「歴代総理と歴代内閣官僚名簿」(https://www.kantei.go.jp/jp/rekidai/index. html)（最終閲覧日：2019年7月）。

文部科学省HP「公立大学財政　令和元年度　地方交付税算定に係る単位費用」(https:// www.mext.go.jp/a_menu/koutou/kouritsu/detail/1284531.htm)（最終閲覧日：2020 年10月11日）。

——「国立教員養成大学，大学院，付属学校の改革に関する有識者会議」第1回配付資料参考資料1「国立教員養成大学・学部・大学院の概要」2016年(https://warp.ndl. go.jp/info:ndljp/pid/11293659/www.mext.go.jp/b_menu/shingi/chousa/koutou/077/ gijiroku/__icsFiles/afieldfile/2016/09/21/1377405_8_1.pdf)（最終閲覧日：2020年10 月11日）。

——「2 小学校教員の免許資格を取得することのできる大学 [1] 通学課程 一種免許状（大学卒業程度),(https://www.mext.go.jp/component/a_menu/education/detail/__ic sFiles/afieldfile/2019/03/29/1287044_1.pdf)（最終閲覧日：2020年10月11日）。

山崎博敏「国立教員養成学部主流の時代から一般学部との並立の時代へ——学校教員の供給構造の変化——」BERD（ベネッセ教育総合研究所HP）2008，No.14(https://berd.be nesse.jp/berd/center/open/berd/backnumber/2008_14/fea_yamasaki_01.html)（最終閲覧日：2020年10月11日）。

World Economic Forum HP, "The Global Gender Gap Report 2017"(https://www.weforum.org/reports/the-global-gender-gap-report-2017）（最終閲覧日：2020年10月11日）。

第3章

冨山和彦「我が国の産業構造と労働市場のパラダイムシフトから見る高等教育機関の今後の方向性（資料4）」実践的な職業教育を行う新たな高等教育機関の制度化に関する有識者会議HP，2014年（https://www.mext.go.jp/b_menu/shingi/chousa/koutou/061/gijiroku/__icsFiles/afieldfile/2014/10/23/1352719_4.pdf）（最終閲覧日：2020年10月）。

内閣官房人生100年時代構想推進室HP「大学改革　参考資料（資料１）」「大学の統合について」2018年（https://www.kantei.go.jp/jp/singi/jinsei100nen/dai5/siryou1.pdf）（最終閲覧日：2020年10月11日）。

日本私立学校振興・共済事業団HP「私学の経営分析と経営改善計画」『私立学校運営の手引』第１巻（https://www.shigaku.go.jp/files/tebiki1-29_4.pdf）（最終閲覧日：2020年10月11日）。

――「私立大学・短期大学等入学志願動向」（2013〜2016年度分）（https://www.shigaku.go.jp/s_center_d_shigandoukou.htm）（最終閲覧日：2020年10月11日）。

――「平成28年度私立大学等経常費補助金学校別交付額一覧」（https://www.shigaku.go.jp/files/s_hojo_h28a.pdf）（最終閲覧日：2020年10月11日）。

日本私立大学HP，西井康彦「学生募集戦略と私立大学経営の課題」アルカディア学報 No, 26（https://www.shidaikyo.or.jp/riihe/research/26.html）（最終閲覧日：2020年10月11日）。

増田寛也『地方消滅』中公新書，2014年。

文部科学省HP「高等教育局主要事項――平成28年度概算要求――」中の「平成28年度国立大学法人運営費交付金における3つの重点支援枠について」（https://www.mext.go.jp/b_menu/houdou/28/03/__icsFiles/afieldfile/2016/03/09/1367853_01.pdf）（最終閲覧日：2020年10月11日）。

――「公立大学基礎データ」［統合の状況］（https://www.mext.go.jp/a_menu/koutou/kouritsu/detail/1284429.htm）（最終閲覧日：2020年10月11日）。

――「国立大学の一法人複数大学制度について」（https://www.mext.go.jp/b_menu/shingi/chousa/koutou/092/gaiyou/1414767.htm）（最終閲覧日：2020年10月11日）。

――私立大学等の振興に関する検討会議　議論のまとめ（参考資料6/6）」（https://www.mext.go.jp/b_menu/shingi/chousa/koutou/073/gaiyou/1386836.htm）（最終閲覧日：2020年10月11日）。

マーチン・トロウ著／天野郁夫・喜多村和之訳『高学歴社会の大学――エリートからマスへ』東京大学出版会，1976年。

OECD HP，Education at a Glance 2016 OECD INDICAOTORS（https://www.oecd.org/education/skills-beyond-school/education-at-a-glance-2016-indicators.htm）（最終閲覧日：2020年10月11日）。

第4章

石井秀宗・椎名久美子・前田忠彦・柳井晴夫「大学教員における学生の学力低下意識に影響する諸要因についての検討」『行動計量学』第34巻第1号，2007年。

石川准・大越教夫「障害者支援のパラダイムシフトが共生社会実現に向けた未来を拓く」『国大協広報誌』第44号，国立大学協会，2017年。

木村正則「奨学金の返済における遅延率についての考察——私立大学に対する社会的評価の指標として——」『近畿大学教養・外国語教育センター紀要　外国語編』第9巻第1号，2018年。

厚生労働省HP「平成14年度から令和元年度までの地域別最低賃金改定状況」(https://www.mhlw.go.jp/content/11200000/000541154.pdf)（最終閲覧日：2020年10月11日）。

——「平成25年若年者雇用実態調査の概況」(https://www.mhlw.go.jp/toukei/list/4-21c-jyakunenkoyou-h25.html)（最終閲覧日：2020年10月11日）。

——「平成28年賃金構造基本統計調査　結果の概況」(https://www.mhlw.go.jp/toukei/itiran/roudou/chingin/kouzou/z2016/index.html)（最終閲覧日：2020年10月11日）。

国税庁HP「民間給与実態統計調査」(1994〜2014年度分)(https://www.nta.go.jp/publication/statistics/kokuzeicho/minkan/toukei.htm)（最終閲覧日：2020年10月11日）。

国立情報学研究所HP「別紙資料1　リーディングスキルテストで測る読解力とは」(https://www.nii.ac.jp/userimg/press_20160726-1.pdf)（最終閲覧日：2020年10月11日）。

小林雅之「不況が招いた悲劇　国公立大学にも進学格差問題が浮上」ベネッセ教育情報サイトHP(https://benesse.jp/kyouiku/201307/20130711-6.html)（最終閲覧日：2020年10月11日）。

児美川孝一郎「『教育困難校』におけるキャリア支援の現状と課題」『教育社会学研究』第92集，法政大学，2013年。

全国大学生活協同組合連HP「新入生の保護者21,310名から集約『2017年度保護者に聞く新入生調査』概要報告」(https://www.univcoop.or.jp/press/fresh/report17.html)（最終閲覧日：2020年10月11日）。

内閣府HP「合理的配慮の提供等事例集」(https://www8.cao.go.jp/shougai/suishin/jirei/example.html(最終閲覧日：2020年10月11日）。

日本学術会議法学委員会HP　社会と教育におけるLGBTIの権利保障分科会「提言　性的マイノリティの権利保障をめざして——婚姻・教育・労働を中心に——」2017年(http://www.scj.go.jp/ja/info/kohyo/pdf/kohyo-23-t251-4.pdf)（最終閲覧日：2020年10月11日）。

日本学生支援機構HP「平成28年度　学生生活調査結果」(https://www.jasso.go.jp/about/statistics/gakusei_chosa/2016.html)（最終閲覧日：2020年10月11日）。

——「平成28年度　大学，短期大学および高等専門学校における障害のある学生の修学支援に関する実態調査分析報告(改訂版)」(https://www.jasso.go.jp/gakusei/tokubet-su_shien/chosa_kenkyu/chosa/__icsFiles/afieldfile/2018/07/05/h28report_h30ver.pdf)（最終閲覧日：2020年10月11日）。

ベネッセコーポレーションHP「高校生と保護者の学修・進路に関する意識調査　親子の

意識ギャップ)」2011年(https://blog.benesse.ne.jp/bh/ja/news/educa-tion/2011/12/21_4005.html(最終閲覧日：2017年8月9日)。

前田由美子「資料　LGBTからSOGIへ　社会や教育現場で向き合う多様な性のあり方への理解」北関東・信越地区研究会／大学改革研究会　関東支部　合同研究会　2017年8月6日(於　聖心女子大学)。

みずほ総合研究所「米国学生ローン問題の実態」2015年(https://www.mizuho-ri.co.jp/publication/research/pdf/insight/us150326.pdf)(最終閲覧日：2020年10月11日)。

文部科学省HP「学生支援の在り方に関する論点整理(参考データ集)」大学教育の検討に関する作業部会学生支援検討ワーキンググループ(第7回)配付資料2-2，2010年(https://www.mext.go.jp/b_menu/shingi/chukyo/chukyo4/029/siryo/__icsFiles/afieldfile/2010/02/15/1289251_004_1.pdf)(最終閲覧日：2020年10月11日)。

――「障害学生支援関係資料」，2016年(https://www.mext.go.jp/b_menu/shingi/chousa/shotou/113/shiryo/__icsFiles/afieldfile/2015/07/08/1359123_07.pdf)(最終閲覧日：2020年10月11日)。

――「私立大学等の平成28年度入学者に係る学生納付金等調査結果について」(https://www.mext.go.jp/a_menu/koutou/shinkou/07021403/1399613.htm)(最終閲覧日：2020年10月11日)。

――「資料1 平成27年度私立大学等入学者に係る初年度学生納付金平均額(定員1人当たり)」2016年(https://www.mext.go.jp/a_menu/koutou/shinkou/07021403/__icsFiles/afieldfile/2017/12/26/1399613_01.pdf)(最終閲覧日：2020年10月11日)。

労働者福祉中央協議会HP「奨学金に関するアンケート調査結果(概略版)」2016年(http://www.rofuku.net/network/activity_img/tottori20160301101822.pdf)(最終閲覧日：2020年10月11日)。

OECD HP "Education at a Glance 2017"(https://www.hm.ee/sites/default/files/eag2017_eng.pdf)(最終閲覧日：2020年10月11日)。

OECD日本政府代表HP「日本に関する分析(カントリーノート(日本語))」2017年(https://www.oecd.emb-japan.go.jp/files/000289922.pdf)(最終閲覧日：2020年10月11日)。

第5章

荒井克弘「入学者のレベルをしっかりと把握した上で大学ごとに独自の教養・共通教育を設計すること」『特集1　国立大学の教養・共通教育の現状』河合塾Kei-Net Guide-line HP(https://www.keinet.ne.jp/magazine/guideline/backnumber/07/09/toku0709-1.pdf)(最終閲覧日：2020年10月11日)。

有本章・江原武一編著『大学教授職の国際比較』玉川大学出版部，1996年。

警視庁HP「平成28年における組織犯罪の情勢(確定値版)」2016年(https://www.npa.go.jp/sosikihanzai/kikakubunseki/sotaikikaku01/h28.sotaijyousei.pdf)(最終閲覧日：2020年10月11日)。

総務省統計HP「1.　高齢者の人口」(https://www.stat.go.jp/data/topics/topi1211.html)(最終閲覧日：2020年10月11日)。

「大学入試過去問題活用宣言」共同提案大学HP「大学入試過去問題活用宣言参加大学」

2019年(https://www.nyushikakomon.jp/sengen.html)(最終閲覧日：2010年10月11日)。

大和ハウス工業株式会社HP「共働き夫婦の『家事』に関する意識調査：第1回家事への意識の違い編」(https://www.daiwahouse.co.jp/tryie/column/build/dual_income/)(最終閲覧日：2020年10月11日)。

中央教育審議会HP「資料1 大学院教育の在り方についての論点(第87回大学分科会・大学院分科会資料)」2018年(https://www.mext.go.jp/b_menu/shingi/chukyo/chukyo4/004/gijiroku/1423015.htm)(最終閲覧日：2020年10月11日)。

内閣府HP「29年度版高齢社会白書」2017年(https://www8.cao.go.jp/kourei/whitepaper/w-2017/zenbun/29pdf_index.html)(最終閲覧日：2020年10月11日)。

日本学生支援機HP「大学等における学生支援の取組状況に関する調査(平成29年度)結果報告」2017年(https://www.jasso.go.jp/about/statistics/torikumi_chosa/2017.html(最終閲覧日：2020年10月11日)。

日本私立大学協会編『戦略的な危機管理体制の整備に向けて──私立大学危機管理ハンドブック──〔第2版〕』京文，2016年。

野村総合研究所HP News Release「日本の労働人口の49％が人工知能やロボット等で代替可能に～601種の職業ごとに，コンピューター技術による代替確率を試算～」2015年(https://www.nri.com/-/media/Corporate/jp/Files/PDF/news/newsrelease/cc/2015/151202_1.pdf)(最終閲覧日：2020年10月11日)。

平野幸彦「人文学部ヒラの准教授の目から見た地方国立大学の現状」『現代思想』第44巻第21号，青土社，2016年。

文部科学省HP「各資格・検定試験とCEFRとの対照表」2018年(https://www.mext.go.jp/b_menu/houdou/30/03/__icsFiles/afieldfile/2019/01/15/1402610_1.pdf)(最終閲覧日：2020年10月11日)。

読売新聞教育取材班　『教育ルネサンス　大学の実力』中央公論新社，2009年。

Carl Benedikt Frey & Michael Osborne, "The Future of Employment: How Susceptible Are Jobs to Computerisation?" *Technological Forecasting and Social Change*, vol. 14, 2013.

Elaine N. Aron, *Highly Sensitive Person*, Harpercollins, 2017.

第6章

岡本麻耶・岡本拓也「大学教員の雇用状況に関する調査──学術研究懇談会(RU11)の大学群における教員の任期と雇用財源について──」文科省科学技術・学術政策研究所第1調査研究グループ，2015年(https://www.nistep.go.jp/archives/22836)(最終閲覧日：2020年10月11日)。

木村正則「常勤教員の公募状況からみた日本の大学の外国語教育の現状」『近畿大学教養・外国語教育センター紀要 外国語編』第7巻第1号，2016年。

厚生労働省HP「雇用形態別雇用者の推移と近年の特徴」『労働市場分析レポート』第47号，表1「雇用形態別雇用者の推移」2015年(https://www.mhlw.go.jp/file/06-Seisakujouhou-11600000-Shokugyouanteikyoku/0000072688.pdf)(最終閲覧日：2020年10

月11日）。

──「労働契約法のあらまし　改正労働契約法のポイント」(https://www.mhlw.go.jp/seisakunitsuite/bunya/koyou_roudou/roudoukijun/keiyaku/kaisei/dl/pamphlet02.pdf)(最終閲覧日：2020年10月11日)。

──「大学等および研究開発法人の研究者，教員等　に対する労働契約法の特例について」2014年(https://www.mhlw.go.jp/file/06-Seisakujouhou-11200000-Roudoukijun-kyoku/0000043387.pdf)（最終閲覧日：2020年10月11日)。

国立大学協会HP「改正労働法の適切な運用に向けた支援について(要望)」国大協企画第109号，2012年(https://www.janu.jp/active/files/20120919-y-015.pdf)（最終閲覧日：2020年10月11日)。

国税庁HP「平成29年分民間給与実態統計調査結果について」2018年(https://www.nta.go.jp/information/release/kokuzeicho/2018/minkan/index.htm)（最終閲覧日：2020年10月11日)。

中野洋恵「統計にみる女性研究者の状況と大学における男女共同参画」『NWEC実践研究』第5号，2015年。

日本政府観光局HP「受験者および合格者数，合格基準」2018年(https://www.jnto.go.jp/jpn/projects/visitor_support/interpreter_guide_exams/gokakusha_30.pdf)（最終閲覧日：2021年7月22日)。

──「訪日外客数(2018年12月および年間推計値)」2018年(https://www.jnto.go.jp/jpn/statistics/data_info_listing/pdf/190116_monthly.pdf)（最終閲覧日：2020年10月11日)。

野田進「有期労働契約に関する労契法改正」『別冊法学セミナー　新基本法コメンタール労働基準法・労働契約法』No. 220，日本評論社，2012年。

文部科学省HP「国立大学法人等および特殊法人の役員の報酬等および職員の給与の水準（平成28年度)」　国立大学法(86法人)」(https://warp.ndl.go.jp/info:ndljp/pid/11293659/www.mext.go.jp/b_menu/houdou/29/06/attach/1387228.htm)（最終閲覧日：2020年10月11日)。

CHRONICL DATA, "Search and explore faculty, staff, and adjunct salary data at thousands of colleges"(https://data.chronicle.com/)（最終閲覧日：2019年7月7日)。

関連年表(主要文献のみ記載)

大学入試センターHP「大学入試センターのあゆみ」(https://www.dnc.ac.jp/about/center_gaiyou/enkaku/ayumi.html)（最終閲覧日：2020年10月11日)。

德永保・神代浩・北風幸一・淵上孝「我が国の学校教育制度の歴史について(「学制百年史」等より)」国立教育政策研究所，2012年(https://www.nier.go.jp/04_kenkyu_an-nai/pdf/kenkyu_01.pdf)（最終閲覧日：2020年10月11日)。

文部科学省HP「学制百年史」(https://www.mext.go.jp/b_menu/hakusho/html/others/detail/1317552.htm)（最終閲覧日：2020年10月11日)。

──「学校基本調査年次統計」中の「進学率(1948年～)」(https://www.e-stat.go.jp/db-viewsid=0003147040)（最終閲覧日：2021年7月23日)。

関連推薦図書一覧

(書名50音順)

『21世紀の大学：職員の希望とリテラシー』寺崎昌夫・立教学院職員研究会，東信堂，2016年。

『アカデミック・キャピタリズムを超えて　アメリカの大学と科学研究の現在』上山隆大，NTT出版，2010年。

『アメリカ大学史とジェンダー』坂本辰朗，東信堂，2002年。

『アメリカの大学』潮木守一，講談社，1999年。

『アメリカの大学基準成立史研究——「アクレディテーション」の原点と展開』前田早苗，東信堂，2003年。

『いま，大学で何が起こっているのか』日比嘉高，ひつじ書房，2015年。

『今，なぜ「大学改革」か？　私立大学の戦略的経営の必要性』水戸英則編著，丸善プラネット，2014年。

『外国人のメンタルヘルスと危機介入』大橋敏子，京都大学学術出版会，2008年。

『学士課程教育の質保証へむけて——学生調査と初年次教育からみえてきたもの』山田礼子，東信堂，2012年。

『学者の使命　学者の本質』J.G.フィヒテ著／宮崎洋訳，岩波書店，2003年。

『学歴と格差・不平等：成熟する日本型学歴社会〔増補版〕』吉川徹，東京大学出版会，2019年。

『看板学部と看板倒れ学部——大学教育は玉石混交』倉部史記，中央公論新社，2012年。

『消えゆく限界大学：私立大学定員割れの構造』小川洋，白水社，2017年。

『旧制高校物語』秦郁彦，文藝春秋，2007年。

『教養教育の系譜——アメリカ高等教育にみる専門主義との葛藤』S.ロスブラッド著／吉田文・杉谷裕美子訳，玉川大学出版部，1999年。

『グローバル化時代の大学論1—アメリカの大学・ニッポンの大学—— TA，シラバス，授業評価——』苅谷剛彦，中央公論新社，2012年。

『グローバル化時代の大学論2—イギリスの大学・ニッポンの大学——カレッジ，チュートリアル，エリート教育——』苅谷剛彦，中央公論新社，2012年。

『グローバル教育財移動理論』鈴木典比古・村中均，文眞堂，2014年。

『激動するアジアの大学改革——グローバル人材を育成するために〔増補版〕』北村友人・杉村美紀，上智大学新書，2016年。

『検証　大学改革　混迷の先を診る』山上浩二郎，岩波書店，2013年。

『原理原則を踏まえた大学改革を——場当たり策からの脱却こそグローバル化の条件』舘昭，東信堂，2013年。

『高学歴ワーキングプア「フリーター生産工場」としての大学院』水月昭道，光文社，

2008年。

『国立大学・法人化の行方——自立と格差のはざまで』天野郁夫，東信堂，2008年。

『国立大学・法人化の幻想』高橋誠一，中央公論事業出版，2013年。

『古典を失った大学——近代性の危機と教養の行方』藤本夕衣，NTT出版，2013年。

『ことばを鍛えるイギリスの学校——国語教育で何ができるか』山本麻子，岩波書店，2004年。

『これからの大学経営——ガバナンス，マネジメント，リーダーシップ——』山崎その・宮嶋恒二・伊多波良雄，晃洋書房，2018年。

『「再」取得学歴を問う——専門職大学院の教育と学習』吉田文編著，東信堂，2014年。

『職業としての大学教授』潮木守一，中央公論新社，2009年。

『私立大学　きのう　きょう　あした』日本私立大学連盟編，福武書店，1994年。

『私立大学の経営と拡大・再編——1980年代後半以降の動態』両角亜希子，東信堂，2010年。

『新制大学の誕生——大衆高等教育への道（上）（下）』天野郁夫，名古屋大学出版会，2016年。

『世界の教育改革——21世紀への架ヶ橋』佐藤三郎編，東信堂，1999年。

『世界の高等教育の改革と教養教育——フンボルトの悪夢』青木利夫・平手友彦・広島大学大学院総合科学研究科編，丸善出版，2016年。

『世界ランキングと知の序列：大学評価と国際競争を問う』石川真由美編，京都大学学術出版会，2016年。

『組織としての大学——役割や機能をどうみるか』広田照幸・吉田文・小林司・上山隆大・濱中順子編集，岩波書店，2013年。

『大学改革を問い直す』天野郁夫，慶應義塾大学出版会，2013年。

『大学教育の在り方を問う』山田宣夫，東信堂，2016年。

『大学教育の可能性——教養教育・評価・実践』寺﨑昌男，東信堂，2002年。

『大学教育の再構築：学生を成長させる大学へ』金子元久，玉川大学出版部，2013年。

『大学教育の創造——歴史・システム・カリキュラム』寺﨑昌男，東信堂，1999年。

『大学教授職の使命——スカラーシップ再考』E. L. ボイヤー著／有本章訳，玉川大学出版部，1996年。

『大学経営・政策入門』東京大学大学経営・政策コース，東信堂，2018年

『大学経営とマネジメント』新藤豊久，東信堂，2016年。

『大学再生への具体像』潮木守一，東信堂，2013年。

『大学事務職員のための高等教育システム論——より良い大学経営専門職となるために』山本眞一，東信堂，2012年。

『大学生のためのメンタルヘルス：悩む人，助けたい人，知りたい人へ（大学生の学びをつくる）』松本俊彦，大月書店，2016年。

『大学生のリスクマネジメント』吉川肇子・杉浦淳吉・西田公昭，ナカニシヤ出版，2013年。

『大学とアメリカ社会——日本人の視点から』中山茂，朝日新聞社，1994年。

『大学という病——東大紛擾と教授群像』竹内洋，中央公論新社，2001年。

『大学とコスト──誰がどう支えるのか』広田照幸・吉田文・小林司・上山隆大・濱中順子編，岩波書店，2013年。

『大学とは何か』吉見俊哉，岩波新書，2011年。

『大学入試の終焉──高大接続テストによる再生』佐々木隆生，北海道大学出版会，2012年。

『大学のIR Q&A』中井俊樹・鳥居朋子・藤井都百，玉川大学出版部，2013年。

『大学の下流化』竹内洋，NTT出版，2011年。

『大学の起源』C. H. ハスキンズ著／青木靖三・三浦常司訳，八坂書房，2009年。

『大学の教育について』J. S. ミル著／竹内一誠訳，岩波書店，2012年。

『大学の教育力──何を教え，学ぶか』金子元久，筑摩書房，2008年。

『大学の条件　大衆化と市場化の経済分析』矢野眞和，東京大学出版会，2015年。

『大学の反省』猪木武徳，NTT出版，2009年。

『大学は社会の希望か──大学改革の実態からその先を読む』江原武一，東信堂，2015年。

『大学はもう死んでいる？　トップユニバーシティーからの問題提言』刈谷剛彦・吉見俊哉，集英社，2020年。

『大学「法人化」以後──競争激化と格差の拡大』中井浩一，中央公論新社，2008年。

『短大からコミュニティ・カレッジへ──飛躍する世界の短期高等教育と日本の課題』舘昭編著，東信堂，2002年。

『帝国大学──近代日本のエリート育成装置』天野郁夫，中央公論新社，2017年。

『転換期の高等教育』山本眞一，ジアース教育社，2008年。

『転換期日本の大学改革──アメリカとの比較』江原武一，東信堂，2010年。

『ドイツの大学』潮木守一，講談社，1992年。

『東大教授』沖大幹，新潮社，2014年。

『東大合格高校盛衰史　60年間のランキングを分析する』小林哲夫，光文社，2009年。

『東大法学部』水木楊，新潮社，2005年。

『トランスナショナル高等教育の国際比較──留学概念の転換』杉本均編著，東信堂，2014年。

『なぜ日本の公教育費は少ないのか：教育の公的役割を問いなおす』中澤渉，勁草書房，2014年。

『なぜ日本の大学には工学部が多いのか　理系大学の近現代史』功刀滋，講談社，2016年。

『日本近代の仏教女子教育』中西直樹，法藏館，2000年。

『日本の英語教育200年』伊村元道，大修館書店，2003年。

『日本の近代12　学歴貴族の栄光と挫折』竹内洋・伊藤隆，中央公論新社，1999年。

『日本のメリトクラシー──構造と心性』竹内洋，東京大学出版会，1996年。

『発達障害』岩波明，文藝春秋，2017年。

『発達障害グレーゾーン』姫野桂・OMgray事務局，扶桑社，2018年。

『反「大学改革」論：若手からの問題提起』藤本夕衣・古川雄嗣・渡邉浩一編，ナカニシヤ出版，2017年。

『「文系学部廃止」の衝撃』吉見俊哉，集英社新書，2016年。

『「学び」の復権──模倣と習熟』辻本雅史，岩波書店，2012年。

『見捨てられた高校生たち——公立「底辺校」の実態』朝比奈なを，学事出版，2011年。

『ヨーロッパの大学』島田雄次郎，玉川大学出版部，1994年。

『落下傘学長奮闘記——大学法人化の現場から』黒木登志夫，中央公論新社，2009年。

『留学生アドバイジング——学習・生活・心理をいかに支援するか』横田雅弘・白土悟，
　　ナカニシヤ出版，2006年。

『留学生　受け入れの手引き』JAFSA（国際教育交流協議会），かんぽう，2012年。

『労働契約法改正のポイントと私学の対応——定年後再雇用者・高度専門職特例規定を含
　　む』小國隆輔著／私学経営研究会編，私学経営研究会，2015年。

Centers of Learning, Joseph Ben-David, Transaction Publishers, 2009.

Higher Education in Transaction: A History of American Colleges and Universities
　　(Fourth Edition) John S. Brubacher, Willis Rudy, Transaction Publishers, 1997.

In the Company of Educated Women: A History of Women and Higher Education in
　　America, Barbara Miller Solomon, Yale University Press, 1985.

The American College & University: A History, Frederick Rudolph, The University of
　　Georgia Press, 1990年.

関連年表

（「年度」ではなく「暦年」表記。【　】内は「大学」に直接関わらない事項）

西暦	和暦	関連事項
1868	明治元	
1869	明治2	
1870	明治3	
1871	明治4	(1)文部省設置（文部大輔　江藤新平，文部卿　大木喬任），(2)津田梅子ら女子留学生5名が岩倉使節団の一員として渡米
1872	明治5	(1)学制，(2)師範学校設置（東京），(3)駐米代理公使　森有礼　日本語廃止・英語国語化論を唱える
1873	明治6	各大学区に一校の官立師範学校設置を開始
1874	明治7	
1875	明治8	
1876	明治9	
1877	明治10	東京大学創立
1878	明治11	
1879	明治12	学制を廃止し，教育令を公布：中央統轄による画一的な教育を改め教育行政の一部を地方に委任
1880	明治13	教育令改正
1881	明治14	
1882	明治15	
1883	明治16	
1884	明治17	
1885	明治18	内閣制度創設により文部省大臣任命（初代文部大臣　森有礼）
1886	明治19	帝国令に基づき東京大学を帝国大学と改名
1887	明治20	
1888	明治21	
1889	明治22	【大日本帝国憲法】
1890	明治23	教育勅語
1891	明治24	
1892	明治25	
1893	明治26	
1894	明治27	高等学校令：高等中学校が旧制高等学校に改組される
1895	明治28	
1896	明治29	
1897	明治30	京都帝国大学創立：これに伴い帝国大学を東京帝国大学と改名

1898	明治31	
1899	明治32	高等女学校令
1900	明治33	
1901	明治34	
1902	明治35	
1903	明治36	専門学校令(旧制専門学校)
1904	明治37	
1905	明治38	
1906	明治39	
1907	明治40	東北帝国大学創立
1908	明治41	
1909	明治42	
1910	明治43	高等女学校令改正
1911	明治44	九州帝国大学創立
1912	大正元	【1912年7月30日より「大正」】
1913	大正2	
1914	大正3	
1915	大正4	
1916	大正5	
1917	大正6	
1918	大正7	(1)北海道大学創立, (2)大学令：公立・私立学校の一部が大学と称することが認められる
1919	大正8	
1920	大正9	
1921	大正10	
1922	大正11	
1923	大正12	
1924	大正13	京城帝国大学創立(ただし, 管轄は朝鮮総督府)
1925	大正14	
1926	昭和元	【1926年12月25日より「昭和」】
1927	昭和2	
1928	昭和3	台北帝国大学創立(ただし, 管轄は台湾総督府)
1929	昭和4	
1930	昭和5	
1931	昭和6	大阪帝国大学創立
1932	昭和7	
1933	昭和8	滝川事件
1934	昭和9	
1935	昭和10	

1936	昭和11	
1937	昭和12	
1938	昭和13	
1939	昭和14	名古屋帝国大学創立
1940	昭和15	
1941	昭和16	【第2次世界大戦開戦】 大学の就業年限を3ヵ月短縮
1942	昭和17	大学の就業年限を6ヵ月短縮
1943	昭和18	(1)戦時教育令, (2)学徒出陣
1944	昭和19	
1945	昭和20	【第2次世界大戦終戦】
1946	昭和21	連合国軍最高司令部民間情報教育局(CIE)・文部省間で戦後の教育行政について協議
1947	昭和22	(1)日本国憲法, (2)教育基本法, (3)学校教育法, (4)新制大学制度
1948	昭和23	教育委員会制度創設
1949	昭和24	(1)国立学校設置法, (2)私立学校法, (3)「ガリオア・プログラム」開始(〜1951年):約1,000名の日本人がアメリカ の大学に留学
1950	昭和25	(1)学校教育法に基づく大学通信教育の開設が認可される(ただし, 1948年には法政大学が国内初の通信教育をすでに開始), (2)暫定的な教育機関としての短期大学を設置
1951	昭和26	「ガリオア・プログラム」を継承する形で「フルブライト・プログラム」開始
1952	昭和27	私立学校振興法を制定:私学経営に必要な資金の貸し付けを開始
1953	昭和28	
1954	昭和29	高等学校への進学率50.9％となる(通信課程を除く)
1955	昭和30	通信教育のみで高等学校卒業が可能となる
1956	昭和31	大学設置基準の設定:大学設置に必要な教員数や校地・校舎等の施設についての最低基準を規定
1957	昭和32	
1958	昭和33	
1959	昭和34	
1960	昭和35	学生による安保闘争が過激化する
1961	昭和36	高等学校への進学率が62.3％となる(通信課程を除く)
1962	昭和37	高等専門学校(高専)発足
1963	昭和38	(1)大学・短期大学等への現役進学率が20.9％となる(通信課程を除く), (2)アメリカにおいてTOEFLテスト開発される(第1回テスト実施は1964年)
1964	昭和39	学校教育法一部改正:短期大学の恒久化ならびに短期大学卒業生の大学への編入可能となる
1965	昭和40	高等学校への進学率70.7％となる(通信課程を除く)
1966	昭和41	国立大学における学芸学部を教育学部に改組(〜1967年)

1967	昭和42	
1968	昭和43	
1969	昭和44	学生運動により東京大学の入学試験が中止となる
1970	昭和45	私立大学に対する人件費を含む経常費補助制度を創設
1971	昭和46	(1)高等学校への進学率85％となる(通信課程を除く)，(2)学校法人会計基準を新たに制定・施行
1972	昭和47	国際交流基金創立
1973	昭和48	(1)大学・短期大学等への現役進学率が31.2%となる(通信課程を除く)，(2)無医大県を解消するため，国立医科大学(医学部)(16校)を新設(～1979年)
1974	昭和49	高等学校への進学率が90.8%となる(通信課程を除く)
1975	昭和50	(1)私立学校振興助成法：私学助成の更なる拡充，(2)平泉渉・渡部昇一による英語教育論争：平泉案(英語を必要とする上位5％の生徒のみに英語教育を実施すべきと主張)
1976	昭和51	(1)専修学校制度，(2)独立大学院制度の制定
1977	昭和52	
1978	昭和53	新教育大学(教員のための大学院大学)として兵庫教育大学・上越教育大学開学
1979	昭和54	共通一次試験(正式名称「大学共通一次学力試験」)開始
1980	昭和55	
1981	昭和56	放送大学学園法公布・施行
1982	昭和57	
1983	昭和58	留学生10万人計画策定(中曽根康弘首相)
1984	昭和59	
1985	昭和60	放送大学：放送による授業開始
1986	昭和61	
1987	昭和62	(1)ETプログラム発足(ALT813名を招致)，(2)山梨大学等の教育学部でゼロ免課程開始
1988	昭和63	国内初の独立大学院大学として総合研究大学院大学開学
1989	平成元	【1989年1月8日より「平成」】 共通一次試験最終年
1990	平成2	センター試験(正式名称「大学入学者選抜大学入試センター試験」)開始
1991	平成3	大学設置基準等の改正(いわゆる大学設置基準の大綱化)
1992	平成4	(1)神戸大学教育学部が発達科学部へと改組：国立大学における教育学部の設置目的の多様化が始まる，(2)高等学校への進学率95％となる(通信課程を除く)
1993	平成5	短期大学生数最多記録
1994	平成6	大学・短期大学等への現役進学率が36%となる(通信課程を除く)
1995	平成7	宗教的カルト集団に惹かれる若者が社会で注目される
1996	平成8	短期大学数最多記録

1997	平成9	(1)特任法施行(正式名称「大学の教員等の任期に関する法律」),(2)大学・短期大学等への現役進学率が40.6%となる(通信課程を除く)
1998	平成10	大学審議会答申「21世紀の大学像と今後の改革方策について——競争的環境の中で個 性が輝く大学——」:大学院の量的拡大の加速
1999	平成11	(1)FDの努力義務,(2)中央教育審議会答申「今後の初等中等教育と高等教育の接続について」:高大接続に明確な指針を示す,(3)きぼう21プラン奨学金の発足
2000	平成12	(1)大学・短期大学等への現役進学率が45.1%となる(通信課程を除く),(2)小渕恵三内閣による懇談会「21世紀日本の構想」報告書:英語を第2公用語とはしないまでも第2の実用語の地位を与え,日常的に併用すべきであると提案
2001	平成13	
2002	平成14	「世界的研究教育拠点の形成のための重点的支援——21世紀COEプログラム」開始
2003	平成15	(1)留学生10万人計画を目標達成,(2)「特色ある大学教育支援プログラム」開始
2004	平成16	(1)国立大学法人制度(全国立大学の独立行政法人化),(2)地方自治体の選択により,公立大学の独立行政法人化が可能となる,(3)大学基準協会が国内初の機関別認証評価機関となる,(4)株式会社立大学開学
2005	平成17	学校教育法の一部改正:短期大学卒業生への学位「短期大学士」授与が可能となる
2006	平成18	埼玉大学・京都教育大学等でゼロ免課程廃止:教員養成系学部の教員養成特化への回帰
2007	平成19	(1)2006年度センター試験英語科目においてリスニングテスト開始,(2)大学院でのFDの義務化,(3)「グローバルCOEプログラム」開始(ただし,2008年度からは現代GPと合わせ「質の高い大学教育推進プログラム」(教育GP)へと統合),(4)大学・短期大学等への現役進学率が51.2%となる(通信課程を除く)
2008	平成20	(1)留学生30万人計画策定(福田康夫首相),(2)シラバス作成の義務化,(3)学士課程でのFDの義務化
2009	平成21	
2010	平成22	
2011	平成23	文科省「テニュアトラック普及・定着事業」開始(ただし,モデル事業は2006年度より先行開始)
2012	平成24	(1)学校法人会計基準の一部を改正する省令(施行は2015年),(2)「経済社会の発展を牽引する人材育成事業」開始
2013	平成25	
2014	平成26	【「まち・ひと・しごと創生総合戦略」閣議決定】(1)学校教育法および国立大学法人法の一部改正:学長のリーダーシップの確立,副学長・教授会等の職や組織の規定の見直し,(2)スーパーグローバル大学創生支援事業開始

2015	平成27	「平成28年度以降の定員管理に係かる私立大学等経常費補助金の取扱いについて(通知)」
2016	平成28	(1)国立大学を3タイプに分類化, (2)指定国立大学法人制度の制定, (3)「私立大学研究ブランディング事業」開始, (4)大学・短期大学等への現役進学率が54.9%となる(通信課程を除く)
2017	平成29	SDの義務化
2018	平成30	(1)「平成31年度以降の定員管理に係る私立大学等経常費補助金の取扱いについて(通知)」, (2)労働契約法の一部を改正する法律により, 法律要件を満たした非常勤講師等の無期労働契約への転換が始まる, (3)「STI(科学技術イノベーション) for SDGsの推進に関する基本方針」文部科学省策定
2019	令和元	【2019年5月1日より「令和」】 専門職大学等の開学開始
2020	令和2	(1)大学センター入試最終年, (2)国立大学法人の統合化始まる:名古屋大学と岐阜大学による東海国立大学機構発足, (3)高等教育の修学支援(高等教育無償化)制度開始
2021	令和3	共通テスト(正式名「大学入学共通テスト」)開始

おわりに

　本書を脱稿した2020年2月のタイミングで新型コロナによる重大な社会的混乱が発生した。これまでのところ欧米の先進諸国と比べ感染者数・死亡者ともに低く抑えられているものの，日本が受けた社会的・経済的ダメージは深刻なものである。

　大学も例外ではない。2020年度は多くの大学は4月から新学期を始められず，5月以降に授業を開始した。その間に教員はオンライン授業への急転換を迫られた。対面授業からオンライン授業へ問題なく順応できた教員もいたが，対応に苦慮した教員もいたはずである。多くの大学では，指定されたWEB会議用システムやLMS（Learning Management System）を短期間で学ぶことが求められ，戸惑いを隠せない教員もいた。

　教育関係者だから使えて当然という厳しい意見もあるが，IT技術とは無縁の人生を歩み，研究と教育に心血を注いできた大学教員にはかなりの負担であったはずである。筆者が知る限りでも，非常勤講師の中にはこれを機に大学業界から離れた方もいる。素晴らしい能力をお持ちで，教育にも熱心な方であっても，淘汰される運命にあるのが今日の大学教員である。

　この30年余りで大学は加速度的に変化してきた。大学教員の場合，そのキャリア形成には時間がかかる。高校や大学を卒業すると同時に社会に出る一般人とは異なり，早くて20代後半あるいは30代までフルタイム職の就労経験を持てないのが大学教員である。つまり，一般人よりもおおむね10年以上，世の中の変化をあまり知らないまま「お花畑」で人生を過ごすことになる。

　そのため，一人前のフルタイム教員として勤め始める頃には，本人が学生として過ごした時代の大学とは全く異なる環境を目の当たりにすることになる。繰り返しになるが，特に今回の新型コロナ禍はこれまでとは全く異なる次元で大学を変化させてしまった。2020年以降の大学が以前の大学に戻ることはもはやない。もちろん，時代の変化にとらわれない研究室で仕事を得ることがあるかもしれないが，それは高額宝くじに当選するくらいまれなことであろう。

　若者は大学で何を学ぶことができるのか，大学に支払う多額の費用に見合う

教育がどれだけ実現されているのかについて大学は社会から厳しい視線を浴びている。それは，とりもなおさず，大学教員へのまなざしであることを教員自身が忘れてはならない。新型コロナ禍以降，本書で示した内容の一部はすでに過去のものになりつつある。それでもなお本書が，大学とはどのような場所であるのかについて今一度立ち止まり振り返る際のたたき台となることを念じてやまない。

　最後になったが，今回の出版を快く引き受けてくださった萌書房（KIZASU SHOBO）の白石徳浩社長に心より感謝を申し上げる。また，根気強く校正・組版に最後までお付き合いくださった小林薫さんにも厚く御礼を申し上げる。出版業界が冬の時代を迎えて久しいが，それに加えての今回の社会情勢である。お二人の支援なくして，本書が世に出ることはなかったと付しておきたい。

　　2021年盛夏　奈良の里山の研究室にて　愛犬ココアの御霊とともに

木 村 正 則

索　引

■著者略歴

木村正則 （きむら　まさのり）

米国テキサス大学オースティン校外国語教育学研究科博士課程修了（PhD）。熊本
大学大学院社会文化科学研究科教授等を経て，現在，近畿大学農学部教養・基礎教
育部門教授。著書に『徹底解説 TESOL留学ハンドブック』（萌書房，2012年）な
どがある。

外国語教員のための　大学リテラシー入門

2021年9月20日　初版第1刷発行

著　者　　木 村 正 則

発行者　　白 石 徳 浩

発行所　　有限会社 萌 書 房
　　　　　　　〒630-1242　奈良市大柳生町3619-1
　　　　　　　TEL（0742）93-2234 / FAX 93-2235
　　　　　　　[URL] http://www3.kcn.ne.jp/~kizasu-s
　　　　　　　振替　00940-7-53629

印刷・製本　モリモト印刷株式会社

ISBN978-4-86065-147-3